LEADERSHIP

领导力
解决挑战性难题

刘澜 ◎ 著

北京大学出版社
PEKING UNIVERSITY PRESS

图书在版编目(CIP)数据

领导力：解决挑战性难题 / 刘澜著. —北京：北京大学出版社，2018.6
ISBN 978-7-301-29599-1

Ⅰ.①领… Ⅱ.①刘… Ⅲ.①领导学 Ⅳ.①C933

中国版本图书馆 CIP 数据核字（2018）第 109023 号

书　　　名	领导力：解决挑战性难题
	LINGDAOLI
著作责任者	刘　澜　著
策划编辑	张　燕
责任编辑	裴　蕾
标准书号	ISBN 978-7-301-29599-1
出版发行	北京大学出版社
地　　　址	北京市海淀区成府路 205 号　100871
网　　　址	http://www.pup.cn
电子信箱	em@pup.cn　QQ：552063295
新浪微博	@北京大学出版社　@北京大学出版社经管图书
电　　　话	邮购部 62752015　发行部 62750672　编辑部 62752926
印　刷　者	天津中印联印务有限公司
经　销　者	新华书店
	730 毫米×1020 毫米　16 开本　20 印张　285 千字
	2018 年 6 月第 1 版　2023 年 6 月第 6 次印刷
定　　　价	48.00 元

未经许可，不得以任何方式复制或抄袭本书之部分或全部内容。
版权所有，侵权必究
举报电话：010-62752024　电子信箱：fd@pup.pku.edu.cn
图书如有印装质量问题，请与出版部联系，电话：010-62756370

目录 CONTENTS

前言　领导力求真、求善、求美 / I

第一章　承担责任
——领导力的本质

领导力的含义 / 001

领导力的定义 / 007

领导力是行动 / 011

权力与领导力 / 018

职位与领导力 / 024

能力与领导力 / 030

本章小结 / 039

第二章　解决难题
——领导力的核心

区分领导和管理 / 043

技术性问题和挑战性难题 / 050

领导力的核心 / 060

领导力的任务、策略与修炼 / 066

本章小结 / 071

第三章　联系群众
——领导力的关系

领导力是关系 / 073

区分追随者 / 082

走动式管理 / 092

本章小结 / 104

第四章　讲故事
——领导者的沟通

讲故事的人与领导者 / 108

领导者应该讲故事 / 111

领导者讲正确的故事 / 116

"我是谁"的故事 / 120

"我们是谁"的故事 / 125

"我们向何处去"的故事 / 131

"我们为什么要变革"的故事 / 134

故事不一定要"讲" / 138

本章小结 / 141

第五章　当老师
——领导者的角色

领导者的种种角色 / 144

领导者是老师 / 148

当老师的五个层次 / 154

当老师的五项原则 / 168

本章小结 / 176

第六章　从失败中学习
——领导者的人格

为什么学习失败 / 180

为什么难以学习失败 / 183

如何从失败中学习 / 189

打造从失败中学习的组织 / 197

从领导者做起 / 208

本章小结 / 211

第七章　反思
——领导者的学习

反思的本质与阻碍 / 215

反思的主要步骤 / 222

反思的关键——转换角度 / 228

反思的要素与方式 / 234

在组织层面反思 / 241

本章小结 / 249

第八章　深思
——领导者的心智

决策思考 / 253

系统思考 / 262

整合思考 / 272

隐喻思考 / 283

本章小结 / 293

后记 / 296

参考文献 / 298

领导力求真、求善、求美

领导力研究可以概括为三种范式：科学范式、经验范式、人文范式。它们的主角不同，分别是学院派、实践者、思想家。它们的目的不同，分别是求真、求善、求美。

科学范式

科学范式是学院派的范式。他们以实验、调查、统计等科学方法，借用自然科学的套路对领导力进行研究。绝大多数象牙塔之内的学者都可以归入这一派。他们也许在学术圈内是知名领导力学者，但对领导力实践的影响很有限，他们的研究大多只在相关研究者间传播。

领导力学者尼汀·诺瑞亚（Nitin Nohria，从2010年起担任哈佛商学院院长）与同事一起指出："尽管领导力位于大多数高等教育机构的使命和目的的核心，但在这些学院里关于领导力的严肃学术研究却是少之又少。"[1]

科学范式的代表人物之一加里·尤克尔（Gary Yukl）在他撰写的领导力教材中也有这样一段灰心丧气的话："过去几十年中，领导学领域一直陷于争论和混乱之中。关于有效领导完成了数以千计的实证研究，但大多数研究得到的结果并不显著、不一致，并且难以解释。"[2]

这里的引文照抄了尤克尔教材的中译本，其中"领导学"一词是误译，其实是指领导力。英文中没有"领导学"这个词，也没有这个学科。科学范式的窘境也与这个有关：领导力不是一个学科，而是跨越多个学科的重要现象；而科学范式对学科界限比较看重，因此对此有些不知所措。

经验范式

经验范式是实践者的范式。市面上绝大多数领导力书籍都是经验范式的产品。其作者有些是实践者本人，比如《赢》等畅销书的作者、通用电气公司前CEO 杰克·韦尔奇（Jack Welch），还有《领袖们》一书的作者——美国前总统理查德·尼克松（Richard Nixon）。他们基于亲身经历和个人的非系统性观察，提炼出关于领导力的个人见解。还有些作者则是他们的"枪手"，或是记者、咨询顾问。

有些经验范式的代表人物也栖身于象牙塔之中，不过处于边缘地带。比如以提倡学习型组织而知名的彼得·圣吉（Peter Senge）尽管在麻省理工学院任教，但并不拥有终身教职。管理大师彼得·F. 德鲁克（Peter F. Drucker）大概是这群边缘人物中最有名的。他尽管是拥有终身教职的教授（生前在以他的名字冠名的一个小型商学院任教），但是他的研究并不符合现在的学术规范。德鲁克是这么做研究的："所有我遇到过的卓有成效的领导者——既有我与之共事过的，也有我只是旁观过的——都知道四件简单的事情。"[3] 这样下结论也许不科学，但是德鲁克的洞见对从事实际工作的领导者有很大的启发。经验范式的研究不是做给其他研究者看的，而是做给实践者看的。

德鲁克其实没有在大学里学过管理学，因为他上学时还没有这门学科。实际上德鲁克认为管理学是自己发明的。但是学术界并不这么认为。德鲁克去世后，《哈佛商业评论》中一篇纪念他的文章写道："一些人，尤其在学术界内，认为他与其说是学者，不如说是记者；与其说是记者，不如说是油嘴滑舌的概括者罢了。"[4] 然而，德鲁克对包括美国、日本、中国在内的国家和地区的管理实践产生的巨大影响，是其他任何学者难以相比的。本书将多次引用德鲁克的"不科学"的洞见。

另一位本书将多次引用的经验学派的代表人物为玛丽·帕克·福莱特（Mary Parker Follett）。福莱特作为积极参与社会实践活动的政治学者活跃在20世纪初期，是管理学的奠基人之一，其思想远远超越了她的时代，被德鲁克称为"管理的先知"。德鲁克和福莱特是本书作者心目中的英雄：他们的思想高瞻远瞩，深入浅出，不仅经受住了时间的考验，影响了包括科学范式研究者在内的众多学者，而且对实践产生了深远的影响。

人文范式

人文范式是思想家的范式，在斯坦福大学商学院、教育学院、社会学系、政治学系同时担任教授的著名学者詹姆斯·马奇（James March）是这一范式的代表人物。他的思想对本书作者也有重要影响。

马奇其实也是科学范式的代表人物，在管理的学术领域有重要贡献。[5] 他早期所做的对大学校长领导力的研究[6]被认为是关于领导者绩效的两个经典研究之一。[7] 不过他后来在领导力这个课题上放弃了科学方式。马奇对本书作者说："已有的研究领导力的文献不是很好，只是许多宣称和断言。要么很难搞清楚它们的意思，要么没有太多支持的证据。"[8]

马奇开创了领导力的人文范式。从1980年到1994年，马奇在斯坦福大学商学院开设了15年的"组织领导力"课程。马奇说这门课程建立在三个信念之上：

- 信念一：领导力的主要问题和人生的主要问题密不可分。
- 信念二：对于受过教育的人来说，伟大的文学作品是学习这些问题的最佳渠道。

- 信念三：包括商学院在内的教育不应该只是为学生提供成功秘诀，而应该回归教育的古典意义，即"帮助人们考虑多种方式，用来理解关于人类存在的基本难题和人性的本质"。[9]

因此，这门课程的主要教材是莎士比亚的《奥赛罗》，萧伯纳的《圣女贞德》，托尔斯泰的《战争与和平》，还有塞万提斯的《堂吉诃德》。通过对这些经典文学作品的讨论，马奇引导学生从多个角度对领导力进行深度思考。

马奇还建议领导者读诗。"领导者的一个问题是他们生活在一个要求清晰的世界——清晰的目标、清晰的理解、精确的判断。但是他们生活的世界并不清晰，自相矛盾，等等。"[10]因此他们应该读诗。"因为大多数时候诗歌从两个视角看待事物。生活既模糊又清晰。人们既可敬又可憎。两件事同时发生，你必须同时看到它们，不是为了解决其冲突，而是为了看清这是生活的一个基本要素。"[11]马奇本身也是诗人，出版过11部诗集，以及多篇从诗歌讲领导力的"论文"。[12]

人文范式其实很难称为一派，因为其人数稀少。在马奇之外，组织社会学家加雷斯·摩根（Gareth Morgan）和哈佛商学院商业伦理学教授小约瑟夫·巴达拉克（Joseph Badaracco, Jr.）也许可以归入这一派。摩根在《组织的形象》[13]一书中引入不同的隐喻来思考组织（参见本书第八章）。巴达拉克在哈佛商学院开设的领导力课程与马奇一样，采用文学作品作为教材，呈现领导者面对的伦理困境。[14]他们的共同特征都是不求"真实"的结论或"确定"的行动指南，而是激发对"可能性"的思考。

求真、求善与求美

三种范式关心的主要问题实际上都差不多，只是探讨的出发点、方式和目的不同。

科学范式求真，想要真实地描述世界；经验范式求善，想要改善人们的社会实践；人文范式求美，想要激发人们以不同的方式思考领导力。

科学范式以发现领导力的真相为目的，然后希望你据此行动。其出发点是真理是可以通过科学方法发现的。然而科学有其局限性，人类社会与自然界不同，因果关系往往晦暗不明，从真理到行动的路径也模糊不清。而且，科学范式的研究失之零碎，缺乏把众多片段整合到一起的框架。

经验范式的目的是明确提供行动指南，其出发点是问题可以解决，至少可以发现更好的行动方案，而发现方式则是通过对鲜活经验的观察、反思和概括。其局限性主要在于小样本的可推广性以及非系统观察的科学性，优点则在于实用性、洞察力以及往往提供了一个整合的框架。

人文范式的目的是激发思考的深度和广度，其出发点是正确的行动方案可能多种多样，因此主要任务是发现各种可能性背后的取舍，而这些可能性和取舍并非领导力或管理所独有，而是更为广泛的人生问题的回响。因此，我们可以借用文学艺术作品来思考领导力。

领导力求真、求善、求美，三者不能独行。市面上的领导力书籍以求善经验范式为主，质量参差不齐，大多数失之武断；还有少数专门的领导力教材（一般被称为"领导学"教材），求真而不够真，而且脱离实践；求美的领导力著作则如凤毛麟角，非常罕见。本书的理想是真善美的结合，以善为主，以真为辅，如果偶尔还能闪烁出一丝美的光彩，则作者知足矣。

刘 澜

2018 年

注释

[1] Nohria, N., & Khurana, R. (2010). Advancing Leadership Theory and Practice. In N. Nohria & R. Khurana (Eds.), *Handbook of Leadership Theory and Practice*, Harvard Business Press, pp. 3–25.

[2] 尤克尔（2014），《领导学（全球版·原书第8版）》，朱舟等译，机械工业出版社，第293页。

[3] Drucker, P. F. (1996). Not Enough Generals Were Killed. In F. Hesselbein, M. Goldsmith, & R. Beckhard (Eds.) , *The Leader of the Future*, Jossey-Bass, pp. xii-xv.

[4] Kantrow, A. M. (2009). Why Read Peter Drucker. *Harvard Business Review*, November.

[5] 根据李·鲍曼（Lee Bolman）和特雷斯·迪尔（Terrence Deal）两位学者的研究，在管理学领域前15项最有影响力的学术成果中，马奇有两项。一项是他和理查德·塞尔特（Richard Cyert）合著的《公司行为理论》一书，排名第二；另一项是他和后来获得诺贝尔经济学奖的赫伯特·西蒙（Herbert Simon）合著的《组织》一书，排名第五。见鲍曼、迪尔（2005），第476—477页。

[6] Cohen, M. D., & March, J. G. (1974). *Leadership and Ambiguity: The American College Presidents*. McGraw-Hill.

[7] Podolny, J. M., Khurana, R., & Besharov, M. L. (2010). Revisting the Meaning of Leadership. In N. Nohria & R. Khurana (Eds.), *Handbook of Leadership Theory and Practice*, Harvard Business Press, pp. 65-105.

[8] Liu, L. (2010). *Conversations on Leadership*. Jossey-Bass. (2010), p. 158.

[9] March, J. G., & Weil, T. (2005). *On Leadership*. Blackwell Publishing, p. xi.

[10] Liu, L. (2010). *Conversations on Leadership*. Jossey-Bass. (2010), p. 158.

[11] Liu, L. (2010). *Conversations on Leadership*. Jossey-Bass. (2010), p. 171.

[12] 刘澜（2016c），"诗、马奇与领导力"，《清华管理评论》第5期。

[13] Morgan, G. (1997). *Images of Organization*. Sage Publications.

[14] Liu, L. (2010). *Conversations on Leadership*. Jossey-Bass. (2010), pp. 173-188.

第一章
承担责任——领导力的本质

我们不难想到领导力的榜样：领导了中国革命的毛泽东，领导了印度独立的圣雄甘地，领导了美国民权运动的马丁·路德·金，还有美国企业家史蒂夫·乔布斯（Steve Jobs）、日本企业家稻盛和夫、中国企业家张瑞敏……可是他们看上去又是如此多姿多彩，使得我们一下子难以通过概括他们的共同点来为领导力下一个定义。

美国政治学家詹姆斯·麦格雷戈·伯恩斯（James MacGregor Burns）在其经典著作《领导力》一书的开头写道："领导力是世界上被人观察最多、却被人理解最少的现象之一。"[1] 领导力究竟是什么？

领导力的含义

要理解领导力是什么，我们首先要知道这个概念的来历。

领导力的由来

中国古人对领导力有许多精彩的论述，至今仍然产生着影响。有学者认为在当时和现在都有巨大影响力的最早的领导力著作是《孙子兵法》[2]，还有学者说孔子是世界上第一位伟大的领导力老师[3]，《道德经》中的"太上，下知有之……"这一段话作为对领导力最高境界的论述被广为引用[4]……

然而作为一个研究领域、学术分支、培训产业，领导力并不是中国本土的产物，而是来自西方。领导力这个概念首先就来自西方。

领导力是个外来词

古汉语中没有"领导"这个词，也没有"领导力"这种说法。"领导"作为外来词进入汉语是 20 世纪初的事情。根据《现代汉语词典》，"领导"有两个意思：一个是动词，指率领并引导；另一个是名词，指担任领导工作的人。它们分别对应英文的 lead 和 leader。对应 leader 的时候，我们也可以用"领导者"这种说法。"领导力"对应的是英文的 leadership，由英文的 leader（领导者）一词衍生而来。

领导力是个历史概念

即使在西方，"领导力"（leadership）这个词的出现也很晚。英文中 leader 一词迟至 1300 年才出现，leadership 一词最早出现在 1821 年。[5] 也就是说，在 1300 年之前，英语世界很有可能有过对军事领导者、政治领导者、宗教领导者或商业领导者的探讨，但没有对"领导者"的探讨；在 1821 年之前，也没有对"领导力"的研究。

领导力指领导者的共性

直至 1300 年，人们才发现：军事领导者、政治领导者、宗教领导者、商业领导者……他们担任的其实是类似的角色——领导者。又过了五百多年,人们才开始讨论这些角色共有的抽象特性——领导力。由 leader(领导者)衍生出的 leadership(领导力)一词,指的就是 leader 的共同特性。所以领导力的本意是领导者的共同特性。

领导力的三个含义

根据《韦氏词典》(*Merriam-Webster*),leadership 有四个释义:领导者的职位;从事领导的能力;进行领导的行为;领导者群体。[6]前三个释义都在说领导者的共同特性,强调的重点各自不同。这也是领导力的三个含义:职位、能力、行动。

含义 1:职位

这个含义认为,领导者的共同特性在于职位。也就是说,领导力是职位。

学术大师马奇对本书作者指出,大多数人在大多数时候说起领导者指的都是"位于某个组织高层的人"。[7]领导力研究者罗伯特·霍甘(Robert Hogan)和罗伯特·B. 凯塞尔(Robert B. Kaiser)这样写道:"领导力通常通过在组织或者部门中掌权的人来定义;根据定义,这些人是领导者。"[8]我们在学术刊物上读到大多数领导力研究也都是以担任某个"领导职位"的人为研究对象。

含义 2:能力

这个含义认为,领导者的共同特性在于能力。也就是说,领导力是一种能力。

能力还可以细分为技能和特质两类。技能是可以后天学习的,而且可以在较短时间内掌握。特质则往往是先天形成的,难以在后天改变,即使能够改变也需要一个非常长时间的过程。中文的领导力在字面意义上更侧重于能力这个含义。基于这种理解，中国企业在实际运用中喜欢把领导力归结为几个"××力"（见案例 1-1）。

长安汽车的领导力模型

2016 年 12 月，长安汽车发布了其新一版的领导力模型，称为"CCL 1824 CEO 领导力模型"。据称，相比原来的模型，这个模型有两个特点：第一，直面"互联网+"的时代背景；第二，更聚焦于 CEO 的领导力，即各层级主要领导者的领导力。

"CCL"中的第一个"C"指长安汽车，第二个"C"指 CEO（主要领导），"L"指领导力。1824 分别指 1 个理念，8 大能力，24 项具体能力。

1 个理念是：长安汽车领先文化理念。8 大能力是感召力、洞察力、战略力、团队力、学习力、管理力、创新力、执行力。每个能力再细分为 3 项具体能力，一共是 24 项。

- 感召力细分为使命与愿景、价值观、人格魅力；
- 洞察力细分为看透本质、洞悉人性、发现机会；
- 战略力细分为战略决策、战略规划、战略弹性；
- 团队力细分为打造团队、充分沟通、培养接班人；
- 学习力细分为掌握新知识和信息、清楚最佳实践、不断改革改进；
- 管理力细分为数据化、体系化、管理审计；
- 创新力分为直达客户、直击痛点、构建商圈；
- 执行力细分为清晰部署、日结日清、抽样检查。

长安汽车的"CCL 1824 CEO 领导力模型"是一个典型样本，呈现了企业使用领导能力模型常见的一些缺点。

第一，整个模型的结构混乱。8大能力是怎样得出来的？它们之间是怎样一个逻辑结构？如果把模型比喻为一座建筑，其各部分之间应该有清晰的功能或者审美关系。8大能力的逻辑关系不清，其中许多项还是交叉的。

第二，具体能力的界定不清。价值观是能力吗？人格魅力是能力吗（从具体的阐述看，这一条似乎可以改为以身作则）？就团队力的细分而言，打造团队不就是团队力的同义词吗（因此应该包括了充分沟通）？许多具体能力都需要重新表述，如创新力中的"构建商圈"其实可以表述为创新文献中比较热门的话题"联合创新"。

第三，难以进行培训和考察。企业制定这类模型主要有两个实际目的：以此为标准选拔人才；以此为蓝图培养人才。如果能力的界定比较模糊，就很难以此为标准选拔人才，也很难设计有针对性的学习项目来提高现有人才的领导力。

资料来源：根据长安汽车内部资料《CCL1824 CEO 领导力模型》编写。

含义3：行动

这个含义认为，领导者的共同特性在于行动。也就是说，领导力是行动。

领导力学者詹姆斯·库泽斯（James Kouzes）和巴里·波斯纳（Barry Posner）就是这样研究领导力的。他们去问别人：当你最佳发挥领导力的时候，你做了什么？在调研的基础上，他们总结了卓越领导力的五大实践：以身作则，共启愿景，挑战现状，使众人行，激励人心。[9] 做这五件事情，你就是领导者，就体现了领导力。

领导力的三合一

领导力的三个含义是交织在一起的，领导者往往是三者的合一（如图1-1所示）。领导者往往是担任职位的人，往往具备一些其他人欠缺的能力，往往会采取一些影响组织绩效的行动。这三个方面也是相辅相成的。职位要求采取行动，行动可能带来职位；职位要求具备能力，能力可能带来职位；能力支持采取行动，行动可以培养能力。

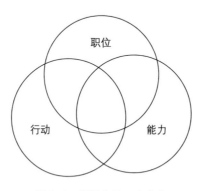

图 1-1　领导力的三个含义

领导力的模糊性

领导力既意味着职位，又指能力和行动。这给我们提供了一个思考领导力的框架，但是还比较宽泛，而且留下了一些难以回答的问题：

- 如果领导力是职位，那么是所有的职位都与领导力有关，还是说只有某些职位与领导力有关（那么是哪些职位）？或者说只有高层职位与领导力有关（那么多高才算高层）？
- 如果领导力是能力，那么是哪些能力？如果领导力是天生的特质，那么怎么解释"时势造英雄"？如果领导力是可以后天培养的技能，那么是哪些技能？又该怎么培养？
- 如果领导力是行动，那么具体是怎样的行动？
- 职位、能力和行动三者是同样重要的吗？如果不是，那么哪一个更重要？
- 职位、能力和行动三者是交织在一起的，更具体地说，它们是怎样交织在一起的？

要回答这些问题，我们需要给领导力下一个定义。

领导力的定义

本书会为领导力提供两个层面的定义。这一章会提出一个初级定义。下一章会提出一个高级定义。

领导力的众多定义

一本研究领导力的专著汇集了 221 条关于领导力的定义。[10] 领导力的定义如此之多,以至于领导力学者拉尔夫·M. 斯托格迪尔(Ralph M. Stogdill)感叹道:"有多少人试图定义领导力,基本上就有多少种领导力的定义。"[11]

一些代表性定义

领导力学者尤克尔总结了十条有代表性的领导力定义(见表1-1)。

表1-1 领导力的不同定义

序号	定义	提出者及时间
1	个人指导群体朝着一个共同目标而努力的行为。	Hemphill & Coons(1957)
2	对组织日常指令的机械服从之上的增量影响。	Katz & Kahn(1978)
3	人们动员机构的、政治的、心理的以及其他资源来唤起、吸引和满足追随者的动机。	Burns(1978)
4	一个或更多的个人成功地界定和定义他人的现实的过程。	Smircich & Morgan(1982)
5	影响一个有组织的团体为了实现目标而活动的过程。	Rauch & Behling(1984)
6	阐明愿景,体现价值观,并创建可以取得成果的环境。	Richards & Engle(1986)
7	为集体努力赋予目的(有意义的方向),并唤起心甘情愿的努力来实现该目的的过程。	Jacobs & Jaques(1990)
8	走出现有文化、开启更具适应性的进化变革过程的能力。	Schein(1992)

(续表)

序号	定义	提出者及时间
9	为人们共同从事的活动赋予意义,使得人们理解而且献身的过程。	Drath & Palus（1994）
10	一个人影响、激励和赋能他人为组织效力和成功做出贡献的能力。	House et al（1999）

资料来源：Yukl（2010），p.3.

这些定义的共性

这十个定义初看上去各不相同，但是如果仔细考察则可以发现两个共性。

第一，领导力是行动。有八个定义直接把领导力定义为行动（行为或过程）。只有两个定义（定义8和10）把领导力定义为能力，而这两个定义却同样是从行动来定义能力，而不是以一些具体的"××力"（如案例1-1）来界定能力。

第二，对领导力是怎样的行动，大多数定义的看法非常相似，可以概括为一句话：带领团队实现目标。这十个定义中，有六个定义(除定义2、4、6、8之外)都可以这样概括。

领导力的初级定义

带领团队实现目标，这就是领导力的定义。在下一章，我们将提供这个定义的升级版——领导力的高级定义。在这一章，我们先使用这个初级定义。

领导力的维度

带领团队实现目标，实际上是一个广泛流行的领导力的定义。许多领导力定义都是这个定义的变体。

比如，曾经担任美国政府部长并领导过多家大型非营利组织的著名领导者约翰·加德纳（John Gardner）对领导力的定义是："一个人（或者一个领导群体）通过说服或者榜样，推动一个团体追求领导者拥有或者领导者与追随者共同拥有的目标的过程。"[12]

领导力学者彼得·诺特豪斯（Peter Northouse）撰写的《领导力：理论与实践》是一本较为流行的领导力教材，其中对领导力的定义是："一个个体影响一群个体取得一个共同目标的过程。"[13]

带领团队实现目标，包括了领导行为的两个基本维度：任务行为（实现目标）与关系行为（带领他人）。领导力的行为和风格研究，大多数围绕这两个维度展开。这两个维度是领导力研究中为数不多的共识之一。（尽管使用的名称有时不同，比如有时也被称为工作导向与员工导向）。

领导力的初级模型

根据带领团队实现目标这个定义，我们可以画出一个领导力的初级模型（图 1-2）。

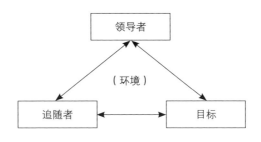

图 1-2　领导力的初级模型

这个模型包括领导者、追随者、目标三个要素之间的相互作用。另外，我们还可以加入环境这个要素。环境对于领导行为有着重要的影响。

大多数领导力模型都是这个模型的变体。如果领导者能够有意识地运用这个模型，可以使自己对领导力的思考更加清晰。以案例 1-1 为例，我们可以尝试运用领导力的初级模型来重新规划其模型：感召力是关于领导者与追随者的关系，洞察力是关于（市场）环境，战略力是关于环境和目标的关系……原来的 8 大能力，有些可以保留，有些需要去掉，有些需要整合，大多数都需要重新界定内容。这样重新规划之后，逻辑会更加清晰，不仅便于理解，更重要的是对行动有更为清晰的指导。

领导力的特性

领导力的初级模型（图 1-2）貌似简单，实则内涵非常丰富。它揭示了领导力的以下特性：

- 领导力的本质是责任。任何团体都有问题需要解决，都有目标需要实现。带领团队实现目标不是领导者的个人愿望，而是社会团体生存和发展的需要。
- 领导力的本质是行动，而非职位。领导力是带领团队实现目标，尽管常常是有职位的人在做，但其实人人都可以做。因此，领导者是带领团队实现目标的人，而不一定是那个担任职位的人。
- 领导力的本质是行动，而非能力。能力是你"有没有"，而领导力是你"做没做"。
- 领导力是过程。带领团队实现目标不是一蹴而就的，而是一个过程。这个过程涉及领导者、追随者和团队目标的互动。不仅领导者和追随者在互相影响，团队目标也可能在这个过程中被领导者和追随者改变，同时反过来影响领导者和追随者。
- 领导力是关系。领导力过程中有三个要素：领导者、追随者和团队目标。相应地，领导力中有三种关系：领导者和团队目标的关系、追随者和团队目标的关系、领导者和追随者的关系。如果加上环境这个要素，关系就更多更复杂了。在众多的关系中，核心关系是领导者和追随者的关系。

- 职位和能力是领导力的资源。领导力是带领团队实现目标，其本质是行动。职位和能力尽管不是领导力的本质，但它们可以帮助领导者设定目标并带领追随者去实现，因此它们是领导力的资源。

领导力是行动

本书作者主张：领导力的本质是行动，是带领团队实现目标。再由此延伸，因为这种行动也是责任，而且需要产生成果，我们也可以说领导力的本质是责任和成果。因此，领导力的本质是你做什么（行动），而不是你是什么（职位），或者有什么（能力）。这不是什么新奇的论点，领导力领域的许多研究者和教育者都持类似的主张。然而这一思想尚未深入人心。

马奇在和学者查尔斯·雷夫（Charles Lave）合著的一本书中指出：一个社会科学模型的价值，需要从真、美、善三个方面来判断。[14] 下面我们将具体阐述"领导力的本质是行动"在真、美、善三方面的价值。

"领导力是行动"之真

一个模型的真理价值在于其正确性。"领导力是行动"的正确性体现在：第一，它与我们对领导力起源的猜想一致；第二，它与我们的现实经验一致；第三，它与研究结果一致。

领导力的起源

马克·范福特（Mark van Vugt）是从进化角度研究领导力的主要学者，提出了"进化领导力理论"。范福特表示："我们的理论是：群体生活带来社会协调问题，比如找到足够吃的食物或者发现安全的地方来栖身。领导和追随就是进化来帮助我们的祖先解决这些问题的。"[15] 因此，先有带领团队实现目标这样的行动，然后这样的行动才被固定为某些职位。[16] 之后，有助于这些行动的品质和技能才被界定为领导能力。

来自现实的经验

经验告诉我们，担任领导职位的人不一定有领导力，大家都看好其能力的人不一定展现出领导力。领导力就像爱情，职位就像婚姻，能力就像容貌、学历、性格、收入等条件，条件好的人不一定能收获美满的爱情，而爱情和婚姻也不能够画上等号。

研究结果

人们一直在努力寻找是否有放之四海而皆准的领导品质或技能。经过约一个世纪的研究，目前的主流观点是它们并不存在。这个结果用"领导力是能力"很难解释，但是如果用"领导力是行动"就很容易解释。如果说领导力是带领团队实现目标，那么目标不同（是捕获一头狮子还是造出一艘航天飞船）、带领的人不同、所处的情境不同，要求的品质和技能也就不同，所以找不出共同的领导力品质和技能是很自然的事情。

"领导力是行动"之美

马奇和雷夫为美的模型提出三个标准：简单性、丰富性、意外性。[17]

简单性

"领导力是行动"这个模型的简单性是一目了然的。它只用一句话或者一个三角形就精炼地概括了社会生活的一个重要现象。

丰富性

丰富性指可以使用的场合非常丰富,也可以说是通用性。把领导力定义为"带领团队实现目标"因为抓住了领导力的关键,因此有着非常广泛的运用。前文用图 1-2 中界定的要素和关系对长安汽车的领导力模型进行了重新规划。在案例 1-2 中,我们可以用这个模型来分析德鲁克的领导力思想。

 **德鲁克的领导力模型**

在为 1996 年出版的《未来的领导者》一书撰写的前言中,管理大师德鲁克较为系统地总结了自己的领导力思想。他总结了领导力的两个要点、四个知道和七个行为。这里我们考察一下其中的四个知道。

德鲁克说,他遇到的卓有成效的领导者都知道四件简单的事情。

第一,领导者的唯一定义是有**追随者**的人。思想家和预言家都很重要,社会也都需要,但如果无人追随,不能称为领导者。

第二,卓有成效的领导者不是被人爱戴或者景仰的人,而是其追随者做正确的事情的人。广受欢迎不是领导力,**成果**才是。

第三,领导者引人注目,因此他们能够树立**榜样**。

第四,领导力不是头衔、特权、职位,或者金钱。领导力是**责任**。

德鲁克的文字有自己独到的风格,清晰而有力,但是缺乏模型应有的严谨性。德鲁克也无意提供模型。不过,德鲁克标出了这四句话中的关键词:追随者、成果、榜样、责任。

乍看起来,德鲁克讲的这四点缺乏内在的连贯性。但是,如果熟悉图 1-2 中的模型逻辑,我们其实可以画出德鲁克的领导力模型(如图 1-3 所示)。德鲁克的领导力思想其实是图 1-2 "领导力的初级模型"的一个变体。德鲁克把图 1-2 中的"目标"换成了"成果"(这是个很小的变化),把"领导者"换成了"责任"(这是一个较大的变化),在"领导者"和"追随者"之间加入了"榜样"。

掌握了"带领团队实现目标"这个领导力定义和图 1-2 中的"领导力的初级模型",我们可以把德鲁克看似跳跃的散文变成逻辑严明的模型。

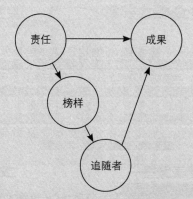

图 1-3　德鲁克的领导力模型

资料来源:本书作者根据 Drucker(1996)整理。

意外性

模型的意外性指可以推导出令人惊讶的结果。把领导力定义为带领团队实现目标,初看似乎平常,细思则大有玄机。比如,人们通常认为领导力与职位紧密相连,这个定义则指出两者不但不等同,而且可以毫无关系。这个定义进一步令人意外地指出:领导职位不仅可以成为发挥领导力的资源,而且可能成为发挥领导力的阻碍。

"领导力是行动"之善

一个模型的善的价值是指:"我们想要能够声称:我们的模型有助于塑造更

好的而非更糟的世界。"[18] "领导力是行动"这个模型有助于塑造一个更好的社会和自我。

塑造更好的社会

把领导力定义为行动，让我们有改造世界的主观能动性：每个人都可以发挥领导力，每个人都能够发挥领导力。经验范式的代表人物之一圣吉在为本书作者的一本领导力著作所写的序言中指出：[19]

> 通常，领导者被作为"老板"的同义词，指"高高在上"的那个人，或者占据高位的那些人。尽管对于那些身处权威地位的人来说，这个评价也许非常准确，但是把那些有职位权威的人定义为"领导者"既显得多余，又传递了一种无力感。糟糕的是，它把领导力跟CEO或者总裁这些职位所体现的正式权威混为一谈。更糟糕的是，它传递了这样的信号：只有在这些职位上的人才是"领导者"——而且根据其定义，其他任何人都不是。
>
> 有意思的是，"老板是领导者"的观点也背离了英语动词lead（领导）的本来意义：Lead一词来自印欧语系词根leith，意思是"跨越界限"。在这个意义上，领导力是向前迈进的一种行为，而且这种行为方式能够"鼓舞"（inspire）他人——这是另一个与领导力相联系的词，意思也很恰当地指"带来生命"。因此，把领导力更深刻地理解为行动而非职位，彰显了人们一直推崇的这些能力：勇气（其英文courage来自法语，意思是"眼泪或者心上的口子"），承担风险，给一项挑战性的任务以生命，从而创造出一块充满想象力、投入和人与人之间的信任的社会领地。

案例1-3为大家介绍了这样一位领导者，他没有职位，也没有大家公认的领导能力，但是他承担了带领团队实现目标的责任，挽救了16人的生命。

案例 1-3　安第斯山脉中的领导力（上）

1972年10月13日，一架飞机在飞越安第斯山脉时因为恶劣天气失事，坠毁在白雪皑皑的群山之中。这支乌拉圭的业余英式橄榄球队包租了这架飞机，到智利参加一场比赛。机上共有45人，包括5名机组成员，15名队员，以及球员们的亲朋好友。大多数人都是在校大学生。飞机坠毁之后，还有32人活着。

飞机坠毁在海拔近4 000米的雪山之上，最近的道路也在400公里之外。"没有任何可充当食物的生物，没有飞鸟，没有昆虫，甚至连一片草叶都没有。"他们唯一拥有的，是机舱残骸和乘客携带的一些巧克力、酒和香烟。

这个团体行动的目标很明确：争取获救。球队队长马塞洛·佩雷斯行动起来，组织大家等待救援，包括照顾伤员、集中食品定量分配等。然而，救援者没有找到失事地点，在几天后停止了救援。幸存者找到一台收音机，听到了这一消息。佩雷斯和大多数幸存者都陷入绝望之中，失去了目标。10月22日，经过一番争论之后，食物告罄的他们开始吃死去的同伴的尸体。10月29日，一次突发的雪崩又杀死了包括佩雷斯在内的8名同伴。

被昵称为"南多"的费尔南多·帕拉多也是球队成员，他在飞机失事时陷入昏迷，第三天才醒来。之前，他在球队中并不引人注目。用他自己的话说，"我有点怕羞，手长脚长，纤瘦难看，戴着镜片很厚的眼镜，相貌平平"。

跟佩雷斯不同，南多很早就产生了自己走出大山而非等待救援的念头。当确定救援取消之后，南多坚定了这一信念，并鼓舞大家接受，组织大家为之而努力，包括选择行动人员和进行必要的准备。

在飞机失事60天后，南多带领一名同伴出发，去寻找救援。他们经过10天的艰难跋涉，走出了雪山，为其他人带去了救援。最终共有16人获救，成为世界空难史上的奇迹。

> 这个奇迹当然是集体努力的结果,然而无可否认,南多的领导力起到了至关重要的作用。尽管他并非天生的领导者,并不具有人们一眼可以看到的所谓领导力特质。但是,南多确立了走出大山的目标,并主动采取行动,最终带领大家实现了这一目标。
>
> 资料来源:Parrodo & Rause(2006).

塑造更好的自我

把领导力定义为行动,让我们有改造自我的能动性:每个人都可以提升自己的领导力。

如果把领导力定义为职位,就会把追求(更高的)职位作为自我发展的途径和目标。

- 首先,这样做没有抓住领导力的本质。在其位要谋其政,"其位"不是本质,"其政"才是。
- 其次,是否得到职位在很大程度上受限于外在的因素,只追求职位的话,命运往往不掌握在自己手里。
- 最后,已经拥有职位的人也许认为这已经证明了自己有领导力,从而停止了自我发展。

如果把领导力定义为能力中的品质,对于自我发展来说可能有这样几种后果:

- 发现自己具备所谓的领导品质,认为自己是天生的领导者;
- 发现自己不具备所谓的领导品质,否认了自己发展领导力的可能性;
- 发现自己具备某些领导力品质,但是欠缺另外一些,或者具备某些研究得出的领导品质,但是欠缺另外一些研究得出的领导品质,陷入困惑之中。

如果把领导力定义为能力中的技能,可能会发现:

- 一方面，人们对于哪些是领导力技能具有不同的意见；
- 另一方面，自己即使学会了某些技能，却难以在发挥领导力时综合运用。

把领导力定义为行动，对于自我发展来说有着最为积极的意义：领导力就是行动，你采取这些行动，就是在培养自己的领导力。

- 首先，这是最具主观能动性的路径。你不用等待什么，现在就可以行动。
- 其次，它同样承认领导力除了是行动，也是能力和职位。如果你经常采取领导力的行动，你就会逐渐提高采取这些行动所需要的能力，更可能得到上级、同事和下属的认可从而得到职位。

权力与领导力

领导力与权力是两个容易混淆的概念。人们感觉这两个概念不同，但是很难说清楚到底有何不同。本书作者认为关键的区分在于：权力是领导力的资源。

社会科学中的权力概念

哲学家伯特兰·罗素（Bertrand Russell）曾经这样说权力概念的重要性："在社会科学中权力是最基本的概念，犹如在物理学中能是基本概念一样。"[20]

社会学者史蒂文·卢克斯（Steven Lukes）比较了社会学家马克斯·韦伯（Max Weber）与罗素对权力的不同定义。罗素对权力的定义是：获得意想的效果。韦伯的定义是：在一种社会关系里哪怕是遇到反对也能贯彻自己意志的任何机会，不管这种机会是建立在什么基础之上。卢克斯发现：两者都强调了意愿，罗素强调结果，韦伯强调能力，韦伯把抵抗作为了要素之一。[21]

卢克斯本人提出了权力的三个维度。[22] 第一个维度是影响决策（比如，甲希望通过影响投票结果让自己的提案通过,因而对乙实施了权力),第二个维度是议程设定(比如,甲根本没有让乙的提案进入讨论),第三个维度是操纵思想(比如,甲早就对乙进行了洗脑,乙提出来的提案就是甲想要的提案)。

经济学家肯尼思·博尔丁(Kenneth Boulding)则从另一个角度描述了"权力的三个面孔":威胁权力、经济权力和整合权力——他将三者分别比喻为大棒、胡萝卜和拥抱。"整合权力能够创造某种关系,如爱、尊敬、友谊、合法性等。""整合权力是权力的重要和主导形式,即在合法性缺失的情况下,威胁权力和经济权力都不能有所作为,而合法性正是整合权力的一个重要方面。"[23]

卢克斯的权力的第三个维度和博尔丁的权力的第三个面孔,都强调权力可以在对方心甘情愿的情况下实施。对于领导力而言很重要的一些权力,比如说服力、关系力、吸引力,已经包含在这些思想之中,只是很少被管理学者注意到。

管理中的权力概念

管理和领导力教科书中广为使用的是社会心理学者小约翰·弗伦奇(John French Jr.)和伯特伦·瑞文(Bertram Raven)提出的"权力的五个基础"模型。[24]

弗伦奇和瑞文的权力模型

他们把权力定义为影响力(influence),而所谓的影响力就是引起心理变化,包括行为、意见、态度、目标、需求、价值观等一切心理领域的变化。值得注意的是,这个定义没有加入抵抗的要素。

他们界定了能够引起变化的五种权力基础,也可以直接看作权力的五个类别(如表1-2所示)。甲对乙的报酬权力(reward power)来自甲能够给予乙报酬,强制权力(coercive power)是甲能够给予乙惩罚,它们可以分别看作胡萝卜和大棒。甲对乙的合法权力(legitimate power)则是来自文化价值或者社会结构赋予甲的权力。甲对乙的参照权力（referent power）则是来自乙对甲的认同，乙想要跟甲一样，因此乙愿意做甲要求的事情。甲对乙的专家权力（expert power）来自甲的专业能力。

表1-2　弗伦奇和瑞文的五种权力基础模型

甲对乙的权力	来源
报酬权力	乙对甲具有对其提供报酬的能力的感知
强制权力	乙对甲具有对其施加惩罚的能力的感知
合法权力	乙对甲具有规范其行为的合法权力的感知
参照权力	乙对甲的认同
专家权力	乙对甲有某些专业知识或技能的感知

资料来源：本书作者根据French & Raven（1959）整理。

举一个例子：在开会的时候，乙发表了自己的意见，但是在甲发表了不同意见后，乙改口同意甲的意见。原因有可能是甲是这个领域的专家，乙相信甲在这个领域的专业意见，那么这是甲的专家权力的作用。也有可能是乙相信如果自己不顺从甲的意见，有可能遭到甲的报复，那么这是强制权力在起作用。或者是因为乙相信如果自己改口支持甲，有可能得到甲在其他问题上的支持，那么这是因为报酬权力。还有可能是乙仰慕甲的为人和能力，努力在模仿甲的行事，那么这是参照权力的作用。

就在上面这个例子中，你有没有想到：乙改口还可能有别的原因？乙改口还有一种可能：甲发表的不同意见有理有据，乙被甲说服了。这是瑞文后来对该模型的重要补充：还有第六个权力基础——信息权力（informational power），即甲说服乙接受了不同意见的能力。案例1-4告诉我们，瑞文其实一开始就认为有第六个权力基础，之所以后来才补充，也是权力的作用。

第一章
承担责任——领导力的本质

信息权力和专家权力不同。专家权力不需要说服,比如医生让你服用某种药物,往往并不需要告诉你这种药物的疗效是什么,副作用是什么,跟别的药物比有什么优点和缺点。而如果你的一个病友建议你服用某种药物,则往往需要说服你,这就是使用信息权力。

为什么瑞文要听弗伦奇的

实际上,在弗伦奇和瑞文合作写作他们那篇发表于1959年的经典之作"社会权力的基础"的时候,瑞文已经提出:如果权力的定义是潜在的影响力,那么信息权力应该包括其中。弗伦奇则认为权力总是隐含着让人做不愿意做的事情的意思,而说服别人不应该包括其中。

在这个例子中,甲(弗伦奇)跟乙(瑞文)有了不同意见,而乙在当时听取了甲的意见。

瑞文回忆此事时表示,当时他没有坚持,不是因为弗伦奇对他有强制权力或者报酬权力,更不是信息权力(甲没有说服乙);可能有一些专家权力,还有一些参照权力,但是最主要的是因为合法权力:弗伦奇是他的老师和项目主任,而他只是个研究助理。

但是,等到瑞文自己单独发表文章的时候,他提出了权力实际上有六个基础,而且一直坚持这个观点。

资料来源:Raven(2008)。

一个新的权力模型

在弗伦奇和瑞文的模型的基础上,本书作者提出一个新的"组织管理者的权力模型"(如表1-3所示),这也许更适合组织中的管理者使用。

在这个模型中，权力被定义为带来变化的潜力。抵抗不是权力定义的要素——带来心甘情愿的变化的潜力，也是权力。权力包括七个方面，可以分为两大类：职位权力和个人权力。职位权力包括三个方面：来自职位的合法权力、奖励权力、惩罚权力。个人权力包括跟职位无关的四个方面：说服力、专业力、关系力和吸引力。

表1-3 组织管理者的权力模型

权力类别	权力细分	来源	举例
职位权力	合法权力	职位规定的发号施令、分配资源和任务的权力	如下属听取上级的意见是因为尊重组织赋予上级的决策权
	奖励权力	职位带来的进行奖励的权力	如下属听取上级的意见是因为上级可以决定是否给自己升职、加薪
	惩罚权力	职位带来的进行惩罚的权力	如下属听取上级的意见是因为上级的绩效考评会直接影响下属是否被末位淘汰
个人权力	说服力	对事实、数据的掌握以及晓之以理、动之以情的能力	如下级听取上级的意见是因为上级提出了详细的市场调研数据来支持自己的决策
	专业力	对所从事的工作的专业技能	如下属听取上级的意见是因为相信他作为管理者的能力
	关系力	因为与对方的良好关系而带来的影响对方的能力	如下属听取上级的意见是因为上级一直很关照自己，建立了良好的关系
	吸引力	因为品质、技能、相似性等产生的吸引力	如一线员工按CEO的呼吁行动；如歌星的粉丝响应歌星的号召

在这个模型中，合法权力、奖励权力、惩罚权力和说服力都比较容易理解，其他三种权力需要再解释一下。

- 专业力指的不仅是与具体的行业（比如汽车行业）或者职能（比如人力资源）相关的经验和技能，还指组织管理者的综合的、通用的管理能力。

- 关系力来自甲和乙因人际接触和互动而发展出的情感上的信任、依赖的双向关系。
- 吸引力指的是在没有直接人际接触（比如歌星和粉丝之间）或者很少人际接触（比如 CEO 和一线员工之间）的情况下，发展出的一方对另一方的喜欢、仰慕、崇拜的单向关系。

权力和领导力的关系

表 1-4 总结了权力和领导力的不同和联系。

表 1-4　权力和领导力的不同和联系

	权力	领导力
定义	带来变化的潜力	带来变化（带领团队实现目标）
种类	七种	七种权力都会用到，但是有侧重
目标	可以只是单方的	是双方共有的目标
抵抗	可能一直有抵抗	至少最后是心甘情愿的
结果	带来任何变化都是权力应用	只有带来有意义的变化才是领导力
联系	运用权力不一定是领导力	发挥领导力一定要运用权力

权力和领导力不同。权力是带来变化的潜力，而领导力是带领团队实现目标。但是，两者之间有密切的联系。带领团队实现目标就是要带来变化，因此，发挥领导力一定会使用权力——权力是领导力的资源。

合法权力、奖励权力、惩罚权力、说服力、专业力、关系力、吸引力都是领导力的资源。在发挥领导力时，一定会用到这些资源中的某一种或者某几种。尽管七种权力都是领导力的资源，但是领导力侧重使用说服力、专业力、关系力和吸引力。

发挥领导力一定会用到权力，但是反过来，使用权力不一定是发挥领导力。比如，上级要求下属加班为自己干私活，这是使用权力而非领导力。只有把权力用到实现组织目标上才是发挥领导力。

运用权力时抵抗可能一直存在，比如上级要求下属加班为自己干私活（主要是运用强制权力，或者说是惩罚权力），下级有可能在内心一直是抗拒的。而发挥领导力时，也许一开始下属是抗拒的，但是领导力的成功发挥会最终让下属心甘情愿地追随。

带来任何变化都可以是权力的运用，比如老师在课堂上让同学站起来回答问题。但这是很小的变化，还不足以说是实现了某个团队目标，其意义不足以构成领导力。

总之，权力是领导力的资源。发挥领导力一定要运用权力；而权力也可以是从事其他活动的资源，运用权力不一定是发挥领导力。如同伯恩斯所说："所有的领导者都是实际或潜在的权力拥有者，但是并非所有的权力拥有者都是领导者。"[25]

职位与领导力

领导力的本质是行动，而非职位。我们要区分领导力与职位。但是，职位与领导力有着紧密的联系。最重要的两点联系是：领导力是领导职位的责任；领导职位是领导力的资源。我们还需要认识到另外一点联系：职位也可以是发挥领导力的阻碍。

区分领导力与职位

把领导力等同于领导职位，是一个普遍的误解。

对领导力的头号误解

经验范式的另一位主要代表人物、领导力专家约翰·马克斯维尔（John Maxwell）说："如果我必须界定人们对领导力的头号误解的话，那就是认为领导力只是来自拥有一个职位或者头衔。"[26] 伦敦商学院学者罗布·戈菲（Rob Goffee）和加雷斯·琼斯（Gareth Jones）同样指出："这种根深蒂固的错误概念，即占据组织高级职位的人才是领导者，破坏了我们理解和教授领导力的能力。它蒙蔽了领导力的真实本质。"[27]

在中国，领导一词常常用来指那些担任领导职位的人，比如说"她是我们单位新来的领导"，或者说"他是我们公司的领导"。因此，把由此派生出来的领导力跟职位等同起来，这种误解在中国同样普遍。

三种表现形式

这个误解有三种略为不同的表现形式。第一种是认为领导力来自职位，即只有拥有职位的人才能发挥领导力。第二种是认为有领导力的人才能得到职位，就像下面这个例子中的经理人一样。

在一个企业高管的领导力培训班上，一位学员说："我们能够坐在这里，就是我们有领导力的证明。"培训班的老师（本书作者）对他说："你能够坐在这里，只证明一件事——你有领导职位。实际上，坐在这里的人，只有一个共同点：不是你们都有领导力，而是你们都有领导职位。"

领导职位可能因为多种原因得到。不管是一个国家还是一个企业，其领导职位都可能以世袭的方式得到。一个技术天才可以凭借自己的技术发明创立一家企业，并因此担任重要的领导职位。你还可以在一个官僚体制中主要凭借资历升到高层。约翰·加德纳就在美国观察到，"即使在大型企业和政府机构中，级别最高的那个人也许也只是头号官僚而已"[28]。

第三种表现形式是认为只有身居高位才需要领导力。许多经理人认为学习领导力只是高管才需要做的事情，就是基于这样的误解。

多种恶果

把领导力等同于职位危害了我们的实际工作,带来了多个方面的恶果。

第一,认为领导力来自职位,没有职位或者职位低的人就放弃了发挥领导力的机会。科长认为发挥领导力是局长的事情,部门经理认为发挥领导力是总经理的事情,销售员认为发挥领导力是销售经理的事情。所以,我们才会在现实中看到如此众多的从上到下都缺乏领导力的组织。

第二,认为领导力来自职位,就会认为拥有职位就拥有了领导力,这实际上是把领导力等同于职位权力。在需要发挥领导力的时候,这些所谓的"领导者"就只会使用职位权力,而单纯依靠职位权力往往无法真正解决问题。所以,我们才会在企业、政府和其他组织中,看到如此众多的领导力失败案例。

第三,这些所谓的"领导者"因为缺乏起码的自知之明,从而忽略了领导力的修炼。

第四,认为只有高管才需要领导力的"非领导者"们,则会忽略他们的工作也要求他们发挥领导力,也要求他们学习领导力。

总的说来,把领导力等同于职位带来的最大恶果是:把注意力放在职位上,而没有放在领导力上,忽视了领导力的本质——带领团队实现目标。

领导力是每个人的事

我们甚至可以说,领导力是每个人的事。我们每个人在生活中都会或迟或早、或多或少地承担仅凭一己之力无法履行的责任,也就是要带领团队实现目标。

它可能非常伟大,不管是像马丁·路德·金一样,在美国争取少数民族的平等权利;还是像甘地一样,争取印度的独立;或者像马云一样,在中国推广电子商务;或者像张瑞敏一样,把海尔打造成世界级家电企业。

它也可能比较普通,就像一个官员要推进一项新政策,一个销售经理要打开一个新市场,一个人力资源主管要培训一批新员工。它甚至可能每天都在发生，就像一个父母要带着孩子进行郊游，一个老师要教会学生一些知识，一个教练要带领球队取得胜利。

领导力是职位的责任

担任所谓的领导职位，你就有发挥领导力——带领团队实现目标——的责任。这是职位与领导力的第一点联系。

如果你担任人力资源经理的职位，你的责任就是要带领下属并协调其他部门，实现公司在人力资源管理上的目标。如果你担任销售经理的职位，你的责任就是带领销售团队，实现公司的销售目标。如果你担任医院院长、大学校长、政府部长的职位，你的责任就是带领他人实现你的组织机构应该实现的目标。

领导者是仆人

邓小平说过："领导就是服务。"[29] 与"领导就是服务"类似，经理人罗伯特·格林利夫（Robert Greenleaf）在20世纪70年代提出了"仆人式领导力"，他也因此在领导力思想史上占有一席之地。

格林利夫受到诺贝尔文学奖获得者赫曼·黑塞（Herman Hesse）的小说《东方之旅》的影响。这篇小说记述了一群人的神秘旅行。故事的主人公李奥是旅行团的仆人，为他们做各种体力劳动，并用自己的热情和歌声支撑着他们前进。突然有一天，李奥消失了。旅行团开始四分五裂，最后不得不终止旅行——没有仆人李奥，他们无法成功。几年后，旅行团的一个成员找到了李奥，发现李奥竟然是发起那次旅行的组织的头目，一个伟大的领导者。格林利夫这样阐述这个故事的寓意：[30]

> 伟大的领导者首先被看作仆人，而这个简单的事实正是他之所以伟大的关键之处……领导职位会被赋给本性为仆人的人。领导职位是授予的，

或者是获取的，也可能被取走。而其拥有的仆人本性才是那个真正的人，不是授予的，不是获取的，不能被取走。他首先是仆人。

担任领导职位，并不意味着你高高在上，而是意味着你承担责任。你的责任要求你成为"仆人"，为组织的目标服务，并且为了这个目标服务于跟你一起实现目标的其他人。

没有领导力的领导职位是不道德的

我们在前文中使用了这样的比喻：领导力像爱情，领导职位像婚姻。爱情不等于婚姻，婚姻也不等于爱情。但是，爱情和婚姻之间应该有密切的联系，对不对？恩格斯这样形容爱情与婚姻的联系："如果说只有以爱情为基础的婚姻才是合乎道德的，那么也只有继续保持爱情的婚姻才合乎道德。"[31]恩格斯的这句话可以理解为：爱情是婚姻的道德责任。

同样，发挥领导力——带领团队实现目标——是担任领导职位的人的道德责任。恩格斯这句话常常被简化为：没有爱情的婚姻是不道德的。我们同样可以说：没有领导力的领导职位是不道德的。

职位是发挥领导力的资源

尽管没有职位也可以发挥领导力，但是职位可以给领导力——带领团队实现目标——提供资源。这是职位与领导力的第二点联系。

表1-3总结了领导力的七种权力资源，其中三种主要来自职位：合法权力、奖励权力、惩罚权力。同时，职位对其他四种权力也有影响。

- 尽管吸引力主要来自品质、技能和相似性，但是职位能够增加吸引力。
- 职位还会影响人们对你的专业力的认知——职位越高，人们会认为你的专业能力越强。

- 职位还使你处在一个跟他人建立关系从而增强关系力的有利位置。
- 职位可能导致对说服力的忽视。但是身处高位者试图去说服时，其职位往往会增强他们的说服力。

职位是发挥领导力的阻碍

然而，具有讽刺意味的是，职位同样可以是发挥领导力的阻碍。这是职位与领导力的第三点联系。职位至少可以从以下三个方面阻碍领导力的发挥：

- 责任的迷失；
- 权力的诱惑；
- 守旧的惯性。

责任的迷失

担任领导职位意味着承担带领团队实现目标的责任。但是，领导职位也意味着其他的责任。比如，担任领导职位的人也需要承担剪彩、颁奖这些被管理学者亨利·明茨伯格（Henry Mintzberg）称为名义首脑的角色。[32] 这些责任也许会让人忽略自己真正重要的责任——带领团队实现目标。

权力的诱惑

担任领导职位意味着拥有职位权力，你可以合法地向他人发号施令，你可以动用组织资源。权力是一个巨大的诱惑，它容易让人忘记这些权力是领导力的资源，是用来帮助他们发挥领导力的，转而把权力和资源本身作为追求的目标。

守旧的惯性

管理研究发现，人们倾向于提拔与自己相似的人以及认同组织现有价值观和行事方式的人。这样会造成各层管理者都是最高层管理者的翻版，最终会造成担任领导职位的人的系统性偏向：因循守旧。在一个动态环境中，带领团队实现目标往往要求人们打破常规，守旧的惯性因此成为阻碍。

能力与领导力

领导力的本质是行动，而非能力。能力是一个内涵丰富的概念，这里简单将其分为先天的品质和后天的技能两部分。我们先说说品质和领导力的关系，以及往往被看作一种特殊品质的魅力与领导力的关系，最后再讨论技能与领导力的关系。

品质与领导力

如果说对领导力的头号误解是把领导力等同为职位的话，二号误解就是把领导力等同为品质。我们既要区分领导力与品质，又不能忽略二者之间的联系。

区分品质与领导力

从 20 世纪初开始，对领导力的研究集中在品质或者说特质上，这就是领导力研究中的特质学派。这些研究的假设是：领导者是与一般人不同的人。他们在性格、智力、甚至外表等个人特质上不同于一般人。遗憾的是，这些研究并没有发现共同的领导力品质。

1948 年，斯托格迪尔考察了之前 120 多个关于领导力特质的研究，发现从这些研究中归纳不出普遍的模式。他的结论是：不存在所谓的普遍适用的领导力特质；个人特质不是领导力的关键。[33] 这个结论得到了广泛的认同。

之后仍然有人试图发现共同的领导力品质。遗憾的是，他们的发现依然彼此冲突，难以形成共识。表 1-5 总结了学者们在 20 世纪下半叶提出的一些领导力品质，我们会发现很难从中找出共性。自信是其中提到最多的品质，但也没有在所有的名单里出现。

表1-5 学者们提出的领导力品质

提出者（年份）	提出的品质
Mann（1959）	调整，外向，支配，阳刚，保守
Bass（1990）	调整，适应，主动，警觉，支配，自控，独立，创新，正直，自信
Kirkpatrick & Locke（1991）	驱动力（成就，雄心，精力，坚韧，主动），诚信，自信
Yukl & Van Fleet（1992）	情感上的成熟，正直，自信，充沛的精力，对压力的容忍
Northouse（1997）	自信，坚定，正直，善于社交
House & Aditya（1997）	成就动机，亲社会的影响动机，调整，自信
Daft（1999）	警觉，创新，正直，自信

资料来源：Judge et al（2002）.

至少有以下三个原因，能够说明我们很难找到放之四海而皆准的领导力品质。

- 首先，品质是多维、歧义的。对同一个品质，人们会有不同的理解。怎样算是正直、自信？它们包括哪些维度？怎样测量？
- 其次，领导力品质是情境性的。带领一个登山队攀登珠穆朗玛峰，与带领一群科学家设计原子弹，所要求的品质是不同的。
- 最后，领导力品质可以是自相矛盾的（参见本书第八章"整合思考"部分）。比如，可以说领导力既要求自信，又要求谦逊；既要求大胆，又要求细心……这些品质都很美好、很重要，但是它们往往又很难同时具备。

品质与领导力的联系

然而品质并非与领导力无关，它们有两点联系：品质是领导力的资源，但是也可能成为领导力的阻碍。

首先，品质是领导力的资源。例如自信这样的品质，显然是广泛适用的领导力品质。还有些品质，比如创新，可能只适用于某些领导力活动。我们需要界定自己的品质，看看适合怎样的领导力行动；我们还要界定当前面对的目标，看看这些目标要求怎样的领导力品质，应该选派怎样的人来承担这个责任。

其次，我们还要意识到，品质也可以成为领导力的阻碍。就在学术界刚刚盛行测试领导力品质的时候，福莱特就对此提出了批评：[34]

> 但是这与领导力有什么关系？这些心理学家测试的是主动进取这样的品质，假设这与领导力是同义词，假设一个人如果不主动进取、没有控制欲、不够咄咄逼人，就不是一个称职的领导者。但是我认为，不仅这些特质不是领导力的根本特质，而且恰恰相反，它们常常妨碍领导力。

为什么跟人们通常的看法相反，福莱特认为进取心、主动积极这样的品质常常是领导力的障碍？要回答这个问题，我们要回到这个要点：领导力是行动。

领导力是带领团队实现目标的活动。如果一种品质能够帮助人们从事这样的活动，我们就可以说它是领导力品质。这样的领导力品质是发挥领导力的资源。但是品质也是双刃剑，它可以起到帮助的作用，也可能起到阻碍的作用。比如，身材高大这个品质显然是打篮球的优势，但是，身材高大的人往往又不够灵活，所以身材高大也可能起到阻碍作用。

进取心这个品质对领导力同样如此。进取心强的人对完成目标更有热情、更有动力，从这个方面看，进取心有助于带领团队实现目标。但是，进取心强的人往往对追求个人目标比团队目标更有热情，对他人还容易采取咄咄逼人的态度从而破坏关系，从这些方面看，进取心会阻碍他们从事带领团队实现目标的活动。

领导力品质与你的关系

所以,如果有人列出一个清单,说领导者必须要具备这些或那些品质,而你发现自己缺乏其中相当多的品质,你不要绝望。即使你的身材不那么高大,并不意味着你不能成为一个优秀的篮球运动员。

那只是一个理想的清单,没有人会完全具备上面的所有品质。那还是一个不完全的清单,你具备的一些领导力品质并没有被列在上面。而且,那个清单不一定适合你。带领不同的团队,实现不同的目标,需要不同的领导力品质。

因此,不要太在意所谓的品质,而是要把注意力集中在带领团队实现目标上。只要你能够带领团队实现目标,你就有领导力品质。当然,如果在某些方面改进自己,能够更好地带领团队实现目标,那些方面就是你需要修炼的领导力品质。

魅力与领导力

关于魅力与领导力的关系,在领导力的研究者中存在两种截然相反的意见。一种意见主要来自经验范式的研究者,比如德鲁克、圣吉、管理畅销书《基业长青》和《从优秀到卓越》的作者吉姆·柯林斯(Jim Collins)等,他们认为卓有成效的领导者没有魅力,魅力甚至会影响领导力;另一种意见则主要来自科学范式的研究者,比如领导力学者罗伯特·豪斯(Robert House)、杰伊·康格尔(Jay Conger)等人,提出了"魅力型领导力"理论。

魅力和领导力究竟有怎样的关系?

超人魅力观与伟人魅力观

把魅力跟领导力联系起来,是从社会学家韦伯开始的。魅力(Charisma)是一个古希腊词,意思是"上天赋予的才能",比如展示奇迹或者预测未来的能力。[35]韦伯使用这个词来描述这样的情形:影响力不是来自传统或正式权威,而是基于追随者认为领导者具有罕见的品质。

韦伯眼中的魅力型领导者呈现了"一个超越的使命或者行动路线，本身对潜在的追随者没有吸引力，但是追随者采取了行动，因为他们相信他们的领导者具有惊人的天赋才能"，他们常常被认为是"超自然的，超人的，或者与众不同的"。[36] 韦伯的领导魅力理论可以看作领导力特质学派的一种特殊情形。它把魅力看作一种特质（或者一些特质的综合体），只有极少数人拥有。

从20世纪70年代开始提出的魅力型领导力理论脱胎于韦伯的思想，这种理论认为：魅力型领导者单靠人格特质的力量就能对追随者产生深刻的影响。追随者认为魅力型领导者拥有超人的品质，无条件接受他们的使命和行动指令。这些领导者代表革命性的社会力量，负责带来重大的社会变革。[37] 与韦伯把魅力主要看作人格特质不同，魅力型领导力理论把魅力看作领导者和追随者之间的关系，并致力于研究这种关系的特征，以及领导者的哪些特质和行为可以导致这种关系。这两种魅力观一脉相承而略有不同。

韦伯对领导魅力的看法是超人魅力观，认为魅力是神秘的，是天生的特质，要么本身是一种神秘的特质，要么是某些特质的神秘组合。这种魅力的威力巨大，无法抵挡。

魅力型领导力理论可以称作伟人魅力观。它脱胎于韦伯的超人魅力观，但是有两个区别：第一，魅力不再被认为一定是天生的特质，而是产生于领导者和追随者的关系之中，是追随者对领导者的感受。第二，这种感受可以因领导者的某些特质而被激发出来，也可以因为领导者的某些行为而产生。伟人魅力观尽管不认为领导者是天生的超人，但是仍然强调追随者把他们视为非同常人的伟人。

反魅力的领导力理论

与前两种魅力观不同，另一派观点则认为魅力跟领导力没什么关系，甚至对领导力有阻碍作用。德鲁克、圣吉、柯林斯这几位对管理实践有着巨大影响的管理思想家都持这种观点。

德鲁克说,他从经验中得出领导力的两个要点:第一,也许有极少数人是天生的领导者,但他们人数极少因此难以依靠。对于大多数人来说,领导力是学来的,也是可以学到的。第二,没有什么所谓的"领导个性""领导特质""领导风格"。卓有成效的领导者唯一共同的个性特质就是他们都完全没有或者几乎没有所谓的魅力。[38]德鲁克还说:"魅力是领导者的负担。它使他们变得顽固不化,自以为是,难以改变。"[39]

柯林斯在《从优秀到卓越》[40]一书中,发现只有极少数的能够带领公司从平庸进入伟大的领导者(柯林斯称之为"第五级领导者")是谦虚、低调的,他们靠标准而非魅力进行激励。柯林斯指出:魅力可以是资产,但同样可以是负担。[41]

以德鲁克为代表的反魅力派不仅反对韦伯的超人魅力观,也反对聚焦于关系的伟人魅力观。他们的反对基于两个理由:第一,这忽略了领导力的本质。德鲁克说:"卓有成效的领导者不是被人爱戴或者景仰的人,而是其追随者做正确的事情的人。广受欢迎不是领导力,成果才是。"[42]提倡关注魅力把人们的注意力从真正重要的事情上转移了。第二,追随者投射在领导者身上的魅力如果过大,会产生副作用,会影响成果的产生。

实际上,魅力型领导力的研究者也注意到了魅力的副作用,表1-6是学者尤克尔(Yukl)进行的总结。

表1-6 魅力型领导者带来的负面作用

- 对领导者的崇敬使得来自追随者的好建议减少
- 希望得到领导者的认同,使得追随者不愿意提出批评意见
- 来自追随者的钦佩造成领导者不会犯错的幻觉
- 领导者过于自信和乐观,对于实实在在的危险视而不见
- 对问题和失败的否认减少了组织学习

(续表)

- 冒险的、宏大的项目容易失败
- 领导者占据全部功劳,因此疏远了部分关键追随者
- 冲动的、离经叛道的行为既造就信徒,也造就敌人
- 对领导者的依赖妨碍了培养能够胜任的继任者
- 培养继任者的失败最终带来领导力危机

资料来源:Yukl(2010),p.273.

第三种魅力观

作为理论,伟人魅力观和超人魅力观缺乏善的价值,它要么让我们因为缺乏魅力而消极绝望,要么让我们关注魅力而忽视真正的成果。它们也不够美,对领导力的解释过于模糊和复杂,也没有带来太多的意外之喜。它们也不够真,正如德鲁克发现的那样,卓有成效的领导者往往缺乏魅力。

基于魅力仍然是讨论领导力时经常涉及的话题,本书作者提出脱胎于反魅力派的第三种魅力观,称之为凡人魅力观。这种魅力观对大多数人的领导力实践也许更有指导意义。表 1-7 总结了三种魅力观的主要区别。

表 1-7 三种魅力观的主要区别

	超人魅力观	伟人魅力观	凡人魅力观
拥有者	极少数人	少数人	每个人
存在于	领导者	关系之中	关系之中
作用对象	非常广泛	比较广泛	针对具体对象
来自	神秘的天生特质	个人特质及行为	品质、行为、技能、相似性
魅力的培养	天生的,无法培养	天生加培养	天生加培养
与领导力的关系	等同的关系	是领导力的重点	是领导力的资源、结果、阻碍
领导者是	超人	伟人	普通人
提出者	韦伯	魅力型领导力理论学者	刘澜

简单地说,魅力就是一个人对其他人产生的吸引力。因此魅力是看对象的。比如,足球明星对足球迷来说很有魅力,对其他人则不然。不同的足球迷喜欢的足球明星也不尽相同。每个人都可能在某些人心目中具有或大或小的吸引力。因此,凡人魅力观主张每个人都有魅力,这些魅力是针对具体对象的。是因为我们的某些品质、技能、行为或者与他们的相似性而产生对他们的吸引力。

凡人魅力观还主张,这样的吸引力可能是先天形成的(比如美貌或者天生的人格特质),可能是基于我们后天学习的技能(比如球技出众)和行为(比如关心他人),也可能是基于先天或后天的相似性(比如血缘相同或者爱好相似)。这里所说的魅力就是表1-3中的吸引力。

三种魅力观最主要的区别在于对魅力和领导力的关系看法不同。超人魅力观认为魅力等于领导力。伟人魅力观认为魅力是领导力的重点,推动社会变革要求魅力型领导力。凡人魅力观则认为魅力不等于领导力,它和领导力之间有三重关系:

- 魅力是领导力的资源。领导者如果在追随者眼中有魅力,可以有助于领导力的发挥。因此,你需要注意你在追随者眼中是否有魅力。但是,领导力还有其他资源(参见表1-3),发挥领导力不一定必须有魅力。
- 魅力是领导力的结果。魅力往往不是发挥领导力的先决条件——不是说要有魅力才能发挥领导力;而是相反,魅力往往是发挥领导力后的结果——你对领导力的发挥,会增加你在其他人心目中的吸引力。
- 魅力可以是发挥领导力的阻碍。如果一个人在其他人心目中的魅力过大,反而可能阻碍领导力的发挥(参见表1-6)。

根据超人魅力观,只有天生具有魅力的极少数人(超人)拥有领导力,可以成为领导者。根据伟人魅力观,只有能够产生魅力的少数人(伟人)可以发挥领导力,可以成为领导者。根据凡人魅力观,魅力只是领导力的一种资源,每个人都可以利用,每个人都可以成为领导者。

技能与领导力

关于领导者的技能,最为经典的模型是管理学者罗伯特·卡茨(Robert Katz)提出的管理者的三大技能:技术技能、人际技能、概念技能。[43]

管理者的三大技能

卡茨对管理者(administrator)[44]的定义是:一个人指导他人的活动,并且通过这样的努力来取得特定目标。我们看到,这跟我们对领导者的定义——带领团队实现目标的人,几乎是一模一样的。

卡茨提出,一个卓有成效的管理者,需要具备三种可以培养的技能:技术技能、人际技能、概念技能。技术技能指从事某种专业活动所需要的知识和能力,人际能力指作为团队成员工作及作为团队领导者建立协同努力的能力。概念能力指能够从企业整体的角度思考、能够看到各个要素之间关系的能力。

换一种方式表达,技术技能是从事技术活动的技能,人际技能是理解并激励个人与团体的技能,概念技能是协调和整合组织的所有活动和利益朝着一个共同的目标努力的技能。

非常重要的是,卡茨提出了三种技能的相对重要性:对于基层管理者来说,技术技能非常重要;人际技能的重要性对于基层管理者来说也相对更为重要一些;[45]对于高层管理者来说,概念技能非常重要。

领导力技能

尽管卡茨并没有具体界定三大技能的具体内容,但他为我们思考领导者的技能提供了一个很好的框架。领导力的定义是带领团队实现目标,带领团队的能力可以对应卡茨所说的人际技能,实现目标的能力可以分为两部分:与专业领域相关的对应技术技能,与专业领域无关的对应概念技能。

20世纪90年代初,不懂科技的郭士纳(Lou Gerstner)从一家食品公司来

第一章
承担责任——领导力的本质

到科技公司 IBM 担任 CEO。他走马上任之时，怀疑的声浪很大：一个卖饼干的能卖电脑吗？然而郭士纳成功地在 IBM 实现了文化变革。[46] 郭士纳的例子说明领导力主要在于人际技能和概念技能，而非技术技能。表 1-3 中的专业力不能狭义地理解为技术技能。对一个管理者来说，专业力更重要的部分是人际技能和概念能力。

本章小结

尽管对领导力的定义众说纷纭，但是最接近共识的定义是带领团队实现目标。这个定义告诉我们，领导力的本质不是能力，不是职位，而是行动。这个定义还告诉我们，领导力的本质是责任——承担带领团队实现目标的责任。我们在社会上、在组织中、在家庭中，都面对这样的责任。因此，领导力可以说是我们每个人的事情。

本章要点回顾

1. 领导力有三个含义：职位、能力和行动。领导力的三个含义交织在一起，也是相辅相成的三个方面。
2. 带领团队实现目标是一个广泛适用的领导力定义。这个定义包含了领导力行为的两个基本维度：任务行为（实现目标）和关系行为。
3. 领导力的本质是行动——带领团队实现目标。也可以说，领导力的本质是责任，承担带领团队实现目标的责任。
4. 领导力不等于权力。发挥领导力一定要用到权力，但是使用权力不一定是发挥领导力。组织管理者拥有七种权力，可以作为领导力的资源。
5. 领导力不等于职位。职位可以是领导力的资源，也可以是领导力的阻碍。
6. 领导力不等于品质。品质可以是领导力的资源，也可以是领导力的阻碍。

7. 领导力不等于魅力。魅力往往是领导者的负担。区分三种魅力观：超人魅力观、伟人魅力观和凡人魅力观。

8. 领导力主要在于概念技能和人际技能，而非技术技能。

本章注释

[1] Burns, J. M. (1978). *Leadership*. Harper & Row, p. 2.

[2] Grint, K. (2011). A History of Leadership. In A. Bryman et al (Eds.), *The Sage Handbook of Leadership*. Sage Publications, pp. 3–14.

[3] Adair, J. (2013). *Confucius on Leadership*. Macmillan, p. 2.

[4] 如 Pierce & Newstrom (2008)，Senge (2006), p. 328.

[5] Case, P., et al. (2011). Philosophy of Leadership. In A. Bryman et al. (Eds.), *The Sage Handbook of Leadership*. Sage Publications, pp. 242–254.

[6] 四个释义的英文分别是（1）the office or position of a leader；（2）the capacity to lead；（3）the act or an instance of leading；（4）LEADERS。

[7] Liu, L. (2010). *Conversations on Leadership*. Jossey-Bass, p. 159.

[8] Case, P., et al (2011). Philosophy of Leadership. In A. Bryman et al. (Eds.), *The Sage Handbook of Leadership*. Sage Publications, pp. 242–254.

[9] Kouzes, J., & Posner, B. (2007). *The Leadership Challenge*. Jossey-Bass.

[10] Rost, J. (1991). *Leadership for the Twenty-First Century*. Praeger.

[11] 转引自 Yukl, G. (2010). *Leadership in Organization*. Prentice Hall. p. 2.

[12] Gardner, J. W. (1990). *On Leadership*. The Free Press, p. 1.

[13] Northouse, P. G. (2007). *Leadership: Theory and Practice*. Sage Publications, p. 3.

[14] Lave, C. A., & March, J. G. (1993). *An Introduction to Models in the Social Sciences*. University Press of America.

[15] van Vugt, M., & Ahuja, A. (2011). *Naturally Selected*. HarperCollins, p. 21.

[16] van Vugt, M., Hogan, R., & Kaiser, R. B. (2008). Leadership, Followership, and Evolution: Some Lessons from the Past. *American Psychologist*, 63(3), 182–196.

[17] Lave, C. A., & March, J. G. (1993). *An Introduction to Models in the Social Sciences*. University Press of America, pp. 61–67.

[18] Lave, C. A., & March, J. G. (1993). *An Introduction to Models in the Social Sciences*. University Press of America, p. 73.

[19] 圣吉（2009），"序：为世界的领导力"，《领导力沉思录》（刘澜著），中信出版社。

[20] 罗素（1998），《权力论：新社会分析》，吴友三译，商务印书馆，第4页。

[21] Lukes, S. (1986). *Power*. New York University Press, Introduction.

[22] Lukes, S. (2005). *Power: A Radical View*. Macmillan, p. 20.

[23] 博尔丁（2012），《权力的三张面孔》，张岩译，经济科学出版社，第2页。

[24] Rrench & Raven (1959).

[25] Burns, J. M. (1978). *Leadership*. Harper & Row, p. 18.

[26] Maxwell, J. C. (2005). *The 360-Degree Leader*. Thomas Nelson Inc.

[27] 戈菲、琼斯（2015），"教授高管成为最好的自己——一个关于自我的社会学视角"，《领导力教学手册：知识、技能和品格》（斯努克、诺瑞亚、库拉纳编），北京大学出版社，第198—212页。

[28] Gardner, J. W. (1990). *On Leadership*. The Free Press, p. 2.

[29] 邓小平1985年5月19日在中共中央、国务院召开的全国教育工作会议上的讲话。

[30] Greenleaf. R. K. (1995). Servant Leadership. In J. T. Wren (Ed.), *The Leader's Companion: Insights on Leadership through the Ages*. The Free Press, pp. 18–23.

[31] 《马克思恩格斯选集：4卷》，人民出版社，2012，第94页。

[32] Mintzberg H. (1990). The Manager's Job: Folklore and Fact. *Harvard Business Review*, March–April.

[33] Stogdill, R. M. (1948). Personal Factors Associated with Leadership: A Survey of the Literature. *The Journal of psychology*, 25(1), 35–71.

[34] Graham, P. (1995). *Mary Parker Follet—Prophet of Management: A Celebration of Writings from the 1920s*. Harvard Business School Press, p. 164.

[35] Ibid.

[36] 转引自 Pierce & Newstrom (2008a), p. 337。

[37] Conger, J. A., & Kanungo, R. N. (1987). Toward a Behavioral Theory of Charismatic Leader-

ship in Organizational Settings. *Academy of Management Review*, 12(4), 637−647.

[38] Drucker, P. F. (1996). Not Enough Generals Were Killed. In F. Hesselbein, M. Goldsmith, & R. Beckhard (Eds.), *The Leader of the Future*, Jossey−Bass, pp. xii−xv.

[39] 德鲁克（1999），《现代管理宗师德鲁克文选（英文版）》，机械工业出版社，第242页。

[40] 该书英文名为 *Good to Great*，"从优秀到卓越"是通行的中文翻译，其实更准确的译法，应该是"从一般到伟大"，或者"从平庸到卓越"。参见刘澜（2016b），第55页。

[41] Collins, J. (2001). *Good to Great*. HarperCollins.

[42] Drucker, P. F. (1996). Not Enough Generals Were Killed. In F. Hesselbein, M. Goldsmith, & R. Beckhard (Eds.) , *The Leader of the Future*, Jossey−Bass, pp. xii−xv.

[43] Katz, R. (1974). Skills of an Effective Administrator. *Harvard Business Review*, September−October.

[44] 管理研究的早期，人们较多使用administrator而非manager来指管理者，用administration而非management来指管理。工商管理硕士（MBA）中的管理就是administration。在本章我们不区分管理者和领导者，基本可以认为它们是同义词。

[45] 其他的教科书在引用卡茨这个模型时，经常会表述为人际技能从基层到高层一直很重要，甚至会表述为其从基层到高层其重要性略有增加，这不是卡茨的原意。

[46] 郭士纳（2003），《谁说大象不能跳舞》，张秀琴、音正权译，中信出版社。

第二章
解决难题——领导力的核心

我们在上一章给领导力下了一个定义：带领团队实现目标。但是，这不也是管理者的任务吗？领导和管理有何不同？领导者和管理者有何不同？尽管有人坚持不区分领导和管理，但本书作者的主张是：虽然领导者和管理者往往是同一个人，但是领导和管理不同，对二者的区分对实际工作有着非常重要的指导意义。

区分领导和管理

孔子在《论语》中对"政"和"事"的区分[1]，也许是对领导和管理的不同的最早论述。一般认为，对领导（者）和管理（者）进行明确的区分，始于哈佛商学院学者亚伯拉罕·扎尔兹尼克（Abraham Zaleznik）。伯恩斯对交易型领导力和变革型领导力的区分也启发了后来人。在扎尔兹尼克和伯恩斯的启发下，哈佛商学院学者约翰·科特（John Kotter）的研究被公认是对这个问题的权威论述。

扎尔兹尼克：区分领导者与管理者

一般认为，扎尔兹尼克发表于 1977 年的一篇文章[2]被认为是明确区分领导（者）和管理（者）的最早文献。扎尔兹尼克把管理者和领导者对立起来。他认为，商业机构出于保守和惯性，主要是在培养管理者而非领导者，造就了与政府机构和教育机构类似的官僚文化。扎尔兹尼克指出：管理者和领导者是两种不同的人。

人格特质

管理文化重视理性与控制。管理者以解决问题为导向，对于他们来说，领导力只是指挥的一种努力。管理者需要的不是天才或者英雄主义，而是坚韧、强硬、勤奋、聪明、分析能力，以及（也许是最重要的）宽容与善意。

与把领导力仅仅视作管理的手段不同，对领导力还有另一种观念。这是一种神秘的信念：领导力是一种心理剧，其主人公是一个聪颖过人的孤胆英雄，在做好自我控制的基础上去控制他人。与管理者只是解决冲突不同，领导者放眼长远、充满想象力、善于沟通。

扎尔兹尼克暗示，组织不仅需要管理者，还需要领导者。而且他明确指出：组织很难把管理者同时培养成领导者，因为他们是非常不同的人。

对目标的态度

对于目标，管理者倾向于采取非个人的，甚至是被动的态度。管理目标源于"必需"而非"想要"，这种目标植根于组织的历史与文化之中。而领导者对目标的态度是积极主动的，而非被动反应的。领导者改变人们对以下三者的想法：什么是想要的、什么是可能的、什么是必需的。

对工作的想法

对于工作，管理者倾向于认为是在人和思想之间互动以确定战略和做出决策的能动过程（enabling process）。管理者计算利益，未雨绸缪，减少冲突。他们两手抓，一方面进行讨价还价的谈判，另一方面使用胡萝卜和大棒。

与管理者限制选择相反，领导者会对长期存在的问题找出新的解决方案。他们把思想投射到形象之中，用形象激励人们。管理者为了生存而规避风险，领导者则甘冒风险。

与他人的关系

管理者喜欢与他人一起工作，但是在人际关系中，他们保持低水平的感情投入。这看似矛盾，但正是管理者的工作所要求的。他们的工作就是调和差异，寻求妥协，平衡权力。管理者可能缺乏同理心，因为他们是在决策过程中扮演自己的角色。

领导者主要关注的是思想，以更加本能和更具同理心的方式跟他人打交道。如果说管理者关注的是"如何"做成事情，领导者关注的则是事件和决策对参与者意味着"什么"。

对自我的感受

扎尔兹尼克引用了心理学家威廉·詹姆斯（William James）的"原生者"（once-born）和"再生者"（twice-born）的说法。原生者对生活的适应是直接的，他们的人生轨迹是风平浪静的。而再生者的人生是不停挣扎的。原生者的自我感受是祥和的，与外界的关系是和谐的。再生者的自我则与外界有深深的隔绝感。

管理者更类似于原生者，是现有秩序的维护者。领导者则类似于再生者，与环境格格不入。领导者尽管身处组织之中，却并没有归属感，或者说他们的自我存在感不依赖于组织：他们并不维护现状，而是寻求改变。

扎尔兹尼克指出要注意两种人生发展过程：一种是社会化的发展过程，这样的人倾向于维护现有平衡；另一种是自我超越的发展过程，这样的人会努力求变。管理者从前者中产生，领导者从后者中产生。

伯恩斯：区分交易型领导力与变革型领导力

几乎与扎尔兹尼克同时，伯恩斯区分了交易型领导力与变革型领导力。[3]领导力学者诺埃尔·蒂奇（Noel Tichy）认为，伯恩斯所说的交易型领导力和变革型领导力的区分其实就是管理和领导的区分。[4]科特认为扎尔兹尼克的文章和伯恩斯的著作是探讨管理和领导区别的最早的两份文献。[5]

区分领导力与权力

伯恩斯首先区分了领导力和权力。权力的行使者向权力的接受者施加影响，是为了实现自己的目标。而领导力的行使则是为了实现领导者和追随者共同拥有的目标。因此，领导力是在竞争或冲突的条件下发挥的，因为追随者并非天然具有和领导者相同的动机。

伯恩斯说："有人把领导力定义为领导者让追随者做追随者本来不会做的事，或者领导者让追随者做领导者想要他们做的事。我对领导力的定义则是领导者促使追随者为追求特定的目标行动，而这些目标代表了领导者和追随者共有的价值观和动机、需要和需求、渴望与期望。"[6]可以看到，伯恩斯对领导力的定义仍然符合带领团队实现目标这个概括。

区分两种领导力

领导者和追随者的关系处于伯恩斯的领导力定义的核心。这种关系的本质是拥有不同动机和权力潜能的个人在追求共同目标的过程中的互动，这种关系有两种不同的形式。

第一种形式，伯恩斯称之为交易型（transactional）领导力。在交易型领导力中，领导者采取主动，与追随者进行交易。交易的本质可以是经济的，政治的，或者心理的：比如以物易物或以物易钱；比如候选人和选民之间的选票交易；比如一个人展现好客之道，以换取另一个人倾听自己的伤心之事。

第二种形式，他称之为变革型（transforming，或 transformational）领导力。在变革型领导力中，领导者和追随者的互动使得双方都上升到更高的动机和道德水准。

这样的领导力也许在最初像交易型领导力一样，双方拥有不同又相关的目的，但最终会融合到一起，而且演变成道德领导力，提升了双方的道德水准，对双方都有洗心革面的变革作用，因此称之为变革型领导力。

领导力的变革作用

变革型领导力的关键词显然是变革，主要体现在领导者对追随者的提升之中。这种变革如何发生？首先，领导者要唤醒追随者更高层次的需求和价值观，但是又不能太高，不然追随者会无法接受。就是说，当追随者只关心生存时，领导者可以谈温饱；当追随者只关心"仓廪实"时，领导者可以谈"知礼节"。其次，领导者要善于利用追随者内在价值观结构中的冲突与张力。领导者也许只是帮助追随者看到其内心的冲突，或者更进一步，激发追随者对价值观与价值观之间的冲突和价值观与行为之间的不一致的不满。

科特：管理是维持秩序，领导是实现变革

科特是最著名的领导力学者之一，其成名作就是在 1990 年出版的区分领导与管理的著作《变革的力量》。[7] 科特提出，"领导是管理的一个过程"或者"管理是领导的执行过程"这两个观点是不准确的。管理和领导是两个不同的行为体系，它们均不属于对方。

管理过程和领导过程

科特认为管理过程分为三个部分。

- 计划和预算:为未来制订具体的目标,确定达到目标的具体步骤,并为完成计划进行资源分配。
- 企业组织和人员配备:为完成计划建立一套组织体系,配备相应的人员,由这些人员来负责执行计划,并建立监督体系。
- 控制和解决问题:对计划执行情况通过报告、会议等方式进行监控,发现问题并加以解决。

一个复杂企业组织的领导也分为三个过程。

- 确定企业经营方向:为遥远的未来设定愿景,并为实现愿景而制定变革战略。
- 联合群众:与团队成员沟通愿景,使他们团结在愿景之下并投身于这一目标。
- 激励与鼓舞:通过诉诸人性的需求、人们的价值观和情感,鼓舞群众战胜变革的障碍,沿着正确的方向前进。

两者的差异

管理过程和领导过程尽管看起来很相似,其实存在根本的差异(见表2-1):

- 管理过程的计划和预算过程着眼短期,注重微观,强调对风险的回避;领导过程的经营方向的制定着眼长期,注重宏观,强调对风险的承担。
- 管理过程的组织和人员配备注重专业化,强调能力和服从;领导过程的联合群众注重整体性,强调方向和投入。
- 管理过程的控制和解决问题侧重于管制和预见性;领导过程的激励和鼓舞侧重于授权和创造惊喜。

表 2-1 管理过程和领导过程的不同

管理过程	领导过程
计划和预算 ● 着眼短期 ● 注重微观 ● 强调对风险的回避	确定企业经营方向 ● 着眼长期 ● 注重宏观 ● 强调对风险的承担
企业组织和人员配备 ● 注重专业化 ● 强调能力和服从	联合群众 ● 注重整体性 ● 强调方向和投入
控制和解决问题 ● 侧重于管制和预见性 ● 主要采取经济上的激励	激励与鼓舞 ● 侧重于授权和创造惊喜 ● 主要采取心理上的激励

资料来源：本书作者根据 Kotter（1990）和 Kotter（2001）制表。

就拿激励来说，管理中也有激励，但是和领导中的激励存在根本的不同。管理的控制方法之一是"激励"人们遵守标准或计划，一般通过经济刺激来实现。而领导行为的激励一般包括：

- 在沟通愿景时强调参与者的价值，使之有成就感；
- 让参与者决定如何实现与他们相关的目标或目标的一部分，使之有掌控感；
- 通过教练、反馈、榜样等方式支持参与者，增强其自尊感；
- 认可和奖励参与者的成就，使之有归属感。

管理和领导缺一不可

科特的中心观点其实是这样一句话：管理是维持秩序，领导是实现变革。

领导与管理的不同，说明二者可能发生冲突。强有力的领导可能会扰乱一个井然有序的计划体制，强有力的管理则可能会打消领导行为所需的冒险意识和积极性。然而，企业要发展，领导和管理缺一不可。如果没有领导，只有强有力的管理，会带来官僚主义，为了秩序而维持秩序，这种情况容易在大公司中出现；如果没有管理，只有强有力的领导，会形成狂热崇拜，为了变革而变革。

技术性问题和挑战性难题

尽管以上学者是从不同角度切入管理和领导的区别，我们仍然可以发现共同点：管理是维持秩序，领导是实现变革。我们还可以进一步问：在什么情况下维持秩序？在什么情况下实现变革？

本书作者这样区分管理和领导：管理是解决技术性问题，领导是解决挑战性难题。解决技术性问题是为了维持已有的秩序，而要解决挑战性难题就必须变革。解决技术性问题和挑战性难题的区别，是管理和领导的更为核心的区别。

组织中的三种问题

一个组织要生存和发展，需要解决三种问题：日常性问题、技术性问题和挑战性难题。它们分别对应组织的三种活动：处理、管理和领导。[8]

日常性问题——处理

日常性问题又可以分为两种：一种跟企业的核心业务无关，是维持任何组织运转都要解决的问题，比如电脑坏了要有人维修、地板脏了要有人打扫。许多被称为后勤、行政的工作，就是处理这些问题。正如马奇所说："如果厕所坏了，没有哪个组织能正常运转。"[9]

还有一种跟组织的核心业务相关，但是这些问题经过劳动分工和流程化之后，变得日常化了，成为日常性问题。比如，流水线上的生产工人和呼叫中心的客服人员，大多数时候就是在处理日常性问题。

解决日常性问题可以称为处理。处理活动因为其比较简单且具有重复性，往往有严格的流程、规范、制度可循。处理者不需要进行太多的思考，只需要严格遵循操作规范就可以解决问题。

技术性问题——管理

大多数时候我们面对的是技术性问题。技术性问题与组织的核心业务相关，是组织提供自己的专业服务的过程中产生的问题。比如，富士康公司要满足苹果公司生产新型 iPhone 的需求，就是技术性问题。技术性问题中的许多成分，我们已经将其流程化、日常化，转化为日常性问题。但是，规范和流程不能解决全部的问题。比如，要生产新一代的 iPhone 手机，富士康就需要对已有流程进行调整，这同样是技术性问题——解决问题的方式需要做出一定的调整，但是组织不需要做出实质性的改变。

解决技术性问题可以称为管理。管理活动具有一定的复杂性，尽管需要进行一定的思考，但是对于其所要解决的问题，组织已经知道如何应对，有相关的资源和流程可以依靠，运用组织已经拥有的知识就可以解决问题。

挑战性难题——领导

挑战性难题不仅具有复杂性，更具有不确定性。挑战性问题指的是必须变革现有方式才能解决的问题。这种变革不是修修补补式的调整，而是必须对现有的思想、行为方式和价值观做出根本改变。比如，一个数码相机公司对某款相机进行升级是技术性问题，而胶片相机公司如何应对数码相机的挑战就是挑战性难题。解决挑战性难题需要领导力，必须改变现状，实现变革（见案例2-1）。

案例 2-1 安第斯山脉中的领导力(下)

还记得案例 1-3 "安第斯山脉中的领导力(上)"吗?首先是球队队长马塞洛·佩雷斯主动承担了组织大家等待救援的责任,但在得知救援行动终止之后,他崩溃了。后来组织大家走出大山带来救援的南多在回忆录中这么说道:

> 马塞洛之所以崩溃,并不是因为心志软弱,反而是因为太强大了。他对于救援行动的信心坚定不移、不作二想,认为上帝不会遗弃我们,当局绝对不会任由我们在这里等死。一旦听到消息说搜寻行动终止了,马塞洛的感受必然像是脚底下的大地崩裂开来,认为上帝掉头不顾、不管我们了。他的世界大乱,而所有造就他成为英明领导者的优点,像是自信、果决,对自己宗教信仰坚定不移的信心和决心等,反而阻碍他适应眼前的打击、找到新的平衡点。在平常的生活圈里,他做事向来非常有把握,这种感觉也让他无往不利,但这种感觉如今却反而夺去了他的平衡能力和适应力,无法适应此刻挣扎求生必须面对的怪异新规则。当基本规则改变了,马塞洛就像玻璃碎掉一般垮下来。

南多抓住了重点:马塞洛·佩雷斯无法适应规则的变化——更准确地说,是现在没有规则了。荒野求生是个挑战性难题,需要改变已有的思想和行为方式。而习惯了带领球队解决技术性问题的他,没有成功跨越从技术性问题到挑战性难题的心理鸿沟。

资料来源:本书作者根据 Parrodo & Rause(2006)编写。

第二章
解决难题——领导力的核心

海菲兹区分技术性问题与适应性问题

本书作者所说的技术性问题和挑战性难题的区分，受到了哈佛肯尼迪学院领导力学者罗纳德·海菲兹（Ronald Heifetz）的启发。海菲兹区分了技术性问题和适应性问题。[10] 海菲兹所说的适应，指的是进化意义上的适应性改变。[11] 海菲兹曾经在哈佛医学院受过专业医学训练。他举了医学上的例子，来说明技术性问题和适应性问题的不同。

情形一

病人找到医生说明症状，期望医生能解决其问题。在许多情况下医生也能治愈疾病。如果病人是某种传染病，医生也许会说："我有一种抗生素，几乎可以肯定能够治愈你，不需要你做什么努力，不需要你做生活上的调整。"这种问题是技术性问题：问题本身很清楚，解决方案也很清楚，解决问题的责任几乎全部在医生一方。

情形二

但是许多时候，尽管问题是清楚的，解决方案却并不清楚。有时医生即使有解决方案，还需要病人配合才能实施。慢性病和有些心脏病就是这样。病人也许能全部或部分恢复，或者至少不再恶化，但是这不取决于医生，而取决于病人是否能为自己的健康承担起责任，做出生活上的调整，也许要长期服药、锻炼、节食，或者减轻压力。

情形三

有些时候，问题本身都不一定清楚。比如癌症晚期病人，其面临的问题到底是什么呢？如果认为主要问题是治病，把大家的努力都专注在寻找癌症的治疗方案上，就是把适应性问题当作了技术性问题，这样做不但没有什么用处，而且浪费了本该用来解决真正问题的注意力。真正的问题也许是：尽量让病人过好余下的时间；考虑病人去世后子女的需求；让病人的亲属和朋友做好准备；完成有价值的职业工作。

情形二和情形三都是适应性问题，解决问题的责任由医生和病人共同承担，甚至可以说病人的责任大于医生的责任。海菲兹所说的适应性问题，就是本书所说的挑战性难题。

海菲兹没有提到日常性问题。其实在医学上同样存在日常性问题，比如一个病人需要定时测血压，监控其血压情况，就是一个日常性问题。适应性问题和技术性问题必然涉及日常性问题。根据海菲兹的区分，糖尿病是一个适应性问题，但是糖尿病人需要定时注射胰岛素，注射胰岛素可以说是技术性问题，准备充足的胰岛素可以说是日常性问题。

挑战性难题的四大难点

挑战性难题的挑战性体现在四大难点上。

发现问题难

在平稳运转的表象之下，许多组织可能危机四伏。这些潜伏的危机不一定能够被及时发现。在下文中分析的两个案例——阿里巴巴诚信危机和丰田汽车召回事件，情况都是这样。

界定问题难

问题暴露了出来，但问题究竟是什么？界定问题具体又有两个难点。

第一个难点是挑战性难题与技术性问题相混淆。因为挑战性难题中总是有技术性问题存在，所以人们容易混淆；还因为技术性问题可以依靠权威解决，所以人们希望发生这种混淆。比如，希望减肥的人不想调整和改变自己，而是期待权威给出良药。减肥药厂商抓住人们这种期待轻松解决方案的心理，推出各种减肥药，把人们的注意力从自己需要做出的艰难转变上转移走。在阿里巴巴诚信危机中，阿里巴巴公司就不止一次将挑战性难题当作技术性问题处理（见案例2-2）。

界定问题的第二个难点是即使意识到了是挑战性难题，也难以界定是具体是什么难题。就拿案例2-2来说，案例中的问题究竟是人才培养问题，是领导力问题，是企业文化问题，还是战略问题呢？

阿里巴巴诚信危机背后的挑战性难题

2011年2月21日，阿里巴巴集团上市公司发布公告，称公司董事会已经批准公司CEO卫哲、COO李旭晖引咎辞职。公告说，2009年及2010年分别有1 219名及1 107名"中国供应商"客户涉嫌欺诈，近100名员工合谋，公司"诚信为本"和"客户第一"的价值观受到冲击，两人的辞职是主动为此担责。是为轰动一时的"阿里诚信危机"。

这首先是个"发现问题难"的例子。为什么没有在只有少数员工涉入的时候就发现问题，避免危机？这更是一个"界定问题难"的例子。在这个事件中，至少发生了三次界定问题的错误，都是把挑战性难题错误地界定为技术性问题。

第一次错误

诚信危机之所以发生，要追溯到2008年秋冬之际全面爆发的金融危机。当时，为了应对金融危机对外贸出口的冲击，阿里巴巴推出低价版的"出口通"会员服务。与此同时，马云逆势提出"多招人"战略，一口气招了5 200人。

马云后来反思说:"招那么多人,训练机制都跟不上,有些人就直接去上班了,去前面做销售了……下面那么多人,干部不知道要配多少呢。"最终的结果就是:许多销售员为了业绩与骗子串通进行了欺诈行为,公司发生了诚信危机。

金融危机冲击了外贸出口,出口商——也就是阿里巴巴的客户们——日子不好过了,这会削减他们在阿里巴巴这个推广平台上的投入。阿里巴巴因此推出低价版的服务,希望开拓新客户。但是,公司产品定位的重大变化需要经理人和员工转变思维方式和行为方式,还需要公司在制度上做出改变。马云认为多招人就能解决这个难题,是把挑战性难题当作了技术性问题。

第二次错误

实际上,招聘和培训这新招的 5 000 多人也是个难题:不仅要让他们拥有相应的产品销售知识,还要认同公司的核心价值观。但是,这个难题也同样被当作了一个技术性问题(甚至是日常性问题)来解决。这些新人被匆匆招来,被草草培训了一下产品销售知识就上岗了。这是第二次把挑战性难题当作技术性问题。

第三次错误

第三次把挑战性问题当作技术性问题,则是马云对危机的解决方式:让两位高管辞职了事。阿里巴巴诚信危机暴露了阿里巴巴公司在价值观等核心层面的"内伤",甚至是"慢性病",这是挑战性难题。让两位高管辞职这样的方式是"外科手术",最多解决技术性问题,真正的核心问题并没有解决。

2012年,阿里巴巴再次被爆出"淘宝腐败黑幕",这次事件可以看作2011年年初爆发的诚信危机的延续,当初的挑战性难题依然在挑战阿里巴巴。

资料来源:本书作者根据相关新闻报道编写。

发现解决方案难

即使界定了问题，也往往没有现成的解决方案。与技术性问题不同，挑战性难题的解决方案往往不在组织的现有知识范围之内——人们需要学习或者引入新的知识，才能提出解决方案。

实施解决方案难

这是挑战性难题最难的地方。即使已经找到了解决方案，但是往往也不能顺利实施，因为需要群众做出艰难的转变。这是挑战性难题和技术性问题的一个重要区别：解决技术性问题依靠权威，解决挑战性难题要依靠群众。

解决技术性问题依靠知识权威，就是掌握解决方案的人。知识权威可能有职位或头衔，也可能没有。比如，资深的销售员可能在销售产品上比新来的销售经理更加有权威。但是，职位权威（新来的销售经理）可以把任务分配给知识权威去完成。

我们往往期待职位权威和知识权威是同一个人，比如人力资源总监应该是人力资源领域的知识权威。但是，没有人的知识足以解决所有问题，因此比较复杂的问题，需要职位权威去协调不同的知识权威解决。

在海菲兹举的例子中，传染病是个技术性问题。第一，它可以运用已有知识（某种抗生素）解决。第二，它依靠权威解决问题。医生既有职位权威，也有知识权威。权威界定是什么传染病，并对使用哪种抗生素做出决策。第三，它不需要病人做出艰难的改变。

而解决挑战性难题则依靠群众。群众需要做出艰难的转变，改变自己的思想、行为方式和价值观，才能真正解决挑战性问题。人们常常认为减肥是技术性问题，认为靠吃减肥药这样的技术手段可以解决问题。但是，减肥其实是挑战性难题。这个难题的难点在于实施解决方案。健康专家或者医生是权威，可以进行指导，但是群众（需要减肥的人）必须对自己进行变革，做出艰难转变，改变自己的生活方式，才可能真正解决问题。

表 2-2 总结了挑战性难题和技术性问题的不同。

表 2-2 挑战性难题和技术性问题的不同

挑战性难题	技术性问题
问题难界定,容易跟技术性问题混淆	问题容易界定
难以发现解决方案,需要学习新的知识	解决方案是现成的,可以运用已有知识解决
解决方案实施困难,充满不确定性,而且需要较长时间才能见效	解决方案的实施相对容易,最多具有复杂性,能够较快见效
主要依靠群众解决,需要群众改变思想、行为方式和价值观	主要依靠权威解决,不需要群众做出艰难改变
解决问题的过程是领导——实现变革	解决问题的过程是管理——维持运转

案例 2-3 是一个体现了挑战性难题四大难点的代表案例。

丰田汽车召回事件

你的汽车刹车踏板反应不够灵敏,这显然是个技术性问题。技术性问题可能有一定的复杂性,但是,有经验的维修工人依然可以很快确定究竟是什么问题,并确定解决方案。解决方案的实施相对容易。维修工人有把握解决问题,可以保证在一定时间内修好。解决技术性问题依靠权威。在这个例子中,你是群众,维修工是权威。你遇到了问题,维修工负责解决,不需要你做出什么艰难转变。

可是,一百辆甚至一万辆汽车出现刹车故障呢?2009—2011 年,丰田汽车就遇到了类似的问题,涉及上万辆汽车——这就是丰田汽车召回事件。

2009 年 8 月 28 日,美国加州 125 号高速公路上发生一起车祸,造成 4 人死亡。对事故的初步调查结果为:车主驾驶的雷克萨斯汽车(丰田汽车旗下的高端品牌）也许安装了错误的脚垫，该脚垫影响了油门踏板，造成汽车加速失控。丰田汽车宣布召回420万辆丰田和雷克萨斯汽车的脚垫。

但是事情并没有到此为止。随后，丰田汽车被爆出更多涉及刹车和油门踏板等的质量问题。丰田汽车于2009—2011年在全球（主要在美国）进行了大规模的汽车召回，召回了上万辆汽车。丰田汽车一直以来的高质量形象受到了极大损害。丰田汽车应对此次事件的态度也受到了广泛批评。

发现问题难

挑战性难题的第一个难点，是发现问题难。丰田汽车没有及时发现潜在的问题，才最终引发了全球的大规模召回和形象受损的企业危机。

界定问题难

界定挑战性难题的难点之一，是人们容易将它与技术性问题混淆。丰田汽车出现质量危机，这是挑战性难题，而非技术性问题。只用召回这样的技术手段来解决问题，是把挑战性难题当作了技术性问题。

界定挑战性难题的难点之二，是不知道具体是什么挑战。以高质量著称的丰田汽车出现大规模质量问题，当然是挑战性难题。但具体是什么问题却难以界定。问题也许出在丰田的质量管理体系上，也许出在丰田的研发体系上，还可能出在丰田的企业文化上。有人说，丰田从过去重视顾客和质量的企业文化，变成了只追求利润的企业文化，这才是问题的根源。还有人说，从这起事件的前前后后，可以看出丰田的领导体系有问题。也许以上都是问题根源的一部分。总之，问题本身就难以界定。

发现解决方案难

挑战性难题还有一个特点：没有现成的解决方案。刹车故障的解决方案可以清楚地写在维修手册里，但是，质量管理体系和研发管理体系的"故障"怎么排除？企业文化和领导体系又怎么改变？这些问题是难题，没有现成的解决方案，靠已有知识不能解决，必须学习新的知识。

> **实施解决方案难**
>
> 挑战性难题最大的难点在于：只有群众做出艰难转变，问题才可能得到解决。假设丰田汽车确定主要问题出在企业文化。然后，丰田经过内部调研，请来外部咨询公司，一起制订一个解决方案。即使这个解决方案本身是正确的，其实施过程也充满了不确定性，没有人可以保证一定能够成功。最大的不确定性在于：实施这个解决方案，要依靠群众的转变，要靠丰田的全体员工转变思想观念、价值观和行为方式。
>
> 资料来源：本书作者根据相关新闻报道编写。

领导力的核心

领导力的核心是动员群众解决难题，这也是领导力的高级定义。之前，我们给出了领导力的初级定义：带领团队实现目标。现在，我们要进一步区分——不是所有的对目标的实现都是领导力活动。我们可以认为，组织会遇到两种问题，一种是技术性问题，另一种是挑战性难题。[12] 与之对应，组织会有两种目标：解决技术性问题，目标是维持秩序。解决挑战性难题，目标是实现变革。前者是管理，后者才是领导。这个区分非常重要。

领导力的高级定义

领导力的高级定义中的每一个词都很重要，其核心是最后一个词——难题。

难题

领导力围绕"难题"展开。难题难在发现和界定。比如当年张瑞敏被任命为濒临倒闭的青岛冰箱总厂厂长时,他首先要界定自己面对的问题是什么:是员工能力、企业机制问题,还是产品定位问题?难题还难在制订解决方案。比如,把海尔打造成世界一流的家电品牌,解决方案是什么?

难题最大的难点在于实施解决方案。而实施的最大难点在于难以运用已有的方式解决,必须变革。海尔当年是一个濒临倒闭的集体小厂,如果坚持它原来的运行方式,很难成为中国一流的企业。而现在已经是中国一流企业的海尔,如果不改变现有的运行方式,大概也很难解决占领全球市场、成为世界一流企业的难题。

解决

领导力是"解决"难题,而非逃避。而要解决难题,首先要正视现实,承认问题。如果认为自己的企业形势一片大好,没有什么难题,那就是把企业当作一台运转正常的设备。承认难题之后,还要积极解决问题,而非找出种种理由这个问题解决不了,比如,因为竞争对手太强大了,而我们资源有限、先天不足等等。

还有人假装解决了难题,比如在账目上弄虚作假,让亏损企业变得盈利。更"高明"的障眼法就是创造一个更容易实现的目标,而实现这个目标并不能帮助解决难题。比如,一个急需发展经济的城市轰轰烈烈地开始了争创全国卫生城市的活动。所以海菲兹反对以实现目标来界定领导力,因为"并非所有的目标都是解决难题,有些目标是回避问题"。[13]

群众

难题依靠"群众"解决。解决难题要求变革旧的方式,要求学习新的方式,要求做出转变。而这个转变,不仅是要领导者做出,更要求群众做出。

企业中充满了难题:持续创造业绩;与强大的对手竞争;打开新市场;开发新产品;建立新制度……所有这些难题都需要群众改变思想观念、价值观和行为方式。一个组织的转变，最终需要群众的转变。

然而，转变一群人是困难的。心理学研究指出，人们有对现状的偏好，不愿改变。人们往往不愿意改变，或者想改变却不知道怎么变，或者想改变但不愿付出相应的努力（比如那些想减肥却从不运动或节食的人），或者无法坚持改变（比如那些运动或节食了三五天之后就宣布放弃减肥的人）。

动员

领导者必须"动员"群众转变。解决难题必须依靠群众转变，而群众又难以转变，甚至会抵制转变。领导者不能仅靠命令和控制，而是要动员，要激励和鼓舞，要打动群众的情感，要让群众真心真意地想要变革，自动自发地参与变革，不屈不挠地坚持变革。

领导力的高级模型

领导力是动员群众解决难题。根据这个定义，我们可以画出领导力的高级模型（如图2-1所示）。

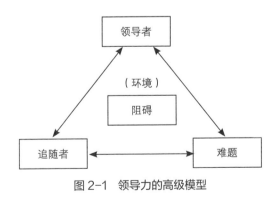

图2-1 领导力的高级模型

与领导力的初级模型（图1-2）相比，这个模型有两个不同。第一，用难题替代了目标。第二，增加了阻碍这个要素。

解决难题，而非实现目标

这个模型强调，领导力是解决难题的活动，而非实现目标的活动。并非所有的目标都是解决难题，有些目标只是解决技术性问题，而有些目标是逃避解决真正的问题。

做好面对阻碍的准备

这个模型还强调了领导力的阻碍因素。根据这个模型，阻碍可以来自以下四个方面。

- 难题：阻碍首先来自难题本身。发现难题、界定难题、制订方案、实施方案这个过程中所需要的艰苦努力，可以成为解决难题的阻碍。
- 追随者：阻碍还来自追随者，不仅来自不愿意转变的追随者，也可以来自愿意转变但无法坚持转变的追随者，以及过于激进的追随者。
- 领导者：阻碍还可以来自领导者自身。你是否有能力区分技术性问题和挑战性难题？面对期待你解决问题的群众，你是否有勇气告诉他们残酷的事实——真正解决问题，需要他们做出艰难转变？你是否能够抵制领导职位带来的权力的诱惑？
- 环境：阻碍还来自环境中的其他因素，其中危害最大的是反对变革的权威，可以称之为误导者。

领导力与领导职位的关系

在第一章中，根据领导力的初级模型（图1-2），我们得出了领导力的一些特性，包括：

- 领导力的本质是责任；
- 领导力的本质是行动，而非职位；
- 领导力的本质是行动，而非能力；

- 领导力是过程；
- 领导力是关系；
- 职位和能力是领导力的资源。

在领导力的高级模型（图2-1）中，这些特性并没有发生改变，但是需要进行更深入的讨论，尤其是领导力和领导职位的关系需要更清晰的界定。

现在我们可以从以下四个方面来分析领导力和领导职位的关系。

领导力是领导职位的责任

组织同时面对三种问题：日常性问题、技术性问题和挑战性难题。在组织中担任所谓的"领导职位"，是把解决技术性问题和挑战性难题的责任固定下来的制度化方式。[14] 也就是说，之所以让你担任人力资源经理（或者生产经理、营销经理……），是让你负责解决人力资源方面的技术性问题和挑战性难题。

因此，几乎每一个所谓的"管理职位"或者"领导职位"，都有两方面的责任——管理和领导。每一个经理人，既有管理的责任，又有领导的责任——管理者和领导者是同一个人。一般说来，随着职位的上升，管理责任的比重在下降，领导责任的比重在上升。我们可以得出这样的结论：担任领导职位，意味着你有发挥领导力的责任。职位越高，发挥领导力的责任就越大。

没有领导职位也可以发挥领导力

我们也需要注意到：即使没有担任（相应）职位，你也可以动员群众解决难题。因此，职位不是发挥领导力的先决条件。如果没有领导职位，你需要运用个人权力（参见表1-3）。面对挑战性难题，你尽管没有担任相应的职位，但仍然挺身而出承担解决难题的责任，那么你同样是在发挥领导力。

领导职位是领导力的资源

尽管没有职位也可以发挥领导力，但是如果担任领导职位，意味着你有更多的资源可以用来解决难题。从权力的角度看，职位带来了合法权力、奖励权力和惩罚权力（参见表1-3）。从能力发展的角度看，领导职位给你提供了解决难题的机会，可以帮助你通过实干提升领导力。

领导职位可以成为领导力的阻碍

有意思的是，尽管领导职位可以为领导力提供资源，但是它也可能成为领导力的阻碍。很少有经理人清醒地认识到了这一点。阻碍可能来自以下四个方面。

- 担任领导职位意味着既要承担解决技术性问题的责任，又要承担解决挑战性难题的责任。人们容易陷身于技术性问题之中，而忽略了解决挑战性难题。
- 人们往往是因为在解决技术性问题上表现优异，而被选拔出来担任所谓的管理职位或者领导职位。出于惯性，人们会倾向于把挑战性难题当作自己擅长的技术性问题来处理。有一句广为流传的话，就是用来描述这种现象："如果你只会用锤子，那么你看所有问题都是钉子。"
- 群众有依赖心理，希望上级提供答案，而且是提供不需要自己付出艰苦努力的答案。在这种压力下，上级可能提供错误的解决方案，或者提供"假药"——就像对需要运动的肥胖者提供减肥药一样。
- 领导职位带来的权力资源也是诱惑。这些资源本是用来帮助解决问题的工具，但是对某些人来说可能变成目标本身从而导致腐败。

要克服前三个阻碍，领导者需要从说"我知道"转变为说"我不知道"。面对难题，面对群众要求提供答案的压力，惯于处理技术性问题的经理人会习惯性地回答："我知道怎么做。我可以解决。"这时，领导者需要勇敢地说："我不知道答案，这很可能是个难题，需要我们共同来思考如何变革。"

领导力的任务、策略与修炼

领导力的核心是动员群众解决难题。我们讨论领导力的其他方面，都必须从这个核心出发。下面，我们围绕领导力的核心来界定领导力的任务、策略与修炼。

领导力的任务

动员群众解决难题包括两方面的任务，可以分别称之为领导力的短期任务和长期任务。

短期任务

领导力的短期任务指动员群众解决某个具体的难题。比如把一个革命性的新产品推向市场，引进一项新的绩效考核制度，培训一批新员工，等等。

长期任务

任何一个组织要茁壮成长，都需要解决一个又一个的挑战性难题。因此，提升自己和群众解决难题的能力，提升自己动员群众的能力，就是领导力的长期任务。

如何完成领导力的两种任务？完成短期任务需要运用领导力策略，完成长期任务则需要进行领导力修炼。

领导力的策略

如何动员群众解决某个具体的难题？当然，要具体问题具体分析。但也有五种策略，适用于绝大多数的情形。

第一，冷静分析

难题当前，首先要冷静分析，认清大局，尤其是难题涉及的种种关系。这时需要思考这样一些问题：

- 面对的是技术性问题还是挑战性难题？或者换一种问法：面对的问题中，技术性问题的成分有哪些？挑战性难题的成分又有哪些？
- 谁是我们的朋友？谁是我们的敌人？现有的权威可能分成两派，有人因为远见卓识或者是潜在受益者而支持变革，有人则因为缺乏远见或者利益可能受损而反对变革。
- 群众是如何看待难题的？他们已经看到问题了吗？他们准备好变革了吗？怎样才能争取更多的群众支持？
- 解决难题还有哪些阻碍？

第二，盘点资源

盘点自己拥有哪些权力资源（参见表1-3），可以用来动员群众解决难题。主要问自己这样一些问题：

- 我拥有哪些职位权力（合法权力、奖励权力、惩罚权力）？
- 我拥有哪些个人权力（说服力、专家力、关系力和吸引力）？
- 我可以怎样扩大自己的权力资源？
- 我如何巧妙运用已经拥有的权力资源？

第三，建立联盟

动员群众，可以先从动员少数的核心群众开始。从权力的角度看，也可以说这是借用权力。发现少数可以提供支持的权威，并与他们建立联盟，借用他们的权力，并通过他们去动员更多的群众，这是一项重要的领导力策略。

第四，积聚小胜

在早期求小胜也是一项重要的领导力策略。它有两方面的作用：

- 积小胜为大胜：解决难题是充满不确定性的长期过程，最终的胜利是建立在一个个小胜利之上的。小胜起到了学习的作用，帮助验证和调整前进的方向，确保最终达到终点。
- 以小胜赢人心：处在艰难转变中的群众仍然心有疑虑，需要看到一些早期的成功来建立信心。同时，小胜通常意味着小的改变，相比大的改变更容易让群众接受。

以推出一个新的产品战略为例。一方面，你需要让这个新战略在某些产品或市场上先取得小的成功，因为最后的大成功就是这些小成功积累起来的。另一方面，在很多时候也是更重要的方面，你需要用这些小成功来建立群众对他们自己、对你和最终胜利的信心，这样他们才愿意采取更多行动来支持这个新战略。

管理学者卡尔·维克(Karl Weick)在一篇专门研究"小胜"的文章中指出："一次小胜降低了严重性（'这没什么大不了的'），降低了要求（'原来只需要做这些'），增加了感受到的技能水平（'至少我能够做到这个'）。"[15] 领导力学者科特指出："大多数人不会继续长征，除非他们在12个或24个月之内看到令人信服的证据，说明这个旅程在创造预期的结果。"[16]

第五，控制时机

控制时机包括两个方面：

- 在大家对难题认识不够时，要把群众的注意力集中到难题上；
- 同时又不能操之过急，超出群众的接受程度太多。

领导力的修炼

运用领导力完成任务，尤其是长期任务，还要求进行领导力的修炼。

修炼与技能的区别

修炼和技能的区别主要在于三点：

- 技能相对更简单，修炼更复杂，每一项修炼中可能包含多项技能；
- 技能也许可以通过短期的重复训练而掌握，而修炼只有通过长期的实践才能精通；
- 修炼往往同时包括"学习"（learning）和"去学习"（unlearning），而技能往往只包括前者。

以上三点中的最后一点是修炼最核心的特征。这里的"去学习"指的是需要去除一些我们的本性，这个过程往往比"学习"更艰难。这些本性可能是人类在进化过程中形成的共同本性，也可能是个人在成长过程中习得的。《道德经》中所说的"为学日益，为道日损"也可以理解为"学习"与"反学习"的对比。

著名心理学家、诺贝尔经济学奖获得者丹尼尔·卡尼曼（Daniel Kahneman）认为我们有两个思考系统：系统一和系统二。系统一是自动运行的"快"系统，系统二是控制运行（即我们要有意为之）的"慢"系统。[17] 系统一主要包括情绪对行为的调控、进化而来的行为模式，以及学习而来的直觉。最需要注意的是系统一是——我们的默认思考模式（所以被命名为系统一）。

领导力修炼有两个难点：一个是去除系统一中的默认模式；另一个是在系统二中培养出新的模式（在养成习惯之后，有可能变成"学习而来的直觉"，进入系统一中成为新的默认模式）。比如，我们的系统一喜欢听好话，听赞美，而领导力的修炼要求我们去除这样的默认思考模式，培养出喜欢听逆耳忠言的新模式。又比如，我们的系统一不愿意失败，遇到失败会沮丧、卸责，而领导力的修炼要求我们去除这样的默认模式，培养新的本性：遇到失败能够从容面对，甚至为之而高兴。

领导力的八项修炼

在许多领导力研究者共识的基础上,本书作者概括出领导力的八项修炼:密切联系群众、讲故事、当老师、从失败中学习、反思、深思、认识自己、成为自己。[18] 这八项修炼的内容是相互交织的,但是可以粗略地划分为三组(见图2-2):

- 动员群众的修炼,包括密切联系群众、讲故事、当老师;
- 解决难题的修炼,包括从失败中学习、反思、深思;
- 自我修炼,包括认识自己和成为自己——这两项修炼是前面六项修炼的基石。

图 2-2　领导力的八项修炼

本书的后六章内容,可以看作是对动员群众的三项修炼和解决难题的三项修炼的深入阐述。

本章小结

上一章提出的领导力的初级定义——带领团队实现目标——还没有抓住领导力的核心。本章提出了领导力的高级定义：动员群众解决难题。解决技术性问题是管理，解决挑战性难题才是领导。解决技术性问题依靠权威，解决挑战性难题依靠群众。领导力中的任务行为是解决难题，关系行为是动员群众。每个担任职位的组织工作者都身兼管理和领导的双重责任，而职位越高，领导的责任越大。

本章要点回顾

1. 伯恩斯对交易型领导力和变革型领导力的划分，对领导力研究有重要的影响。
2. 科特提出管理是维持秩序，领导是实现变革，两者缺一不可。
3. 管理是解决技术性问题，领导是解决挑战性难题。
4. 领导力的高级定义是动员群众解决难题。难题有四个难点，解决难题要求动员群众。
5. 领导力的任务可以分为短期任务和长期任务。
6. 完成领导力的短期任务，可以运用领导力的五项策略：冷静分析、盘点资源、建立联盟、积聚小胜、控制时机。
7. 完成领导力的长期任务，要求进行领导力的八项修炼：密切联系群众、讲故事、当老师、从失败中学习、反思、深思、认识自己、成为自己。

本章注释

[1] 《论语·子路篇》：冉子退朝。子曰："何晏也?"对曰："有政。"子曰："其事也。如有政，虽不吾以，吾其与闻之。"

[2] Zaleznik, A. (1977). Managers and Leaders: Are They Different? *Harvard Business Review*, May-June.

[3] Burns, J. M. (1978). *Leadership*. Harper & Row.

[4] Liu, L. (2010). *Conversations on Leadership*. Jossey-Bass, p. 91.

[5] Kotter, J. P. (1990). *A Force for Change: How Leadership Differs From Management*. The Free Press.

[6] Burns, J. M. (1978). *Leadership*. Harper & Row, p. 19.

[7] Kotter, J. P. (1990). *A Force for Change: How Leadership Differs From Management*. The Free Press.

[8] 本书作者对处理、管理和领导的三分法,受到了哈佛商学院学者米尔斯(D. Quinn Mills)的观点的启发。他区分了administration、management和leadership,见Mills (2005), pp. 16–18。不过他的具体阐述与本书作者不同。

[9] 马奇(2010),《马奇论管理》,丁丹译,东方出版社,第10页。

[10] Heifetz, R. A. (1994). *Leadership Without Easy Answers*. Harvard University Press.

[11] 在中文中,"适应"往往跟"被动"联系在一起,因此本书作者除了引用海菲兹,尽量不用"适应性问题"这个容易引起误解的术语。

[12] 我们在这里把日常性问题(处理)并入技术性问题(管理)之中,尽管两者的区分也很重要,但不是本书的中心内容。

[13] 刘澜(2016),《领导力的第一本书:跟大师学领导力》,机械工业出版社,第48页。

[14] 一线员工主要承担解决日常性问题的责任,但是许多经理人的工作也有解决日常性问题的成分。

[15] Weick, K. E. (1984). Small Wins: Redefining the Scale of Social Problems. *American Psychologist*, 39(1), 40–49.

[16] Kotter, J. P. (1995). Leading Change: Why Transformation Efforts Fail. *Harvard Business Review*, March–April.

[17] Kahneman D. (2012). *Thinking, Fast and Slow*. Penguin Books.

[18] Liu, L. (2010). *Conversations on Leadership*. Jossey-Bass.

第三章
联系群众——领导力的关系

我们给领导力下了两个定义：带领团队实现目标（初级定义），动员群众解决难题（高级定义）。不管使用哪一个定义，都要求关注领导者与追随者的关系。与追随者建立关系是领导者的一项核心任务。

领导力研究最初只关注领导者：先是关注领导者有什么特质（特质学派），然后转向领导者有哪些行为（行为学派）。之后人们逐渐意识到，领导力不是领导者一个人的事情，领导力的一个关键特征就是关系。

领导力学者弗雷德·菲德勒（Fred Fiedler）表示："领导力本质上就是涉及权力和影响力的一种关系。"[1] 领导力学者库泽斯和波斯纳指出，关于领导力的一个关键真理就是："领导力是一种关系。领导力是那些渴望领导的人和那些选择追随的人之间的一种关系。"[2] 心理学家霍华德·加德纳（Howard Gardner）总结了成熟领导者的四点特征，排在首位的就是与群众的联系。[3]

领导力是关系

尽管领导力是关系已经成为共识，但是不同学者强调的重点各不相同，大致可以归纳为以下几个主要方面。

追随者不同，领导行为应该不同

从领导者的角度看，关系的另一端是追随者。对于不同的追随者，应该因材施教，采取不同的领导行为。

扎尔兹尼克在1965年依据"主宰/服从"和"积极/消极"两个维度把下属分为四类[4]，这被认为是最早的追随者分类。[5] 不过他并没有明确相应的领导行为，这个分类法也没有被流传开来。

情境领导力理论是在实际工作者中有较大影响力的少数领导力理论之一，由领导力学者保罗·赫塞（Paul Hersey）和肯·布兰佳（Ken Blanchard）于1977年提出。该理论把下属按照所谓的成熟度（包括能力和信心两个维度）分类。对于不同成熟度的下属，领导者应该采取不同的行为风格，在"高/低关系行为"和"高/低任务行为"间进行不同的组合。[6] 目前流行的是布兰佳提出的第二代情境领导力模型[7]，把下属按照胜任力和使命感两个维度分类，与第一代情境领导力模型大同小异。

领导过程是影响追随者的长期过程

领导力学者埃德温·霍兰德（Edwin Hollander）从影响过程的角度强调关系。"领导者与被领导者之间的这种关系是长期建立起来的，涉及了领导者和追随者之间的一种交换或者交易，领导者在其中既付出某些事物，也得到某些事物。"[8] 霍兰德强调实施领导力（或者说领导者角色被追随者认可）是一个长期的过程。

尽管谈到了交换，但霍兰德关注的重点是领导者对追随者的影响，而忽略了反方向的影响。而且他关注的是通过关系取得结果："领导力是两个或者通常是多个人之间的一种影响关系，他们互相依靠，以在团体情境中取得某些共同目标。"[9] 一般认为，关系可以划分为情感性（affective）和工具性（instrumental）两类。[10] 因此可以说，这种观点关注的是工具性关系的建立过程。

领导过程也是追随者影响领导者的过程

关系有两个核心特征：长期性与双向性。领导过程不仅是领导者影响追随者的长期过程，也是追随者影响领导者的长期过程。

福莱特很早就注意到追随者的重要性。她在1928年就指出："被领导者不是简单的被动角色，他们不仅仅遵循并服从，而且必须协助领导者掌握情境。我们不要认为自己不是领导者就只是一个小角色，作为一个被领导者，我们也参与了领导。""但是如果追随者们必须参与领导，那么这意味着领导者也必须服从。"[11]

所以有人说，所谓领导就是看其他人要往哪个方向走，然后走在他们前面。领导者学者芭芭拉·凯勒曼（Barbara Kellerman）所举的作家乔治·奥威尔（George Orwell）射杀大象的例子（见案例3-1），就是一个这样的领导案例。

奥威尔射杀大象

20世纪30年代中期，后来成为著名作家的乔治·奥威尔在英属殖民地缅甸担任警官。一天他接到一个电话：在几英里之外，一头平常十分温顺的大象突然发狂，在集市上引起混乱，有一人因此丧命。

奥威尔赶到现场。一群缅甸人围了过来，群情激昂，希望这个手持步枪的警官立即射杀大象。可是，当奥威尔站到大象面前时，大象又恢复了往日的平静，"（它）撕扯着一捆一捆的草，将草一下一下在膝盖上掸干净，然

> 后用长鼻子送进嘴里"。
>
> 奥威尔一看到那头大象就百分之百地确信自己不该杀它。不只是因为杀掉一头会干活的动物很可惜，更因为他不忍心伤害一头"现在看上去和一头温顺的牛一样友善"的动物。所以他打算再等等，确认大象真的恢复平静之后就回去。
>
> 可是围观的人群不断扩大，已达两千人之多。"人人都兴奋不已"，坚信大象死有余辜，而杀死它的人就应该是奥威尔。奥威尔手持步枪，貌似掌控局面，却发现自己无法选择。他觉得自己如果不能杀死大象，"那两千名缅甸人就会看着我被追击、捉住、践踏，直至一命呜呼"。
>
> 所以他扣动扳机，向大象射去。他甚至不得不补上几枪，让大象咽气。"它痛苦地喘息着，缓慢的喘息声如同时钟滴答作响。"这一切尚未完全停止，奥威尔已经无法忍受，离开了现场。
>
> 资料来源：凯勒曼（2011），第1—2页。

领导力中的情感性关系影响工具性关系

菲德勒提出的权变领导力理论认为，领导者与下属的关系好坏是影响领导力有效性的几个关键因素之一。"如果领导者与下属有更好的关系——这指的是领导者被喜欢、被尊重、被信任——他们就有更大的权力和影响力。大量研究显示这是至今为止最重要的单一维度。"[12] 后来的领导者/成员交换理论（Leader-Member Exchange Theory，简称LMX理论）专注于研究高质量关系的影响。[13] 这种关系影响结果（有效性）的观点其实也是情感性关系影响工具性关系的观点。

尽管权变领导力理论认为在某些情形下关系不好反而会更有效，绝大多数的研究者认为，一般说来关系好会更有效。库泽斯和波斯纳的这段话代表了一般性的观点:"当我们从事伟大事业时,关系的质量至关重要。如果领导者和追随者之间的关系充满恐惧和不信任,那么任何有持久价值的事物都不会被创造出来。如果关系中充满相互尊重和信任,再大的困难都能够被克服,并留下意义深远的遗产。"[14]

领导力中的交易型关系与变革型关系

伯恩斯对交易型领导力和变革型领导力的区分,也是对两种领导力关系的区分。在伯恩斯看来,尽管都是领导力关系,但变革型领导力是领导者更应该追求的目标。伯恩斯指出:[15]

> 大多数领导者和追随者的关系是交易型的——领导者找到追随者,用一件东西交换另一件:用工作交换选票、用补贴交换竞选捐款……变革型领导力,尽管更加复杂,但也更加有力。变革型领导者发现并利用一个潜在追随者已有的需求或需要。不仅如此,变革型领导者还寻找追随者潜在的动机,努力满足其更高的需求,让追随者全身心投入。变革型领导力的结果是一种相互激发和提升的关系,把追随者转变为领导者,也可能把领导者转变为道德代言人。

我们可以把权力关系和以上两种领导力关系放在一起来区分(见图3-1)。

图3-1 与领导力相关的三种关系

简单地说,权力关系中只有一方的目标被实现(比如上级对下级的性骚扰),可以说是 1+1 < 2 的关系。交易型关系是 1+1=2 的关系,大家以物易物,各有所得,各自想要的结果均被创造了出来,但是双方都没有实质性变化。变革型关系则是 1+1 > 2 的关系,大家实现了一个更大的集体目标,而且相互提升到一个更高的层次。

技术性问题和挑战性难题涉及的不同关系

我们在第二章区分了解决技术性问题和解决挑战性难题的不同,两者的区别类似于交易型关系和变革型关系之间的区分,尽管切入的角度有所不同。

解决技术性问题类似于交易过程,领导者和追随者投入不同的资源进行交换。得到的结果是维持运转,并没有产生有意义的变革,双方也没有发生实质性的变化。解决技术性问题是着眼现在,主要涉及现在的领导者和追随者的关系。

解决挑战性难题类似于变革过程,领导者和追随者不仅投入资源进行交换,更重要的是他们在改变自己,也在改变对方,通过这个过程创造了有意义的变革。解决挑战性难题着眼未来,未来的(变革后的)领导者和未来的(变革后的)追随者也进入到关系之中,使得关系更加复杂。

变革型领导力关系的复杂性和阶段性

我们仍然沿用伯恩斯的说法,把解决挑战性难题涉及的领导者和追随者关系称为变革型领导力关系,其中涉及的关系比较复杂(见图3-2)。

首先,领导者要处理和未来的自己的关系,克服自己转变过程中的心理难题。领导者和追随者都要处理和未来的自己的关系(B与C),这两种关系都是变革型关系。领导者和追随者分别向未来的自己转变,很可能经历否认、抗拒、探索和接受这四个阶段。[16] 面对挑战性难题和需要进行的改变,我们可能经历从否认问题到为变化欣喜的不同阶段。每一个阶段都有特定的心理难题需要被克服（见表3-1）。

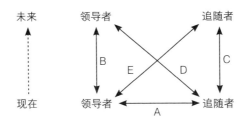

图 3-2 变革型领导力关系的复杂性

表 3-1 不同阶段的变革心理

阶段	可能存在的心理难题	克服难题后的心理
否认	我没有问题	这是个问题
	我不需要改变	我需要改变
抗拒	我不想改变	我想要改变
	我改变不了	我可以改变
探索	我不知道怎么改变	我要寻找方案
	我这样改变可以吗	试试这个方案
接受	我坚持不下去	一定要坚持下去
	我不习惯	现在这样太好了

而且，领导者既要处理和现在的追随者的关系（A，可以看作交易型关系），还要处理和未来的追随者的关系（E，变革型关系）——也可以看作帮助现在的追随者处理和未来的追随者的关系（C，变革型关系），帮助他们克服转变过程中的心理难题。追随者对待作为变革代言人的领导者的态度也可能经历以下四个曲折的阶段：

- 否认：我不承认你
- 抗拒：我不信任你
- 探索：我试试看
- 接受：我追随你

解决挑战性难题，前途是光明的，道路是曲折的，领导者要做好这样的思想准备。

在交易型关系基础上建立变革型关系

道路是曲折的——挑战性难题所要求的变革型关系，也许要先从建立交易型关系着手。

在伯恩斯的经典著作《领导力》的扉页上，引用了三个人的话：一个是美国总统弗兰克林·D. 罗斯福（Franklin D. Roosevelt），一个是《君主论》的作者尼科洛·马基雅维利（Niccolo Machiavelli），还有一个就是中国的毛泽东。伯恩斯满含赞赏之情，引用了一位中国共产党领导人对密切联系群众的阐述：

> 要联系群众，就要按照群众的需要和自愿……这里是两条原则：一条是群众实际上的需要，而不是我们脑子里幻想出来的需要；一条是群众的自愿要，由群众自己下决心，而不是由我们代替群众下决心……
>
> 我们应该深刻地注意群众生活的问题，从土地、劳动问题，到柴米油盐问题……要使他们从这些事情出发，了解我们提出来的更高的任务……
>
> 这就是领导艺术的基本方法。[17]

毛泽东的见解非常深刻。为什么要从"柴米油盐问题"出发来让群众了解"更高的任务"？可以这样理解：因为更高的任务——比如建设共产主义社会——涉及的是挑战性难题，对问题和答案的界定都不是群众所容易理解的，要求群众做出的变革容易面对否定与抗拒。因此，可以通过解决好群众看得见、摸得着的日常性问题和技术性问题，与群众建立起信任的关系，只有这样才可能让群众自愿追随你，去完成他们并不一定很理解的更高的任务。也就是说，通过建立交易型关系加强双方关系的情感层面，为变革型关系打下基础。

小结

致力于研究领导力关系的学者玛丽·乌尔-比安（Mary Uhl-Bien）这样总结这个课题的研究现状："有意思的是，尽管对领导力关系发展有许多理论化工作，我们对这些过程依然知之甚少，尤其是当我们把视野扩展到经理人—下属这对关系之外的时候。"[18]造成这个局面的因素很多，关系这个主题的复杂性也是其中之一。

尽管如此，我们仍然可以为领导者如何联系群众、建立关系提供一些建议。这些建议不仅基于对领导力关系的研究，也基于对关系的一般性研究，以及来自实践的经验和教训。基于本节内容，我们对领导者与追随者建立关系有以下建议：

- 对不同的追随者采取有针对性的领导行为；
- 建立关系是一个长期的过程，需要循序渐进；
- 领导行为在一定程度上是对追随者的追随；
- 良好的关系（情感性关系）会带来更好的结果（影响工具性关系）；
- 区分交易型关系和变革型关系，努力建立变革型关系；
- 有针对性地解决变革型关系中不同阶段的心理难题；
- 在交易型关系的基础上建立变革型关系。

在本章的其余部分，我们重点关注领导者建立关系的两个要点：区分追随者和走动式管理。

区分追随者

领导力是关系,首先就要求领导者关注关系的另一端——追随者。领导者需要识别不同类别的追随者,并采取相应的行动。对追随者可以按照动机、行为、追随过程等不同的方式来分类。

以动机区分追随者

以动机区分追随者就是回答这样一个问题:他们为什么追随你?领导者需要了解其动机,以便采取相应的行为,去唤醒、强化,或者改变他们的动机。

追随是人类的缺省设置

范福特提出的进化领导力理论认为:"我们这个物种(以及其他许多物种)之所以出现领导和追随的心理,是为了应对生存和繁殖的挑战,那是任何有机体的最终目标。"[19] 进化领导力理论认为,追随是一种适应行为。追随者有三个方面的进化优势:

- 加入一个团体,人越多越安全,有利于在原始环境中生存。
- 面对不确定的情形,可以通过模仿他人学习。如果凡事都要自己试错(比如试吃各种野蘑菇),生存的概率就会显著下降。
- 追随者通过追随来学习领导者,作为自己成为领导者的准备。

范福特的结论是:"你可以把追随看作人类心理的缺省设置。"[20] 他以社会心理学家斯坦利·米尔格拉姆(Stanley Milgram)著名的服从研究为例,说明我们追随权威的本能是如此强大,甚至可以轻而易举地击败我们的道德观。

领导力学者、心理分析师迈克尔·麦考比(Michael Maccoby)认为,追随者的动机可以分为两类:一类是有意识的,比如获得金钱、地位,或者投身于有意义的事业之中。另一类是无意识的,与我们童年的经历有关。我们常常把童年的(往往是与父母的)关系投射到其他人——比如领导者——身上。[21]

结合以上两种观点可以认为,我们长大成人之时,在无意识之中已经做好了在社会及组织中追随他人的准备。无意识的追随动机有两个来源:一个是进化而来的追随本能,另一个是童年时期追随父母的经历。有研究发现,许多成功企业家[22]或者其他领域的领导者[23]成长在很少或者没有父亲积极影响的环境中——美国前总统比尔·克林顿(Bill Clinton)和巴拉克·奥巴马(Barack Obama)是我们很容易想到的两个例子。

父亲影响的缺失常常是一件坏事,但也可能从两个方面促进孩子的领导力培养:一方面,孩子在成长过程中无法养成强烈的追随习惯(也可以解释为追随本能没有被充分唤醒);另一方面,这使孩子有挺身而出填补父亲角色的经历或者渴望。后一种情形正如法国哲学家让－保罗·萨特(Jean-Paul Satre)所说:没有父亲迫使一个人自己选择。[24]

范福特的五种追随者模型

尽管人们有追随的本性,但并不是说任何人振臂一呼,人们就会蜂拥追随。在大多数情形下,人们有意识地选择自己追随的对象。范福特根据追随者的动机,把他们分为五类:[25]

- 学徒:他们追随的动机是效仿,是为了有朝一日成为领导者;
- 门生:他们追随的动机是吸收,是学习对方的智慧,战胜面对的不确定性;
- 忠臣:他们追随的动机是合群,是看重团体凝聚力;
- 粉丝:他们追随的动机是亲近,是被领导者的魅力所感召;
- 下属:他们追随的动机是从众,是因为大多数人都这样做。

对于不同种类的下属,领导者可以根据其不同的动机来选择相应策略。

- 学徒的动机其实可以概括为"我想成为你",那么领导者要让对方看到成为自己的可能性。
- 门生的动机是"我想学习你",领导者要帮助对方成长。
- 忠臣的动机是"我爱组织",领导者则要说:"这么做对公司有好处。"
- 粉丝的动机是"我喜欢你",领导者需要让对方感受到"我也喜欢你"。
- 下属的动机是"你是老板"或者"别人都听你的",你需要做的也许只是摆出上级的样子。

本书作者基于范福特的分类,概括了追随者动机的"表达形式"和领导者可以采用的策略以及对应的权力,见表3-2(相应的权力分类参见表1-3)。

表3-2 追随者动机与领导者策略

追随者	追随者动机	领导者的相应策略	运用的权力
学徒	我想成为你	你可以做到我的位置	说服力、关系力、吸引力
门生	我想学习你	我教你	专业力、关系力
忠臣	我爱组织	这样做对组织有好处	说服力、合法权力
粉丝	我喜欢你	我也喜欢你	关系力、吸引力
下属	你是老板、别人都听你的	我是老板、别人都听我的	合法权力、奖励权力、惩罚权力

如果只诉诸一个动机

人们对动机有不同的分类,在管理学领域比较流行的理论有心理学家亚伯拉罕·马斯洛(Abraham Maslow)的需求金字塔、心理学家大卫·麦克利兰(David McClelland)的三种需求(成就需求、亲和需求和权力需求)等。这些划分方式和范福特的分类一样,并非放之四海而皆准。而且不管用哪一种分类法,都会面临一个问题:不仅不同追随者可能有不同的动机,同一个追随者也可能有不同的动机,领导者难以做到面面俱到。如果面对一群动机各异的追随者,领导者如果不能做到面面俱到，最有效的做法是什么？

管理咨询顾问马库斯·白金汉（Marcus Buckingham）认为：优秀的管理者发现并利用每个人的不同之处，优秀的领导者则发现并利用人们的共同点。白金汉基于人类学家唐纳德·布朗（Donald Brown）的研究，总结了五条具有共同性的人性：[26]

- 对死亡的恐惧——对安全的需求；
- 对外人的恐惧——对群体的需求；
- 对未来的恐惧——对清晰的需求；
- 对混乱的恐惧——对权威的需求；
- 对渺小的恐惧——对尊重的需求。

白金汉认为对于领导者来说最重要的是针对"对未来的恐惧"，满足"对清晰的需求"。白金汉对领导力的定义是"团结群众，为一个更美好的未来而奋斗"[27]（这个定义和动员群众解决难题非常相似）。满足其他需求可能只是维持现状，只有这一项需求是涉及未来的。"要把恐惧变为信心，最好的办法是确保清晰：用你的行动、言词、图像、榜样和数据最生动地描述未来，使我们都能看清你和我们要去的方向。"因此，"当一名领导者的第一要务就是把话说明白"。[28]

也就是说，领导者要应对的最主要的动机和策略是这样的：

群众："我不知道未来会发生什么。"

领导者："我来告诉你！是这样……"

以行为区分追随者

除了动机，还可以从行为的角度区分追随者。管理学者罗伯特·凯利（Robert Kelley）认为，拥有各种动机的追随者都可能表现得很好，因此区分追随者是否卓有成效的关键因素不是动机，而是他们的行为。

五类追随者

凯利提出了两个行为维度:一个维度是追随者是否有独立的、批判性的思考,另一个维度是他们的消极／积极程度。[29] 这两个维度其实是人们的两种追随方式:

- 他们是否自己思考?他们是独立的、批判性的思考者吗?还是依靠领导者替他们思考?
- 他们是否积极投入,为组织创造正能量?还是创造负能量或者被动参与?[30]

根据这两个维度,追随者可以分为五类(如图3-3所示)。

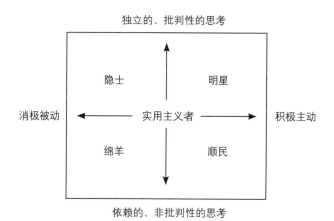

图3-3 凯利的五类追随者模型
资料来源:Kelley(1988),Kelley(2008).

- 绵羊:绵羊消极被动,而且缺乏独立思考。他们缺乏主动性和责任感。领导者需要思考他们该做什么,还要思考怎么让他们去做。
- 顺民:顺民积极主动,总是出现在领导者的鞍前马后,但是需要领导者指示方向。领导者让他们做什么就做什么,然后他们会问:"你接下来需要我做什么?"

- 隐士：隐士有自己的思考，但是会带来太多负能量。他们常常对现行方案提出质疑和反对，但却不能提出自己的解决方案。
- 实用主义者：实用主义者辨别风向，然后顺势而行。他们不会一马当先，但也不会落在最后。在变革浪潮中，他们会有所行动以求生存，同时观望浪潮何时消退。
- 明星：明星追随者独立思考，同时积极参与，为组织带来正能量。他们如果认同领导者的决策就全力支持，如果不认同就提出建设性的意见。

四点建议

凯利指出，明星追随者才是卓有成效的追随者，他们在自我管理、投入度、胜任力和勇气等方面都超过其他几类追随者。因此，领导者的重要任务是培养明星追随者。凯利提出了以下四点建议：[31]

- 重新界定追随者和领导者。与其把领导和追随看作两种角色，而且前者更高级、更主动，不如将其看作是同等但是不同的活动。可以通过培训和榜样向员工传递这些信息。
- 培养追随力。追随力同样需要培养，可以进行以下主题的追随技能培训：提升独立地、批判性地思考；自我管理；委婉地表达不同意；建立可信度；协同组织目标与个人目标……
- 改变绩效评估与反馈。许多绩效评估包括了对领导力技能的评估。其实领导力和追随力指向的是相似的技能。在评估中可以对这些技能在领导者和追随者两种角色上的应用进行评估，并且评估人们在两种角色间进行转换的能力。
- 建立激励追随力的组织结构。可以考虑通过以下四种方式，在组织层面认可追随的价值：在领导团队中大家承担同等的责任；领导者的职位是暂时的、轮换的；向基层员工授权；奖励卓有成效的追随者（凯利特别指出要做到这一点很难，其原因我们将在后面进一步讨论）。

以过程区分追随者

不管以动机还是行为区分追随者,前面两类模型都有两个共同特点:第一,它们是静态的,假设追随者的动机或者行为是基本不变的。第二,它们考察的并非严格意义上的与领导者相对的追随者,而是更宽泛意义上的与上级相对的下级。尽管上述两类模型对于领导力实践都有启发,但我们仍然可以更进一步,建立一个动态的、超越上下级关系的追随者类型模型。

领导力是动员群众解决难题的动态过程,与创新扩散的过程有类似之处。领导力过程可以说是一种特殊的创新扩散过程——针对难题提出一个解决方案(这是创新的产生),并且让大家都接受并实施这个方案(这是创新的扩散)。本书作者借鉴创新扩散研究中的采用者模型,建立了一个以追随的时间先后为区分的动态的追随者模型。

创新扩散模型

根据该领域的权威学者 E.M. 罗杰斯(E. M. Rogers)的定义,创新扩散指"某创新在某时间段内通过特定的沟通渠道在某社会体系成员里传播"[32]。创新一开始被少数人采用,最后得到普遍采用。实证研究发现,不同时期的采用者数量往往呈正态分布。

罗杰斯根据正态分布曲线,把创新采用者按照接受创新的时间先后,分成了五个类别:创新先驱者、早期采用者、早期大众、后期大众、落后者,他们分别约占总人数的 2.5%、13.5%、34%、34%、16%。[33] 已有的研究发现,这五个类别在社会经济地位、个性及价值观、传播方式上具有不同的特征。

追随者动态模型

创新扩散与领导力过程不尽相同:大多数创新扩散只是技术扩散,而且技术往往来自社会体系的外部。然而,少数的创新扩散同样涉及社会体系内部成员的价值观和行为方式的改变，与领导力过程有交叉之处，可以说领导力是一种特殊的创新扩散。

因此我们有理由假设：领导力中的追随者与创新的采用者一样，在时间分布上趋近正态分布。借鉴罗杰斯对创新采用者的分类，我们可以建立一个动态的追随者分类模型。在动员群众解决难题这个过程中，依据追随者对难题的认识先后、对解决方案的接受先后、对实施解决方案的投入先后，本书作者把追随者分为以下五类：

- 先锋：先锋是变革的发起者。变革可能是由领导者发起，但也可能是由追随者发起。可能追随者比领导者更早发现问题，或者更早发现解决方案，并推动领导者发动变革。先锋不是传统意义上的追随者。如果领导者同意发动变革，那么这些追随者就成为先锋型的追随者。如果领导者不同意发动变革，他们可能自己挺身而出成为领导者。
- 联盟：最早认同领导者的追随者。少数人最早认识到领导者指引了正确的方向，最早开始追随，并帮助领导者动员更多人加入追随行列。遵义会议上的张闻天和王稼祥，就是联盟式的追随者。
- 积极分子：积极分子是被先锋和联盟者动员起来，比多数人更早投入到解决难题的过程之中的团队成员。
- 从众者：在变革已经成为大势所趋之后，多数人也会投身变革之中。
- 顽固者：有些人坚持不变，或者无法成功改变。他们或者一直不愿意追随，或者尽管最终做出一些追随的努力，但是已经无法追赶上团队。他们是将被历史的潮流所淘汰的追随者。

前四类追随者大致对应罗杰斯模型中的前四类采用者。顽固者跟罗杰斯所说的落后者不同，落后者最终也会加入到采用创新的行列，而顽固者最终无法追随。领导者需要有这样的认识：不是所有人都能成功追随。

领导者对追随者的策略

对于以上五类追随者,领导者的策略是:识别先锋,争取联盟,推动积极分子,忽视从众者,淘汰顽固者。

第一,识别先锋。当追随者中出现变革先锋时,领导者有可能把他们当作"唱反调的人"或者"捣蛋鬼",听不进去逆耳忠言。凯利指出,奖励明星追随者很难,因为他们会自己进行独立思考,因此往往难以得到上级的喜欢。领导者要有识别先锋的眼光,前提往往是要有接纳逆耳忠言的胸怀,能够容忍唱反调的人(见案例3-2)。

案例 3-2 怎么对待唱反调的人

大贺典雄担任索尼公司 CEO 时,手下有个部门经理叫出井伸之,在公司里排名不是很靠前,但是大贺典雄很器重他,把他提拔为董事,甚至最后把 CEO 的职位交给了他。出井伸之是个爱唱反调的人,敢于否定上级的意见,而大贺典雄正是因此而欣赏他。

出井伸之偶尔也会跟大家意见一致,或者向他们妥协,这时大贺典雄反而会不高兴地说:"为什么要让你参加?就是希望你否定我们的看法!"

本书作者在发表于一家商业杂志上的文章中讲了这个故事。之后,我意外接到国内一家知名管理咨询公司总裁的电话。我们在此之前便彼此认识,但是并不算熟悉。他在电话中很激动地说:"刘澜,我们公司就有个出井伸之!"他说,自己公司就有个专门唱反调的人。

我后来专门跟他坐下来交流:"你为什么容忍她的存在?"他说,有三个原因:

- 她说的可能是对的。

- 就算她说的是错的，也是推动他从另一个角度再想一想。
- 公司现在的风气是大家都不愿发表意见，希望通过她，鼓励一种畅所欲言的文化。

后来他告诉我，受我的文章影响，他在公司年终大会上增设了一个"唱反调奖"，颁发给了这个员工。

资料来源：出井伸之（2008）、本书作者。

第二，争取联盟。然而，领导者往往不能依靠先锋发动变革。那些首先意识到需要创新、需要变革的人，往往在群体中具有边缘人的特征，或者如罗杰斯引用的社会学家格奥尔格·齐美尔（Georg Simmel）的术语——是群体中的"陌生人"。[34] 因此，领导者可以从先锋这里获得变革的灵感，而要把变革推动下去往往还要依靠现有的意见领袖。不过，现有的意见领袖往往也是旧习惯的拥护者，需要领导者积极行动才能将他们争取过来成为变革的盟军。

第三，推动积极分子。积极分子对变革往往已经心向往之，只要领导者加上联盟再推上一把，就可能行动起来。

第四，忽视从众者。从众者是随大流的人，只要足够多的群众成为追随者，他们就会加入进来。如同创新扩散的研究发现的，如果创新采用者达到一定数量，就可能成为引爆点。[35] 因此，领导者应该把主要力量放到争取联盟和推动积极分子上，可以战略性地忽视从众者。

第五，淘汰顽固者。在变革的过程中，顽固者可能被自然淘汰，比如主动离开组织。如果他们没有，那么领导者需要采取措施淘汰他们，避免他们在变革过程中起到副作用。

走动式管理

领导者联系群众主要有两个目的：建立关系和了解信息。前者是关系行为，后者是任务行为。通过走动式管理，这两个目的可以同时达到。走动式管理的理念很简单，就是高管不要总是高高在上地坐在办公室里指挥，而要走出办公室，走到第一线员工身边，去跟他们交流。

走动式管理与惠普公司

走动式管理（Managing by Walking Around，简称 MBWA）这个词已经成为西方管理文化的一部分。有人认为，走动式管理起源于惠普公司。其实，更准确的说法是走动式管理这个术语可能起源于惠普公司。自从人类有了管理活动，就有了所谓的走动式管理。不过，惠普公司的确对走动式管理的推广做出了重要贡献。

走动式管理与惠普公司之兴

惠普公司以其"惠普之道"（the HP Way）享誉企业界，而走动式管理就是"惠普之道"的重要组成部分。作为惠普公司两位创始人之一的大卫·帕卡德（David Packard）[36]这样介绍走动式管理："在惠普，我们使用一种技巧帮助主管去认识他们的员工，以及了解员工所做的工作，同时也借此让主管与员工多接触，从而对员工产生影响。我们称之为'走动式管理'。"[37]

实际上，走动式管理源于帕卡德最早在通用电气公司工作的经历。那时帕卡德刚从斯坦福大学毕业，在通用电气公司的真空管工程部工作，而上一批真空管全都没有通过测试。帕卡德在生产一线待了很长时间，发现原因在于工程部门提供给工人的指示并不恰当。这造就了后来的走动式管理。帕卡德指出：[38]

走动式管理听起来简单,但它仍需要技巧并且有一些需要注意的地方。一方面,并非每位经理人都认为那是简单而又自然的事,如果不情愿或不经常使用它,它就不会生效。它需要的是经常的、友善的、没有中心主题的、事先未经计划的,但也绝非漫无边际的自然操作。由于它的主要目的是找出大家的想法和意见,因此需要非常好的倾听技巧。

创立于1939年的惠普公司,在长达数十年的时间内持续取得卓越的业绩。风靡一时的《追求卓越》和《基业长青》这两本管理畅销书,都把惠普公司列为美国最优秀公司的代表,包括走动式管理在内的"惠普之道"也流传开来。

走动式管理与惠普公司之衰

然而,2012年5月的《财富》杂志发表了题为"惠普是怎样迷路的"(How HP Lost Its Way)的报道,描述了惠普陷入的困境。为什么惠普会迷路? 我们来看看其外聘的新任CEO梅格·惠特曼(Meg Whitman)在2011年9月上任时看到了什么。

那是惠特曼第一天上班,她开着自己的福特车,被指引到了一个高管专用停车场。这个停车场有单独的入口,被绿色的栅栏围了起来,栅栏顶端还装有铁丝网。惠特曼目瞪口呆。她没有想到惠普会有专门的高管停车场(毕竟,以前连惠普的两位创始人都没有专门的停车位),更何况还是带有铁丝网的高管专用停车场![39]惠普是怎样迷路的?惠特曼还没有走进惠普公司就找到了答案:从脱离其密切联系群众的传统开始的。

走动式管理的方式

如果你是公司一把手或者高管,你该怎么进行走动式管理——多跟一线员工接触?以下是一些经理人的实践,也许能给你一些启发。

跟员工一起就餐

2000年5月，罗伯特·埃克尔特（Robert Eckert）从卡夫食品"空降"到陷入困境的美泰公司担任CEO。从第一天起，埃克尔特就决定，只要一有可能，他就在员工餐厅排队就餐。一年多后，带领美泰逐渐走出困境的埃克尔特回忆说："对我来说，员工餐厅是重复那已经被实践验证的基本管理法则——走动式管理——的好地方。走动式管理向员工放射出积极的信号：你对他们和他们的工作感兴趣。在美泰，员工长期以来感觉管理层高高在上，而走动式管理改变了这种感受。"埃克尔特总结了跟员工一起就餐的几条好处：打破了经理人和下属之间的壁垒；可以把自己的新想法说出来征求意见；可以了解公司的一般气氛。[40]

与之类似，清末女企业家周莹（电视剧《那年花开月正圆》的主人公）每逢初一、十五便会同员工聚餐，了解基层情况。京东商城创始人刘强东也定期与员工聚餐聊天，增进感情。

跟员工进行"生日聚谈"

思科公司CEO约翰·钱伯斯（John Chambers）通过好几个渠道跟员工保持联系，其中之一是"生日聚谈"。他每两个月举行一次这样的活动，凡是在这两个月内过生日的员工都可以参加——高管除外，以免员工因为其他高管在场而不能畅所欲言。钱伯斯这么做的好处是，所有想要跟CEO说话的员工都能得到机会。

在办公室进行"开放日"

知名领导力学者沃伦·本尼斯（Warren Bennis）曾经担任辛辛那提大学校长。每周都会有一天，从下午3点开始，他的办公室对任何人开放，不需要事先有约，你直接去就可以了。有时候，他的办公室内同时有多达30人。[41]

亲自对员工进行培训

通用电气前CEO韦尔奇在任上受德鲁克启发,推出了"数一数二"的政策:要求公司的每一项业务都必须在市场中处于第一或者第二的位置,否则就会卖掉或者关掉该业务。这一点广为人知,但很少人知道,韦尔奇后来改变了这一理念。

每隔两周,韦尔奇都会亲自到通用电气的培训中心去讲课。1995年的一天,在韦尔奇主讲的一堂课上,一些中层经理告诉韦尔奇:"数一数二"这项政策正在阻碍通用电气的发展,因为一些业务负责人为了使自己的业务不被淘汰,会对市场进行非常狭窄的定义,使得自己的业务能够在这个狭窄定义的市场中占据第一或者第二的市场份额。这样使得公司错失了许多发展机会。用韦尔奇的话说,自己好像被"一拳打在鼻子上"。很快,韦尔奇公布了一项新政策:重新定义的你的业务,使你的市场份额不超过10%。然后,投入你的精力和创造力来发现新的方式吸引顾客。韦尔奇认为,通用电气在20世纪90年代后期实现了两位数的增长,这项政策功不可没。[42]

亲自对员工培训,使韦尔奇直接听到了来自下面的声音。

担任员工的导师(或者相反……)

与培训员工相似,你还可以担任比你级别低的员工的导师。甚至还可以反过来,让年轻员工担任你的导师。在互联网刚刚兴起之时,韦尔奇就曾经让1 000名年轻员工,担任1 000名高层主管的电子商务导师,这些高层主管包括自己在内。[43] 而在社交媒体盛行之时,在玛氏(Mars)公司,年轻员工也曾担任高管的导师,教他们使用社交媒体。

对离职员工进行面谈

某民营公司CEO说,员工入职她不用知道,但是员工离职她一定要知道。她会与要离职的员工面谈。要离职的员工,相对于刚入职的员工,对公司了解更多；而且，已经决定离职的员工，更可能说出自己的真实感受。

安排一个方便"走动"的办公位置

某日资公司 CEO，有意把自己的办公室安排在这样一个位置：他从公司入口走到办公室，需要经过的员工办公位的数量最多。这样方便他在到达或者离开办公室的途中，可以停下来跟一些员工交流。

假设自己没有办公室

万豪（Marriott）集团前 CEO 小 J.W. 马里奥特（J.W. Marriott, Jr.）建议：在一周左右时间里，假设你没有办公室甚至没有办公位。他说："你也许就会发现你错过了很多好机会与员工和顾客交流，对业务进行第一手的评估，发现改善顾客和员工满意度的新方式。"[44] 小马里奥特自己花在办公室外的时间远远不止一周。每年，他飞行约 15 万英里进行走动式管理。

把走动式管理制度化

公司一把手和高管不仅自己要进行走动式管理，还要把走动式管理制度化，推动其他经理人进行走动式管理。下面是一些企业领导者的实践。

格鲁夫安排检查卫生

英特尔公司前 CEO 安迪·格鲁夫（Andy Grove）也很重视走动式管理。他说："一个极有效的收集信息的方法经常被经理人忽略——不时地在公司中走动走动。"[45] 格鲁夫在英特尔制定了一项制度，要求高层经理轮流检查公司大楼的卫生。他说，这项制度的目的其实不是检查卫生，而是创造机会让这些高层经理在公司大楼里转一圈。这样，他们就可能与一线员工直接交谈，了解到一手的信息。

第三章
联系群众——领导力的关系

德普雷禁用自行车

同样，赫尔曼·赫曼米勒（Herman Miller）家具公司前CEO马克斯·德普雷（Max De Pree），也在自己的公司中推动走动式管理。赫曼米勒的工厂内准备有自行车，让人们往来工厂内的不同地点时使用，以节约时间。但是，德普雷规定：主管不允许使用自行车。德普雷说："原因很简单。你不能骑在自行车上来段对话或者问个问题。你不能骑在自行车上拍拍某人的肩膀，说：'我能跟你谈几句吗？'"[46]

乔布斯巧妙设计办公环境

苹果电脑共同创始人乔布斯在担任电脑动画公司皮克斯公司CEO时，坚持要在新的办公大楼中设置中央中庭，以期所有的员工都能走出办公室。乔布斯说："我们设计这栋大楼的目的，是希望员工们走出办公室，多到中央中庭来走走，因为他们会遇到一些平时见不到的人。"皮克斯副总裁约翰·拉塞特（John Lasseter）回忆道："史蒂夫的理论从第一天起就见效了。我接连遇见一些几个月都没碰见的人。我还从来没见过哪座大楼的设计能如此鼓励合作和激发创意。"[47]

惠特曼取消封闭办公室

惠特曼就任惠普CEO后，取消了公司高层的豪华办公室，让所有人都搬到员工的办公位。[48]这跟乔布斯设置中央中庭类似，同样是创造走动式管理的物理空间。

服务大师公司的"我们服务日"

服务大师（ServiceMaster）公司的主要业务是为医院、学校等提供清洁服务。该公司规定，公司每个员工，不论职位高低，每年至少要在一线服务顾客一天，并称之为"我们服务日"。"我们服务日"有很多好处，其中之一是加深了管理层对一线员工的理解，使经理人跟一线员工的情感联系更加密切。

警惕"CEO 病"

走动式管理是预防和治疗"CEO 病"的主要方法。情商研究者丹尼尔·戈尔曼（Daniel Goleman）与其合作者提出"CEO 病"的最大症状是信息真空：身处高位的经理人不了解组织的真实情况，不了解组织所面对的市场环境的真实情况，也不了解组织中的其他人对自己的真实看法。[49] 领导力专家马克斯维尔的这句话，就是对"CEO 病"的概括："在许多组织中，老板——尤其是在最高层级上——是最后知道重要信息的人。"[50]

人们喜欢听好消息和顺耳的奉承话，不喜欢听坏消息和逆耳的忠言，这是人之常情。同样，下级为了投上级之所好，不说坏消息和逆耳的忠言，也是人之常情。因此，从古至今，不分中外，"CEO 病"一直是高管流行病。

"CEO 病"也是一种大企业病。公司大为什么会导致"CEO 病"？这是因为，第一，公司越大，层级就越多，信息向上流动就越困难。第二，公司越大，制度和流程就越完善，就越善于对问题进行官僚式处理，许多问题就在制度和流程之中貌似得到了解决，从而掩盖了真正的问题。第三，公司越大，领导者就越容易骄傲和自大。案例 3-3 可以看作案例 2-2 "阿里巴巴诚信危机背后的挑战性难题"的续篇，分析了阿里诚信危机的根源之一："CEO 病"。

马云（和卫哲）的"CEO 病"

据《中国企业家》杂志报道，马云是这样发现阿里巴巴诚信危机的：他偶然做了件"不是马云的日常之举"的事，上网看邮件群，看到几个阿里老同事在邮件里讨论吃什么，一个女员工在邮件里随口说了句："我还在看一个案子，可能个别员工涉及欺诈问题。"马云对这事产生了好奇，去问这个员工，才知道这件事。马云发现问题比较严重，又去问卫哲。"据说，当马云向他问询时，他的惊诧程度不亚于马云。"

显然，马云和卫哲都有"CEO病"的症状。他们之所以得病，就是因为走动式管理没有成为他们的"日常之举"。我们还可以从《马云内部讲话》一书中找到马云得"CEO病"的线索。

在阿里诚信危机爆发之前出版的《马云内部讲话》一书，本意是让读者学习马云的"伟大"。但是，马云的这些内部讲话，也暴露了马云的"CEO病"，可以作为反面教材来学习。

比如，2007年2月，马云在公司年会上说，"我们离客户远了""我们干部离员工远了，很多员工开始不敢跟干部交流""我觉得这些问题出在干部身上，很可能出在我身上，但是我们绝大部分的干部要承担职责，员工没有错，错往往出在干部身上，干部的错出在CEO身上"。

又比如，2007年12月，他给阿里巴巴的"五年陈"（即工作满五年的）销售讲话，说"这两年很忙，既是理由，也是真忙，没有办法去看大家"，而这个讲话本来想推迟，但是"这个推可能又是一年两年"，所以最后没有推迟。

如果马云一两年都不能跟自己称为"阿里巴巴最珍贵的一批脊梁"的员工见一次面，那么他跟其他更不那么"珍贵"的员工能有多密切的联系，也就可想而知了。

尽管马云早就看到，公司得"CEO病"的干部不少，而问题的根源"很可能出在我身上"，但是在长达数年的时间内，都没有采取行动来治疗。从2007年年初发现"得病"，到2011年年初"病情恶化"，不得不拿卫哲"开刀"，阿里巴巴为马云和其他高管的"CEO病"付出了沉重代价。

资料来源：本书作者根据相关新闻报道及阿里巴巴集团（2010）编写。

> 领导力 ▶ 解决挑战性难题
> LEADERSHIP

重视一对一面谈

现在电子沟通媒介大行其道,电子邮件、微信、微博等成为日常沟通的渠道。在这样的背景下,对走动式管理的强调,尤其是其核心特征——一对一面谈——的强调,显得尤其重要。

张瑞敏曾经对本书作者表示,现在去逛商场事先都不能透露出去,不然公司员工"一知道你要去哪个地方,马上就做准备,那你就看不到真实情况了"。[51] 张瑞敏这个例子说明:即使你真正走到员工当中去,也未必能听到员工心声,更何况坐在办公室里、等在内部办公系统的另一端呢?

一对一面谈作为重要的领导力工具,至少有以下三大优点。

得到"准备"之外的收获

你是否注意到,张瑞敏希望看到和听到"准备"之外的情况?一对一面谈,让你更有机会通过即兴互动,得到对方和自己都没有准备的收获。乔布斯说:[52]

> 在我们这个网络时代,有一种想法认为,创意通过邮件和网络 iChat 聊天就可以被开发出来。这是个疯狂的想法。创意产生于自发的谈话和随机的讨论中。比如你偶遇某个人,你问对方最近在做些什么,然后你说"哇",很快你就会蹦出各种想法。

乔布斯说的是产品研发,但同样适用于领导力。

可以"宽带式"传递信息

2008年,设计师前田约翰(John Maeda)担任美国罗德岛设计学院院长。前田约翰曾经担任麻省理工学院媒体实验室的副主任,对新媒体并不陌生。他到罗德岛设计学院后，也大量使用社交媒体，被称为"使用 Twitter 的院长"。但是，作为院长的前田约翰很快决定，尽量减少使用他之前喜欢的博客和电子邮件。前田约翰发现：一对一当面交谈最有效，"这是一个领导者拥有的最好的工具，也是他传递观点的最好机会"。前田约翰称之为宽带式沟通。[53]

为什么一对一面谈是宽带式沟通？对人际传播的研究发现，语音语调、肢体语言等非言语沟通非常重要，往往传递了比言语沟通更多的信息。通过一对一面谈，你不但可以通过非言语沟通来传递观点，还可以通过解读对方的非言语沟通来相应调整自己的沟通方式。

可以建立情感性关系

前面谈到，领导者联系群众主要有两个目的：建立关系和了解信息。而建立关系往往是了解信息的前提。一对一面谈，至少从以下几个方面给了领导者建立关系的机会：

- 可以更加专注地建立关系；
- 体现了对对方的重视；
- 可以利用肢体语言甚至身体接触；
- 可以"倾听"对方的身体语言；
- 可以快速互动，打消对方可能存在的疑虑；
- 可以广泛互动，找到对方感兴趣的话题；
- 可以就某个话题进入深入沟通。

简单地说，一对一面谈可以让你更好地倾听对方，从而与对方建立更好的关系。案例 3-4 "这个项目能不能按时完成"示范了几种不同层次的倾听，以及可能产生的关系后果。

这个项目能不能按时完成

下属提出意见,你该如何倾听?比如说,你是企业负责研发的副总裁。一个研发项目已经落后于预期进度,而且超出了预算。你正好——也许是在员工餐厅吃午饭的时候——碰到了这个项目的负责人。

你问:"你的项目能不能按时完成?"他带着情绪说:"你们只知道问什么时候能完成!你知不知道我们人手不足,而连招一个实习生都需要八个人签字才能批准?"

你的回应可以归纳为五个层次。

直接回应

大多数人的倾听都在这个层次。在这个层次的你,可能会这么回应:"有这么严重吗?要八个人签字?是不是因为你们预算已经超标了,所以人力资源部对你们招人比较谨慎?其实公司现在很多部门都缺人。"

你的回答已经尽量显得不像是外交辞令,你也对他提出的每一个要点做出了解释。但是,你的答复显然无助于缓解他的情绪。你并没有抓住这个建立关系的机会。

重述对方

第二个层次的倾听是用自己的语言重述对方的话。你可以这样回应:"你是说你们需要更多的人手,还需要公司简化一些审批流程,是这样吗?"

他很可能会回答:"是。"你看,他同意了你说的话!你创造了一个更友好的谈话气氛。这时,即使你接着说那些你在上一个层次想要说的话,他也可能更听得进去。

澄清要点

第三个层次的倾听更进一步,不仅仅是重述,而且是帮助对方界定要点。你可能这样回应:"我听到两个问题,一个是人手不足,另一个是审批流程太烦琐。而人手不足是最重要的问题,是这样吗?"

跟第二个层次一样,你跟对方建立了一定的共识。不仅如此,你还把对话又推进了一层:你告诉了对方你在认真思考对方的话,同时也带动对方思考你做出的总结。

移情倾听

第四个层次是移情倾听,特点是表现出你理解对方的感受。你与对方分享自己类似的经历。你说:"五年前我当研发经理时,遇到了跟你一样的问题。既缺人手,又缺经费,上级天天追着问进度。我知道你的感受。"

跟前三个层次不同,移情倾听使对方觉得你或多或少站在了他的那一边,而不完全是对立面。即使你不能提供实际的支持,比如给对方增加人员编制,对方也已经感受到了一定的情感支持。

积极倾听

移情倾听有个潜在的风险:如果你谈论自己过多,对方可能会感到不满——怎么话题转移到了你身上?第五个层次的积极倾听回避了这一风险。

通常,是某种情感让对方提出抱怨或意见。积极倾听则是找出这种情感,找出让对方"说话"的真正原因。也就是说,你要听出弦外之音,从音乐中听出高山和流水。

如果你是积极倾听者,你也许会这样回应:"听起来你觉得很委屈啊。你觉得你们在人手不足的情况下已经很努力工作了,而公司只知道要进度,不但没给足够的支持,还用审批流程来卡你们。是这样吗?"

如果你使用积极倾听,真正"听懂"了对方的情感,这时你可能会听到对方充满感情地说:"就是这样!"你听懂了对方的情感,对方也知道你听懂了他的情感。你打下了一个解决问题的良好基础。

资料来源:本书作者根据"Handling Q & A: The Five Kinds of Listening"(*Harvard Commun-ications Update*,February 1999,pp. 6-7)编写。

本章小结

不管是带领团队实现目标，还是动员群众解决难题，都要求领导者与追随者建立关系。动员群众解决难题涉及的变革型领导力关系比单纯的交易型关系更加复杂。建立关系要求从动机、行为、追随过程等不同方面区分追随者。建立关系的一个重要方法是走动式管理。

本章要点回顾

1. 领导力是关系，是领导者与追随者之间的互动。领导力关系也可以分为情感性关系与工具性关系。
2. 领导力关系还可以分为交易型关系与变革型关系，后者更加复杂。建立变革型关系的策略之一是从建立交易型关系着手。
3. 领导者需要针对不同类型的追随者，采取相应的行动。追随者可以按动机和行为归类。
4. 追随者还可以按追随过程分为五类，领导者可以采取相应的五种策略。
5. 走动式管理作为正式的企业管理制度发源于惠普公司。惠普公司的兴衰与走动式管理有很大关系。
6. 走动式管理是领导者与追随者建立关系、避免"CEO病"的主要方法，可以采取多种形式。
7. 在互联网时代，不能忽视一对一面谈的重要作用。

本章注释

[1] Fiedler, F. E. (1972). The Effects of Leadership Training and Experience: A Contingency Model Interpretation. *Administrative Science Quarterly*, 17(4), 453−470.

[2] Kouzes, J., & Posner, B. (2007). *The Leadership Challenge*. Jossey−Bass.

[3] Gardner, H. (1995). *Leading Minds*: *An Anatomy of Leadership*. Basic Books, p. 36.

[4] Zaleznik, A. (1965). The Dynamics of Subordinacy. *Harvard Business Review*, May−June.

[5] Uhl-Bien, M., et al. (2014), Followership Theory: a Review and Research Agenda. *Leadership Quarterly*, 25, 83–104.

[6] Hersey, P. and Blanchard, K. H. (1977). *Management of Organizational Behavior: Utilizing Human Resources*. Prentice Hall.

[7] 布兰佳等（2008），《更高层面的领导》，张静译，东方出版社，第 89 页。

[8] Hollander, E. P., & Julian, J. W. (1969). Contemporary Trends in the Analysis of Leadership Processes. *Psychological Bulletin*, 71(5), 387–397.

[9] Ibid. 我们可以再次发现这个定义同"带领团队实现目标"的一致性。

[10] Chen, C. C., et al. (2013). Chinese Guanxi: An Integrative Review and New Directions for Future Research. *Management and Organizational Review*, 9(1), 167–207.

[11] 福莱特（2013），《福莱特论管理》，吴晓波等编译，机械工业出版社，第 129 页。

[12] Fiedler, F. E. (1972). The Effects of Leadership Training and Experience: A Contingency Model Interpretation. *Administrative Science Quarterly*, 17(4), 453–470.

[13] Graen & Uhl-Bien (1995).

[14] Kouzes & Posner (2007), p. 24.

[15] Burns, J. M. (1978). *Leadership*. Harper & Row, p. 4.

[16] 萨斯洛、哈格罗夫（2014），《让人信服：掌控领导力的九大支柱》，吴春雷译，电子工业出版社。

[17] 根据伯恩斯著作的中译本《领袖》（中国人民大学出版社 2007 年版）的译者注，第一段出自毛泽东的《文化工作的统一战线》（1944 年 10 月 30 日），第二段出自毛泽东《关心群众生活，注意工作方法》（1934 年 1 月 27 日），第三段没有注明出处。

[18] Uhl-Bien, M., et al. (2014), Followership Theory: a Review and Research Agenda. *Leadership Quarterly*, 25, 83–104.

[19] van Vugt, M., & Ahuja, A. (2011). *Naturally Selected*. HarperCollins, p. 4.

[20] Ibid, p. 65.

[21] Maccoby, M. (2004). Why People Follow the Leader: The Power of Transference. *Harvard Business Review*, September.

[22] Strenger, C., & Burak, J. (2006). The Leonard Effect: Why Entrepreneurs Become Their Own Fathers. *International Journal of Applied Psycho-analytic Studies*, 2, pp. 103–128.

[23] Gardner, H. (1995). *Leading Minds: An Anatomy of Leadership*. Basic Books, p. 32.

[24] 转引自 Gardner, H. (1995). *Leading Minds: An Anatomy of Leadership*. Basic Books.

[25] van Vugt, M., & Ahuja, A. (2011). *Naturally Selected*. HarperCollins, pp. 92−93.

[26] 白金汉（2008），《最后，告诉你三条一定之规》，方晓光译，中国社会科学出版社，第89—91页。

[27] 同上，第41页。

[28] 同上，第95页。

[29] Kelley, R. E. (1988). In Praise of Followers. *Harvard Business Review*, November−December.

[30] Kelley, R. E. (2008). Rethinking followership. In R. Riggio, I. Chaleff, & J. Lipman−Blumen (Eds.), *The Art of Followership*: How Great Followers Create Great leaders and Organizations. Jossey−Bass, pp. 5−16.

[31] 同上。

[32] 罗杰斯（2016），《创新的扩散》，唐兴通等译，电子工业出版社，第13页。

[33] 同上，第297页。

[34] 同上，第308页。

[35] 同上，第365页。

[36] 其所著 *The HP Way*（《惠普之道》）一书的中译本书名为《惠普方略》，其名字被译为大卫·帕克。

[37] 帕克（2001），《惠普方略》，蒋印男译，华夏出版社，第153页。

[38] 同上，第154页。

[39] Bandler, J., & Burke, D. (2012). How Hewlett−Packard Lost Its Way. *Fortune*, May 8.

[40] Eckert, R. (2001). Where Leadership Starts. *Harvard Business Review*, November.

[41] Bennis, W. (2003). *On Becoming a Leader*. Basic Books.

[42] Tichy, N. (2005). *The Leadership Engine*. HaperCollins. 另可参见蒂奇、卡德韦尔（2004），第8页。

[43] 蒂奇、卡德韦尔（2004），《领导艺术圈——如何把你的公司建成教学型组织》，席峥嵘译，上海人民出版社，第72页。

[44] Eckert, R. (2001). Where Leadership Starts. *Harvard Business Review*, November.

[45] 格鲁夫（2007），《格鲁夫给经理人的第一课》，巫宗融译，中信出版社，第40页。

[46] De Pree, M. (2004). *Leadership is An Art*. Doubleday.

[47] Isaacson. W. (2011). *Steve Jobs*. Simon & Schuster.

[48] Bandler, J., & Burke, D. (2012). How Hewlett-Packard Lost Its Way. *Fortune*, May 8.

[49] Goleman, D., Boyatzis, R., & McKee, A. (2001). Primal Leadership: The Hidden Driver of Great Performance. *Harvard Business Review*, December.

[50] Maxwell, J. C. (2005). *The 360-Degree Leader*. Thomas Nelson Inc.

[51] 刘澜（2006），《领导者的鸡尾酒》，人民邮电出版社，第 186 页。

[52] Isaacson. W. (2011). *Steve Jobs*. Simon & Schuster.

[53] Maeda, J., & Bermont, R. J. (2011). *Redesigning Leadership*. The MIT Press.

第四章
讲故事——领导者的沟通

讲故事是人类脱离动物的标志,是我们认知世界的方式,是自己联系他人的桥梁。对于领导者来说,讲故事是动员群众的重要工具。领导力学者蒂奇把讲故事上升到"世界级标杆领导者的终极特征"的高度。[1]心理学家霍华德·加德纳指出:"那些帮助个体思考和感受他们是谁,他们从哪里来,他们到哪里去的故事,是领导者的文字'军火库'中最重要的单一武器。"[2]

讲故事是领导者需要掌握的最重要的沟通工具之一。

讲故事的人与领导者

讲故事是人类社会最重要的特征之一。我们是讲故事的人,形成讲故事的组织,追随那些擅长讲故事的领导者。

讲故事的人

人和动物的区别是使用工具、掌握语言、拥有自我意识,还是传承文化?

第四章
讲故事——领导者的沟通

这些都不是绝对正确的答案,都可以举出反例。著名进化心理学家罗宾·邓巴(Robin Dunbar)的答案是:讲故事。邓巴指出:[3]

> 文化中有两个关键的特性,显然为人类所独有。这两个特性一个是宗教,另一个是讲故事。其他任何生物,无论是猿类还是乌鸦,它们都不可能拥有这样的文化特性。这两种特性,完完全全属于人类,而且只属于人类。我们说这两种特性是人类所特有的,是因为这两种特性都需要语言来执行和传递,而只有人类的语言拥有这种作为媒介的性质。对于这两种特性来说,很重要的一点是它们都要求人类能够生活在虚拟的世界之中。

传播学者沃尔特·费舍(Walter Fisher)把人类称为"叙事的人"(Homo narrans)。[4] 哲学家理查德·科尔尼(Richard Kearney)说:"讲故事对于人类之基本,就像吃东西一样。实际上,食物使我们生存,而故事使我们的生命值得生存。故事使我们成为'人'。"[5]

为什么故事使我们成为人?因为故事把事件变为叙事,把经历变为阐释,把生活赋予意义,把个体聚为组织。正如邓巴所说:[6]

> 讲述一个故事,无论这个故事是叙述历史上发生的事件,或者是关于我们的祖先,或者是关于我们是谁、我们从哪里来,或者是关于生活在遥远的地方的人们,甚至可能是关于一个没有人真正经历过的灵性世界,所有这些故事,都会创造出一种群体感,是这种感觉把有着共同世界观的人编织到了同一个社会网络之中。

用故事凝聚组织的这个过程,也正是领导力过程。讲故事与领导力这两种最古老的人类活动,一开始就是交织在一起的。

领导力 ▶ 解决挑战性难题

讲故事的领导者

专注研究组织叙事的管理学者大卫·博杰（David Boje）发现：不管是声名赫赫的迪士尼、耐克，还是声名狼藉的安然、安达信，或者你参加的合唱团、你上的学校、你所属的当地宗教团体，每个组织都是"讲故事的组织"，不过它们讲的故事和讲故事的方式各不相同。组织的故事可能专注于 CEO 或者员工、过去或者未来、技术或者人；可能是官方故事占据统治地位，也可能是小道消息成为主流。[7]

许多领导者注意到了故事的重要性，有意识地在讲故事。一项针对《哈佛商业评论》刊登的 CEO 访谈的研究发现：这些 CEO 都在讲故事。其中讲故事最多的 CEO，竟然在一次访谈中讲了 13 个故事。[8]

领导者讲故事的作用有多大？学者们大致持两派观点。一派认为有用，但用处不一定很大。企业文化之父埃德加·沙因（Edgar Schein）属于这一派。沙因把讲故事列入领导者打造企业文化的次要机制之一。他对故事的作用心存疑虑："故事中所揭示的信息往往是高度凝练的，有时甚至是模糊的。这种形式的沟通从某种程度来说是不可信的。"[9]

另一派则以心理学家霍华德·加德纳、领导力学者蒂奇等为代表，认为领导者讲故事的作用巨大。他们在两个方面比沙因更加乐观。第一，他们认为讲故事的作用并不局限在企业文化之内，实际上覆盖了领导力的整个领域。第二，他们认为讲故事非常有效，实际上也许是最有效的领导力工具。加德纳认为"有效地沟通一个故事"是领导力的"关键之一——也许就是最关键之处"[10]；蒂奇认为"创造并讲述某些种类的戏剧性故事不仅是有用的工具，而且是成为一流成功领导者必备的先决条件"[11]。

本书作者倾向于后一派的意见：即使讲故事不是最重要的工具，它也是领导者动员群众最重要的工具之一。

领导者应该讲故事

为什么讲故事是领导力的关键之处？领导力是动员群众解决难题，要求群众做出艰难的改变。在这个过程中，讲故事能够发挥别的沟通方式难以达到的重要作用。

讲故事在领导力中有五大功能：说服群众、促使改变、推动学习、凝聚群体、构建自我。

故事说服群众

动员群众解决难题需要说服群众理解当前的困境，认同提出的解决方案。学者们已经发现，具有因果关系的故事比分散的事实更有说服力。

心理学家西奥多·萨尔宾（Theordore Sarbin）开创了叙事心理学这一分支。萨尔宾提出了"叙事者原理"，即人类通过叙事结构来思考、感知、想象，以及做出道德抉择。[12]我们把凌乱的事件按照先后顺序和因果关系组织成一个故事，以此来理解世界，并做出相应的决策。

研究发现，"最好的故事在法庭中往往会胜诉"。[13]比如，一项针对美国法庭的研究发现，陪审团是在故事构建的基础上做出判决的。人们并非将证据累加在一起做出判决，而是把证据构建为一个故事。如果相关证据按照故事的顺序——即时间先后和因果顺序——呈现时，故事构建起来较为容易。证据的呈现顺序会影响对陪审团的故事构建，对判决结果有显著的影响。[14]

如果想要说服群众，你不能只是用一张张幻灯片呈现数据，你需要给大家讲一个能把数据联系在一起的故事。

故事促使改变

人类既是理性的,又是感性的。即使理智认识到这样做是对的,我们也不一定会这样做。尤其在涉及变革的时候,因为旧有习惯根深蒂固,因为未来并不确定,因为人们不愿付出艰苦努力,人们有着现状偏好,往往不愿意改变。情感是决定我们是否能够行动起来、投身改变的更关键因素。故事的生动形象的特点使之更能打动情感,启动人们的自动化反应,更能促使人们行动。

本书作者多次在课堂上进行以下小调查:请坚持每周至少健身一次的学员举手。参与调查的一般是进行在职学习的企业经理人。绝大多数情况下,举手的人数不超过一半。没有举手的那些经理人不是不懂得锻炼身体很重要的道理,那么他们为什么没有行动呢?案例4-1"海特变成素食者"是一个类似的例子。心理学家乔纳森·海特(Jonathan Haidt)在理智上被说服了,但是在行动上却依然照旧,直到他的情感被打动。

海特变成素食者

在研究生一年级时,海特阅读了哲学家彼得·辛格(Peter Singer)的《实践伦理学》一书。辛格针对残杀动物的道德问题,提出了以下原则。第一,会让任何有知觉的生物感受到痛楚及伤害的行为都是不对的,所以现今大规模的畜牧养殖是不道德的。第二,杀害存有一定自我意识及感情的生物是不对的行为,所以人类去杀害有较大脑部及较发达社会行为的生物(如其他灵长类及哺乳类动物)是不对的。

辛格强有力的论证使得海特完全信服了。海特在道德上开始反对所有的大规模的畜牧养殖。"道德上我虽反对,但行为上并没有反对。我还是很喜欢吃肉，看过辛格的《实践伦理学》的头半年，我唯一改变的是，每次点汉堡时，我就会感觉到自己的虚伪。"

读研究生二年级时，海特因为一个研究项目，看到了一段屠宰场宰杀动物的影片。"当我看到成群的牛走向滴着鲜血的肢解传送带，先是受到重击，然后被钩子勾起，最后被切成一片又一片，我内心的恐惧达到了最高点。"看完影片后，海特和同学去吃饭，不约而同都点了素食。几天后，影片的血腥画面依然让海特感到恶心，他的"大象"跟"骑象人"终于达成共识，他变成了一个素食主义者。

三个星期后，他恶心的感觉慢慢消失，他开始吃一些鱼肉和鸡肉，之后也开始吃红肉。"但直到18年后的现在，我仍然不太爱吃红肉，如果要吃，我也会选择非大规模蓄养并宰杀的动物的肉。"

资料来源：海特（2012），第178—179页。

以研究变革著称的领导力学者科特发现：在改变人们行为的过程中，目睹所带来的情感上的变化作用，要远远大于分析所导致的思维上的改变。[15] 旧有的"分析—思考—改变"的变革模式很少有效，在大多数情况下都应该采取"目睹—感受—改变"的变革模式（参见表4-1）。

表4-1 两种变革模式

目睹—感受—改变 （在大多数情况下都应该采用的核心方法）	分析—思考—改变 （很少有效的方法）
1. 帮助人们看到问题 （通过一些戏剧性的、引人注意的情景来帮助人们发现问题，找出解决方案）	1. 向人们展示分析结果 （收集并分析许多信息，撰写报告，进行演示）
2. 人们的情感受到冲击 （看到问题之后，人们的情感受到冲击。他们开始从内心深处做出反应，那些阻碍变革的情感因素开始被削弱，支持变革的因素开始被增强）	2. 数据和分析影响人们的思维方式 （信息和分析改变了人们的思维方式。那些与必要的变革相抵触的思想开始得到更正或摒弃。）

(续表)

目睹—感受—改变 （在大多数情况下都应该采用的核心方法）	分析—思考—改变 （很少有效的方法）
3. 人们的行为开始变化，那些改变之后的行为也得到了进一步的强化	3. 新的思维方式改变人们的行为，或者强化那些改变之后的行为

资料来源：科特、科恩（2003），第13页。

海特对"象"与"骑象人"的区分为科特的发现提供了心理学上的佐证。海特认为，人的自我是分裂的，可以用"象"与"骑象人"作为比喻。海特列举了四类自我分裂，理性与感性的分裂是其中之一。海特指出，我们大脑先有边缘系统（可以理解为掌管本能和感性的部分），后来才进化出额叶皮层（可以理解为掌管理性的部分）。因此，"理性之火对人类来说还是个新玩意儿，人类尚未完全掌握理性的运用"[16]。额叶皮层也并非都是掌管理性的，其中的眼窝前额额叶皮层就是主管情绪反应的，这个部分受损的病人会产生决策障碍：对所有的选项没有强烈的情绪偏好，每个选项都必须用理性去一一分析对错，"但是因为他们内心没有任何感觉，所以也找不到选择的理由"[17]。理性好比骑象人，情绪好比"大象"，而大象在决策中起主导作用。

控制化和自动化是海特列举的另一对自我分裂。人的心理有两套处理系统：控制化处理和自动化处理。理性分析大致对应控制化处理，让人可以思考长远目标，但是很费力。基于本能、情绪、习惯的处理大致对应自动化处理，大多数时候很可靠，而且快速、不费力。海特总结说：[18]

> 控制化系统的功能比较像一名顾问，它就像是一个骑在大象背上的骑象人，可帮助大象做出更好的选择。骑象人看得远也想得远，只要跟其他骑象人交谈一下，或研究一下地图，他就能得到宝贵信息。但是，骑象人无法在违背大象本身意愿的情况下命令大象。

简单地说，要让一个人行动的最有效方式不是影响"骑象人"，而是影响"大象"。在前面提到的小调查的例子中，那些没有举手的经理人的问题不在于"骑象人"，而在于"大象"。与其援引锻炼身体带来好处的数据（打动"骑象人"），不如给他们出示一张公司附近健身房中如云的帅哥美女的照片，尤其是其中有他或她心仪的美女或帅哥的话（打动"大象"）。抽象的信息（例如数据、推理）需要骑象人处理，而具象的信息（例如形象、感受）直接影响大象。构建故事是人类的一种自动化认知能力[19]，本身就是"大象"的认知方式，因此故事可以直接与"大象"对话，促使人们改变。

故事推动学习

人们习惯通过模仿学习。模仿既是人类的进化天性，也是文化习性。领导者讲的故事在很多时候起到的是一个生动的例子的作用，方便群众通过模仿来学习。不管是领导者讲述一个自己的故事，或者一个团队成员的故事，或者一个第三方的故事，都为听众提供了一个模仿的对象。形象的故事直接作用于听众的自动化处理模块，使得模仿式学习更便于进行。

故事凝聚群体

从古希腊的亚里士多德（Aristotle）开始，学者就开始研究故事，并且首先注意到了故事对组织的作用。科尔尼指出，亚里士多德最早提出这样的哲学观点：讲故事给了我们一个"可以共享的世界"，即通过讲故事让发生的事情"可记忆"，把一连串事件转化为一个有意义的社会或政治群体——也就是亚里士多德或者古希腊人所说的城邦。[20]

用故事讲述"我们"的共同经历、共同价值观、共同的渴望和愿景，可以起到前文引用的邓巴所说的作用——"把有着共同世界观的人编织到了同一个社会网络之中"。

故事构建自我

前面提到的四个功能是从领导者动员群众的角度来分析的。领导者讲故事还有一个针对领导者本人的功能：构建其作为领导者的自我。这与上一个功能有相似之处——凝聚群体其实是在集体的层面上构建自我，也就是构建"我们"的自我。

心理学家丹·麦克亚当斯（Dan McAdams）提出了人格的三层次模型。[21] 第一个层次是特质（dispositional traits），指那些普遍、稳定的比如外向、尽责这样的人格特质，在不同的情境中都会表现出来。第二个层次是个性适应（characteristic adaptations），包括个人目标和动机，防御机制和应对策略，对自我和他人的心理表征，价值观与信仰，发展任务与阶段性的关注，具有领域特殊性的技能与兴趣，以及其他与时间、地点、社会角色相关的情境化的个人特征。麦克亚当斯把个人特质比作对一个人的速写，个性适应则补充了细节。然而，前两个层次都没有回答这样的问题：一个人的人生总的意义是什么？一个人的心理和社会世界怎样组合，才能为人生提供一定程度的整体感和意义感？因此，人格的第三个层次是人生故事（life stories）。人们通过构建自己的人生故事构建自我。

美敦力（Medtronics）公司前CEO、哈佛商学院教授比尔·乔治（Bill George）倡导领导者用人生故事构建自我。他研究了125位"本真领导者"（authentic leaders），发现是他们的人生故事给了他们成为领导者的动力。[22]

领导者讲正确的故事

讲故事可以说服群众，促使改变，推动学习，凝聚群体，构建自我，所以领导者要讲故事。而领导者讲故事的关键，首先是讲正确的故事。

第四章
讲故事——领导者的沟通

许多人喜欢讲动物寓言故事,比如广为人知的 TCL 集团创始人李东生所讲的"鹰的重生"的故事(见案例 4-2)。一般说来,动物寓言故事是错误的领导力故事。

李东生讲"鹰的重生"

2006 年,TCL 集团处于内忧外患之中,其创始人、董事长兼总裁李东生陷入困境。一篇新闻报道后来这样回顾李东生的这段经历:

这一年,李东生遭遇他职业生涯中最严重的危机。在 TCL 完成对法国阿尔卡特手机和汤姆逊彩电并购两年之后,他突然发现,无论是资金、技术、人才的储备还是对欧洲社会的法律、文化、风俗以及市场的了解,TCL 都面临重大挑战。更加可怕的是,就在这两年内,国际主流彩电厂商迅速完成了从 CRT 电视到平板电视的产业升级和转型,打了 TCL 一个措手不及。

危机在 2006 年年初集中爆发。不仅并购后的国际业务全面亏损,一直高歌猛进的国内手机业务也迅速衰落,多年的"优等生"TCL 股份 2005 年年报巨亏,并在一年后戴上 ST 帽子,紧接着,是包括万明坚在内的众多高管的离职。媒体质疑和追问应声而起,有人开始预测,李东生到何时会辞职。这与 2004 年他因国际并购而获得央视"年度经济人物"时众星捧月的情形相比,天差地别。

怎么办?李东生讲了一个故事,这就是后来流传很广的"鹰的重生"。李东生实际上没有"讲",而是在 TCL 内部网络论坛发表了一篇文章,这样写道:

这是一个关于鹰的故事。鹰是世界上寿命最长的鸟类,它一生的年龄可达 70 岁。

要活那么长的寿命，它在40岁时必须做出困难却重要的决定。

这时，它的喙变得又长又弯，几乎碰到胸脯；它的爪子开始老化，无法有效地捕捉猎物；它的羽毛长得又浓又厚，翅膀变得十分沉重，使飞翔变得十分吃力。

此时的鹰只有两种选择：要么等死，要么经过一个十分痛苦的更新过程——150天漫长的蜕变。它必须很努力地飞到山顶，在悬崖上筑巢，并停留在那里，不得飞翔。

鹰首先用它的喙击打岩石，直到其完全脱落，然后静静地等待新的喙长出来。鹰会用新长出的喙把爪子上老化的趾甲一根一根拔掉，鲜血一滴滴洒落。当新的趾甲长出来后，鹰便用新的趾甲把身上的羽毛一根一根拔掉。

5个月以后，新的羽毛长出来了，鹰重新开始飞翔，重新开始余下30年的岁月！

这篇有关鹰的文章让我感触颇深，由此更加深深体会到TCL此次文化变革创新的必要性和紧迫性。

李东生讲的这个故事被广为流传，在很大程度上成为TCL的象征。后来，TCL公司成立20周年时出版的企业传记也取名为《鹰的重生》。

这是个好的领导力故事吗？很可能不是。首先，这个故事是编的，并不可信——你告诉我，鹰在这5个月的时间内吃什么？而且，即使这个故事是真的，也很难通过故事说服TCL的员工变革——你讲的是鹰，跟TCL有什么关系？再者，这个故事中找不到李东生的榜样的力量——你让员工付出种种变革的代价，领导者在干什么？

资料来源：本书作者根据相关新闻报道编写。

错误的领导力故事

为什么说动物寓言故事是错误的领导力故事？因为它难以起到前面谈到的故事在领导力中的四大功能。

- 它难以说服群众：动物寓言故事往往并不真实，缺乏说服力。即使真实，也同样缺乏说服力，因为动物跟人不一样。
- 它难以促使改变：听众难以跟动物建立认同，因此动物寓言故事难以打动情感，也难以启动人类大脑的自动化反应。
- 它难以模仿：动物跟人的区别使得模仿十分不易。
- 它难以构建自我：动物寓言故事中没有领导者本人，因此往往无助于领导者构建自我，而且也更加难以说服群众、促使改变、让人模仿。

正确的领导力故事

加德纳把领导力故事分为三类：自我故事、群体故事、价值观和意义故事。[23] 蒂奇受加德纳影响，把重要的领导力故事归为三类："我是谁"的故事、"我们是谁"的故事、未来故事。[24] 本书作者在他们的基础上，把重要的领导力故事归为四类：

- "我是谁"的故事：以自己为主人公的故事，关于自己的经历、价值观、失败与成功、光荣与梦想。
- "我们是谁"的故事：以组织、团队、群体中其他成员为主人公的故事，关于集体的价值观的故事。
- "我们向何处去"的故事：关于组织的使命与长远目标，以及如何实现它们的故事。
- "我们为什么要变革"的故事：关于组织现在面对的难题，以及为什么要改变的故事。

这是领导者用来动员和激励群众的四种基本故事，是正确的领导力故事。

"我是谁"的故事

我们通过故事来构建自我。心理学家詹姆斯最早区分了两种自我：主我和宾我。[25] 今天，越来越多的心理学家认为：所谓的主我可以看作"讲故事的我"，而所谓的宾我可以看作"故事中的我"——即"讲故事的我"所讲的故事中的主人公。[26]

"我是谁"的故事不仅用来认识自己，还用来领导他人。领导者经常使用以下几种"我是谁"的故事。

"我跟你一样"的故事

领导者可以用"我跟你一样"的故事来与追随者建立联系。对于那些身居高位的领导者来说，这种故事尤其重要。下级知道身居高位的领导者与其不同，可能将其神化而仰视或者畏惧，也可能将其丑化而憎恶，也可能因为距离感而对其漠不关心，这些都不是健康的关系。领导者要让他们知道"我在很多方面跟你其实一样"，建立起一定程度的认同。案例4-4就是这样一个例子。

埃克尔特的员工卡

2000年5月，来自卡夫食品公司的埃克尔特空降到陷入困境的美泰公司任CEO。上班第一天，他在员工大会上正式亮相。他决定先讲一个故事，

"一个简单但是极具象征意义的故事,帮助我展示我是他们的一员"。就在员工大会之前,他刚刚得到自己的员工卡。像每个新员工一样,他排队进入保安室,坐在一个凳子上,拍了一张证件照,得到了员工卡。他决定就讲这个故事。员工大会现场约有700人,同时通过视频对美泰在其他各地的办公室播放。在主持人介绍完他是新上任的CEO之后,埃克尔特拿着无线麦克风,走到了员工之中,开始讲自己怎么得到员工卡的故事,拿整个流程——包括凳子、照相机、说"茄子"、塑料的员工卡等等——来开玩笑。埃克尔特当时讲这个故事只是为了"破冰",后来他才意识到这个故事意义重大。

埃克尔特的故事在两个层面上展示了"我跟你们一样":

- 他通过展示自己也跟其他人一样经历了这个呆板无趣的拍照流程从而把自己"去神化"——跟其他人一样,自己也是普通人。
- 他拿到这张员工卡还有另一层象征意义——从今天起,自己不再是"食品人"了,而是跟其他人一样是"玩具人"了。

埃克尔特通过这个"我是谁"的故事,与员工建立了联系和认同。

资料来源:本书作者根据Eckert(2001)编写。

"我犯过这样的错误"的故事

是不是只有CEO和高管才需要讲故事?当然不是,各个层级的经理人都要讲故事。比如,你的下属犯了错,你要告诉他怎么改正。用什么方式告诉他更好呢?你可以这样开头:"我跟你一样,以前也犯过类似的错误……"这个故事在建立关系的基础上,给了对方模仿的榜样。

你讲述自己的错误,可以从两个方面跟对方建立关系:

- 你跟听故事的人一样,不是一个完人;

- 你愿意向对方敞开心扉,向对方展示你的信任。

听众跟你建立认同之后,更加愿意从你的这个故事中学习,也会更加愿意在今后追随你。

"我为什么信仰这个价值观"的故事

"我为什么信仰这个价值观"是一种重要的"我是谁"的故事。以一种令人信服而且能够让人建立共鸣的方式讲述自己的某个重要的价值观形成过程,能够让听众相信你真正拥有这个价值观,而且愿意追随你的这个价值观。星巴克公司创始人霍华德·舒尔茨(Howard Schultz)曾多次讲述过他父亲的故事,这个故事就是"我为什么信仰这个价值观"的一个故事。案例4-5是他在自传中讲述的这个故事。

爸爸出事了

那是1961年寒冷的1月,我父亲在工作时跌断了脚踝。

我那时7岁,正在我们学校后边的操场上起劲地打雪仗。我母亲从7层楼的公寓窗口探出身子朝我拼命挥手。我赶快跑回家。

"爸爸出事了,"她告诉我,"我得到医院去。"

后来,我的父亲弗雷德·舒尔茨在家里吊着伤脚躺了一个多月。我以前还从来没见过别人裹着石膏的样子,所以最初还感觉挺新鲜的。可是那种新奇感很快就消退了。正像许多父亲的熟人、朋友一样,爸爸不能工作了,家里的收入也中断了。

他最后的一份工作是做卡车司机,收回旧尿布,把新尿布送上门去。几

> 个月来，他一直痛苦地抱怨这份臭烘烘、乱七八糟的活计，说这是世界上最糟糕的工作。现在没工作了，他倒又想念它了。我母亲已经怀孕7个月，不能出去工作。我们一家没有收入，没有医疗保险，没有工伤赔偿，什么都没得指望了。
>
> 吃饭时，父母亲在餐桌上唧唧咕咕地商量着还得去借多少钱，向什么人去借，我和妹妹默不作声地吃着饭。有时候，晚上响起电话铃声，妈妈就让我去接，如果是要账的，就叫我对人家说父母都不在家。
>
> 我的小弟弟迈克尔出生在3月，父母不得不再次借钱来支付医院的费用。多年来，我父亲的形象——脚上裹着石膏，歪在沙发上，不能出去工作，不能挣钱，被抛入底层的那副模样——一直萦绕在我的脑海里……
>
> 当时我是个孩子，脑子里压根儿不会想到有朝一日自己会成为一个公司的老板，但我曾在心里默默地想，倘若我有出头的一天，我一定不让别人沦落到这种地步。
>
> 资料来源：舒尔茨、扬（2006），第3—4页。

舒尔茨的父亲的公司没有给底层员工提供医疗保险，这让舒尔茨一家陷入困境。舒尔茨后来多次讲述这个故事，告诉别人他为什么信仰"要对员工好"这个价值观。星巴克公司为每周工作时间超过20小时的员工提供医疗保险。在星巴克因为金融危机遇到困难时，有股东希望舒尔茨削减这笔支出（当时每年近3亿美元），舒尔茨拒绝了。[27] 舒尔茨如果要让别人信服他的决策，除了诉诸理智，还需要用案例4-5这样的故事从情感上打动人们。

"我相信的是什么价值观"的故事

价值观故事是最重要的"我是谁"的故事，包括价值观的形成、体现和确认三种故事。价值观的形成，就是上面所说的"我为什么信仰这个价值观"。价值观的体现和价值观的确认则可以分别概括为"我相信的是什么价值观"和"我相信的应该是什么价值观"。

我们来看发生在1982年5月的这个故事。故事的主人公是万豪集团CEO小马里奥特以及他的父亲——公司的创始人。案例4-6是小马里奥特的回忆。

父亲的电话

那个月，我面临职业生涯中最重大的财务决策。几个月来，我们一直在努力工作，以完成在位于纽约市时代广场的百老汇街和第45街交界处的一家新酒店的开发计划。我必须决策，万豪是否下定决心投入5亿美元建造这家酒店。这个地区破败、肮脏，也许很难恢复生机。这里面有巨大的风险。

在需要做出最终决策那天，我在办公室里苦苦思考这个交易的最后细节。电话铃响了。电话是纽约的土地拥有方打来的，提醒我这是最后一天。如果我们不在那天结束前决定买那片土地，价格就会上涨。我还没来得及接电话，另一个电话打了进来。这个电话是总承包商打来的，说他没法在建筑合同里加上"不能罢工"的条款。我们甘愿冒罢工的危险吗？这时，电话机上又一盏灯亮了。这个电话是纽约市长办公室打来的，问我们是否决定进行这个项目（他们希望如此），他们要举行一个盛大的新闻发布会来宣布。无巧不成书，第四盏灯亮了，是我父亲打来的。秘书问我打算先接谁的电话。

我接了父亲的电话。他愤怒地质问："你什么时候才会把双子桥酒店的露台换上特丽洁人工草皮？"

也许你会认为我会不高兴，因为又得听一番关于特丽洁草皮多么好的说教，但实际上，我反而觉得轻松了。我父亲关于人工草皮的简单而又实际的问题也让我重新脚踏实地，提醒了我公司真正的重点所在：注重细节，为顾客提供舒适。如果在建造的过程中我们忘记了基本价值观，那么建成一家新的5亿美元的酒店也没什么意义了。正是这些价值观帮助我们在过去取得了成功，让我们在今天有可能建造这个新酒店。

我们最终是否决定建造那家酒店？1985年，有1 900个房间的万豪伯爵酒店在时代广场开业。但在那之前，我确保我们购买了足够的特丽洁草皮……

资料来源：Marriott & Brown（1997）.

对于小马里奥特来说，这是一个价值观确认的故事：在他暂时迷失于千头万绪的日常工作之中的时候，父亲的话帮助他确认了应该以什么价值观为优先。这个故事如果由父亲来讲，就是一个价值观体现的故事，体现他一贯信仰的价值观是什么。

换句话说，对于老马里奥特，这是"我相信的是什么价值观"；对于小马里奥特，这是"我相信的应该是什么价值观"。这个故事，后来变成万豪员工讲述的故事，成为万豪"我们是谁"的故事中的一个。

"我们是谁"的故事

与"我是谁"的故事主要是领导者本人的价值观故事类似，"我们是谁"的故事主要是组织中的员工的价值观故事。从"我"到"我们"，讲述"我们是谁"的故事才是对领导力的真正考验。

《中欧商业评论》2011年报道了一家善于讲"我们是谁"的故事的公司——龙湖物业。本书主要以龙湖物业为例，来探讨"我们是谁"的故事该怎么讲。

龙湖物业的"我们是谁"的故事

这是一家成功的物业管理公司,其董事长周洪斌自豪地说:"我们在全国14个城市的70多个项目中,24万多户业主对物业服务的平均满意度能达到95%以上。第三方调查公司盖洛普的老总对我说,有可能一个企业的某一个项目,或一个企业在某个城市的满意度会超过我们,但这种全覆盖的高平均满意度,只有龙湖做到了。"[28]

龙湖物业让4 000多名一线员工提供卓越的物业服务的秘密是什么?讲故事。更准确地说——讲"我们是谁"的故事。"它们的故事里找不到老板和高管,全部是一线员工,是他们和业主的故事。"案例4-7"龙湖物业的三个故事"提供了三个实例。

案例 4-7　龙湖物业的三个故事

故事一

龙湖西苑的一个业主出差到外地,家里的老人有心脏病、高血压,老人怕自己犯病,就对保安说,能不能每隔半个小时往她家打个电话,看她是否清醒,如果有问题,就请保安去帮她,桌子上有存折和医保卡,存折密码在纸条上。知道这个情况后,龙湖的保安除了每半个小时打电话以外,每隔一个小时还会上楼去查看一次,一直持续到出差的业主回来。业主知道后非常感动。

故事二

一个业主的女儿的一颗恒牙掉了,根据医学知识,这颗牙齿如果几个小时之内安回去就还有可能长上,但小孩不知道就扔掉了。母亲不是很清楚这个事的后果,父亲在外出差知道后,急忙打电话回来让她赶快去找。母亲就找保洁员帮忙。由于时间紧迫,保洁员呼叫客服中心和安保中心,于是当时有时间的人全部都出动帮助翻找垃圾箱,翻遍了整座楼的垃圾箱,最后帮业主找到了那颗牙齿。

故事三

重庆龙湖某个小区住宅楼外墙出于美观考虑,设计了一个铝合金的隔扇,从一层到顶层都有。小区安防班长发现后给工程中心打电话,认为这个设计不安全,担心不法分子会顺隔扇爬上去作案。于是管理层开始讨论,想出来的都是笨办法——在外面加铁丝网,但肯定会影响美观;或者改成竖向设计,但成本又很高。

后来,客服中心的基层员工在讨论时,有一位员工提了一个非常有意思的建议——那些隔扇板是用螺丝钉固定的,那么能不能把螺丝钉拧得松一点?这样并不影响美观,但如果不法分子爬上去就会掉下来。而且这样的基本上没有什么改造成本——有时候,你不得不佩服他们的创造力。这个建议当然被纳用了,这名员工因此获得了公司的及时激励奖金。

资料来源:潘东燕(2011)。

讲"我们是谁"的故事的好处

龙湖物业讲"我们是谁"的故事,具体来说有什么好处呢?

知识管理

龙湖物业通过讲故事,将员工在日常工作中创造的知识"储存"了起来,而且"传播"给其他员工。"他们会想,为什么当时我遇到这个问题时不知道这么处理呢？下次再遇到类似问题，就知道该怎么处置了。"讲"我们是谁"的故事，是成本最低、效果最好的培训手段。

员工激励

龙湖物业具有自己的行业特殊性。"物业行业的一线员工，例如保洁、安保、客服人员的社会整体评价并不高，因此除了收入，他们最需要的是尊重和肯定。在龙湖物业，他们是故事的主人公，他们做得好，业主对他们友好，公司给他们奖励。这对他们来说非常重要。""龙湖物业副总经理杨杰是一个彻彻底底从基层员工成长起来的高管，他说，每次在讲一线员工的故事时，自己都很激动。"

需要注意的是，即使在一线员工收入更高、社会地位更高的其他行业，"我们是谁"的故事也需要一线员工作为主要的主人公，也需要高层经理在讲一线员工的故事时有真诚的激动。

文化建设

企业文化的核心是价值观。龙湖物业的企业文化有四条核心价值观：对人的尊重；简单真诚的人际关系；对客户价值的承诺；追求卓越的激情与智慧。龙湖物业的每一个故事，都体现了其中一条甚至多条核心价值观。

在许多企业中，员工背诵价值观；在龙湖物业，员工实践价值观。"我们是谁"的故事，告诉员工应该实践怎样的价值观；员工越来越多地去实践故事传递出来的价值观，又会产生越来越多的"我们是谁"的故事。

龙湖物业员工说："你问我为什么这么做，我也不知道，因为大家都这么做。"龙湖物业的企业文化，就在讲"我们是谁"的故事中滚雪球一样地建立了起来。

口碑营销

当"我们是谁"的故事由客户讲述，或者流传到社会上时，就成为"他们是谁"的故事，就起到了口碑营销的作用。这是龙湖物业的一个业主讲述的故事：

再跟你说一个发生在我家里的事。也是在 2008 年夏天，我不在家，两个老人外出参加聚会后很晚才回到家，热得很，想洗澡。家里的热水器比较复杂，他们操作不了，就给我打电话。那时大概是凌晨一两点了，谁能帮忙啊？我只能给物业打个电话试试。等我回来后，二老就和我说，昨晚给我打完电话不久，物业就派人到家里给他们开热水器了。

这个业主在讲了许多龙湖物业的故事后说："只能说，我如果还买房的话，一定还买龙湖的房子。"这个故事如果由龙湖物业来讲述，就是"我们是谁"的故事；由业主和本书作者来讲述，就是"他们是谁"的故事。卓越企业的标志之一，就是有许多"他们是谁"的故事在流传。

怎么讲"我们是谁"的故事

讲"我们是谁"的故事，需要在一定程度上制度化。龙湖物业就在制度化地讲故事，这个制度大致有三个步骤。

第一步：搜集故事

故事怎么搜集？两个来源："一是从基层的晨会开始，每天都要汇报前一天看到或者自己做到的有意思的做法，从基层到高层，层层将自己发现的故事进行讲述，挖掘典型案例；二是根据来自业主的反馈和感谢信等获得的信息，进行相关员工追踪，形成案例。"

第二步：研究和筛选

由公司相关职能部门对搜集到的故事进行研究，有典型意义的则上报到负责知识管理的部门汇总和筛选。筛选的标准是公司文化所倡导的行为以及符合公司阶段性战略目标的行为。

第三步：奖励和传播

最后筛选出的故事将传播到全公司和小区业主之中，其中一个形式是管理团队在周例会和月例会上讲员工的故事。同时，"龙湖物业规定，全体员工工资总额的3%将用于基层员工的及时激励，每年强制花完，不准有剩余"，故事的主人公可以每人得到100元到500元不等的奖励。

最后的"奖励和传播"这一步骤非常重要——故事一定是要"讲"出来的，而非编出一个故事集就万事大吉。在案例4-8中，我们看到，知名豪华酒店集团丽思卡尔顿（Ritz-Carlton）每天都在"讲"故事。

丽思卡尔顿酒店怎么讲故事

每天，在丽思卡尔顿的每家酒店，每个部门的员工都要举行15分钟的例会。除了报告和解决日常问题之外，例会的重要内容是讲当日的"精彩故事"（wow story）。在所有的丽思卡尔顿酒店中，从上海到波士顿，每天的"精彩故事"都是同一个故事。这些故事讲的都是某一个丽思卡尔顿的员工，如何为客户提供了卓越的服务。

这是丽思卡尔顿的"精彩故事"中的一个：

一个家庭入住巴厘岛的丽思卡尔顿酒店。因为孩子有食物过敏史，因此他们自备了一些特制食品。但是入住酒店后，他们发现因为在旅途中没有保管好食品，这些食品变质了。酒店经理和员工找遍了当地的商店，也没有找到他们需要的食品。酒店的大厨记起来，在新加坡有个商店卖这样的食品。他的岳母住在新加坡。于是，他联系了他的岳母，让她从新加坡买好食品，并坐飞机送到巴厘岛。最终，客户当然非常高兴。

丽思卡尔顿的"精彩故事"有两个目的：一是对提供了卓越服务的员工

进行认可和表彰；二是强化丽思卡尔顿的价值观。丽思卡尔顿共有12条服务价值观，上面这个故事强调的是第7条：用团队协作来满足客人的个别需求。

资料来源：Gallo（2007）.

"我们向何处去"的故事

领导者的一个重要任务是定义组织的愿景和使命。不仅如此，领导者还需要使愿景和使命变成故事——这就是"我们向何处去"的故事。

尤纳斯与孟加拉乡村银行

穆罕默德·尤纳斯（Muhammad Yunus）本来是孟加拉的一个经济学教授，一个偶然的机会，他发现，非常小额的贷款可以对穷人提供非常大的帮助，于是他创办了社会企业孟加拉乡村银行，专门为穷人提供小额贷款。案例4-9是尤纳斯常常讲的一个故事。

案例 4-9　　　　　　　苏菲亚的故事

一个名叫苏菲亚·贝格姆的乡村妇女，教给了我孟加拉贫穷的真实本质。像许多农村妇女一样，苏菲亚跟丈夫和孩子住在一间摇摇欲坠的土屋之中，头上是漏风漏雨的茅草屋顶。苏菲亚为了养家糊口，整天在泥泞的院子里制作竹凳。然而，她不管怎么辛勤劳作，都无法让家庭摆脱贫穷。这是为什么呢？

> 跟村子里其他人一样，苏菲亚依靠向当地的放债者借钱，得到她买制作竹凳所需要的竹子的现金。然而放债者借钱给她的条件，就是她只可以把竹凳卖给他，而且价钱要由他来决定。而且，他还收取高额利息，从每周10%到每天10%不等。
>
> 苏菲亚这样的情况不是特例。我把苏菲亚所在的约布亚村的情况作了统计，看看多少人是这个放债者的受害者。我的统计结果是：一共有42人，一共借了856塔卡——按当时的汇率计算不到27美元。对我这个经济学教授来说，这是生动的一课！
>
> 我从自己口袋里掏出27美元，把他们从放债者手里解救出来。对我来说只是举手之劳，这些人却激动不已。于是我决定多做点事。如果用这么少的钱就可以让这么多人这么高兴，我为什么不多做一些呢？
>
> 从此之后，这就成了我的使命。
>
> 资料来源：Yunus（2008）.

尤纳斯讲的这个"我们向何处去"的故事，非常完整：既包含了要去的地方——让穷人摆脱贫穷，又包括了如何去——提供小额贷款，还说明了为什么要去——穷人受到放债者的剥削。而且，这个故事还富有戏剧性：一个经济学教授，掏出27美元，就解救了乡村妇女苏菲亚以及其他41个穷人，打败了放债者和贫穷这两个反面角色。凭借这个故事，当然还有大量的其他努力，尤纳斯发展壮大了孟加拉乡村银行。2006年，尤纳斯与孟加拉乡村银行共同获得诺贝尔和平奖。

马丁·路德·金与美国民权运动的例子

群众运动的领导者比组织领导者更加依赖"我们向何处去"的故事。组织领导者还有维持现状的任务，而群众运动的领导者的主要任务就是动员群众实现变革，因此他们更需要指出"我们向何处去"，召唤群众向着这个方向前进。

1963年8月28日，在华盛顿的林肯纪念堂前，美国民权运动领袖马丁·路德·金对着25万名集会者发表了题为《我有一个梦想》的演讲。这个演讲，就是一个强有力的"我们向何处去"的故事。

> 我有一个梦想，有一天，在佐治亚州的红色山丘上，曾经的奴隶的儿子和曾经的奴隶主的儿子，可以并肩坐在桌旁，如同兄弟……
>
> 我有一个梦想，有一天，我的四个小孩会生活在这样一个国家，他们所受到的评价不是基于他们皮肤的颜色，而是他们品行的内涵……
>
> 怀着这样的信念，我们能够从绝望之山上开采出希望之石。怀着这样的信念，我们能够把我们国家的嘈杂的争吵，转变为兄弟友爱的美丽的乐章……
>
> 怀着这样的信念，我们能够一起工作，一起祈祷；一起奋斗，一起坐牢，一起为自由挺身而出，知道我们终将有一天会获得自由……

马丁·路德·金的演讲很长，上面四段只是节选。即使只是短短的四段，也展示了这个故事的强大力量：故事主要讲述了到达"终点"之后的美好情形，但同样提醒听众这需要经过艰苦奋斗才能实现；马丁·路德·金呈现出的戏剧化的情节和场景打动了他的黑人听众，鼓舞他们为了实现这个故事的美好结局而作为故事的主人公而奋斗。

"我们向何处去"的故事的重要性

"我们向何处去"的故事的重要性，一方面在于它指引方向，让听众知道该往哪里前进；另一方面在于它通过对愿景和使命的形象化的描绘，在情感上打动听众，为听众提供前进的动力。要到达远方的终点，仅仅知道向哪里前进是不够的，还需要人们想要向那里走，而且相信他们能够到达终点。

"我们为什么要变革"的故事

"我们向何处去"的故事（使命故事）侧重于讲述使命和愿景，呈现一个美好的未来；"我们为什么要变革"的故事（变革故事）侧重讲述糟糕的现状，坚定听众改变现状的决心，即使还没有明确未来的方向。

变革故事需要起到一面魔镜的作用，照出组织貌似健康的"皮肤"下面的"肿瘤"。李东生的"鹰的重生"的故事也是一个变革故事。这个故事中的"鹰"或多或少起到了一面镜子的作用，照出TCL的现状（与未来）。然而，它缺乏魔镜的魔力。听众尽管看到了鹰的困境和重生，但并不一定会联系到TCL的困境——"你说的是鹰，跟TCL有什么关系？更何况，你这个故事是编的！"

我们来看两个更有说服力和感染力的"我们为什么要变革"的故事。

丹宁的赞比亚故事

1996年，史蒂芬·丹宁（Stephen Denning）在世界银行负责知识管理。实际上，他是被"发配"去分管没有人在意的"信息"工作。但是丹宁发现了自己新职责的潜力：世界银行在几十年的扶贫历史中，积累了大量的知识，但是这些知识并没有被利用起来。

他试图用数据、图表、说理等来推广自己的新理念——把世界银行变成一个"分享知识的组织"，但是没有人能够听得进去。所有人都告诉丹宁：我们是一家"借贷银行"！

终于，丹宁开始试着讲故事（如案例4-10）。丹宁先讲给普通员工听，再讲给经理人听,接着讲给高层经理人听。然后,一些高层经理人讲给了世界银行的总裁听。终于,1996年10月,世界银行总裁在年会上宣布:世界银行将变成一个分享知识的组织,将成为为世界提供扶贫知识的"知识银行"。丹宁并没有足够的职位权威在世界银行推动变革,但是他承担了推动变革的责任,并利用故事的力量成功地推动了变革的第一步。

赞比亚的故事

1995年6月,在赞比亚的一个小镇,一个医疗工作者通过互联网,登录了位于美国佐治亚州亚特兰大市的疾病控制中心的网站,找到了如何治疗疟疾的方案。这是1995年6月,不是2015年6月。这不是赞比亚首都,而是距首都600公里外的一个小乡村。这不是一个富裕的国家,而是赞比亚,世界上最穷的国家之一。

但是对于我们这些在世界银行工作的人来说,这个画面中最重要的部分是:世界银行不在这个画面之中。我们没有把我们的知识以某种方式组织起来,使得它们可以分享给那些数以百万计的在做与贫困有关的决策的人。

但是想象一下如果我们那么做了呢?想象一下如果我们把知识组织起来,使得它们可以以那样的方式分享。想一想我们将变成什么样的组织!

资料来源:Denning(2011).

丹宁聪明地从外界找到了一幅画面,像一面镜子一样照出了世界银行需要改变的现状。尽管跟李东生一样,丹宁也是从外部找了一面镜子,但是李东生的镜子是编出来的,而且跟TCL的现状并不存在必然的逻辑相关性;而丹宁的镜子是真实的,而且跟世界银行的现状密切相关。

手套的故事

在上一个例子中，丹宁的镜子是来自外部。如果这面镜子来自组织内部，效果往往会更加令人震撼。案例4-11是科特在《变革之心》一书中所举的一个精彩例子，故事的主人公是一家大公司的中层管理者。这是一个完美的"我们为什么要变革"的故事。424种手套及其不同的价格，呈现出一个触目惊心的故事。这面来自组织内部的魔镜，暴露了组织内部的顽疾，让观众强烈地感受到变革的必要性。

案例4-11　　　　　　　　　　手套的故事

我们的整个采购流程有问题。我确信大量的钱被浪费了，将来还将继续被浪费，我们甚至不知道到底有多少钱打了水漂。我认为我们有机会把采购成本降低，不是降低2%，而是在未来5年内降低10亿美元。但是如果其他人，尤其是高层管理者，没有看到这个机遇的话，那么这种降低是不可能做到的。实际上，他们基本上没有看到。所以任何措施都没有被采取。

为了了解问题有多严重，我让一个暑期实习生做了一个小调查，了解我们为工厂里使用的各种手套支付的价格是多少，以及我们采购了多少种手套。我选择手套这个品种是为了让问题一目了然，因为所有工厂都用手套，所有人都熟悉手套。

实习生完成了调查。她汇报说我们的工厂一共采购了424种不同的手套！424种！每个工厂都有自己的供应商和自己的采购价。同样的手套，在一家工厂可能是5美元，而在另一家则可能是17美元。5美元或者哪怕是 17 美元听起来都并不多，但是我们会购买"大量"手套，而且这还只是采购的一个项目罢了。当我听她完的汇报时，我甚至不敢相信问题竟然如此严重。

这个实习生想办法把 424 中手套的每一种都搜集了一个样品。她分别在上面贴了标签，标注了价格和使用手套的工厂。然后她按事业部和手套的种类把它们排列起来。

我们把手套放在了会议室里，然后邀请所有的事业部总裁来参观会议室。在巨大、昂贵的会议桌上堆满了手套。每个高管都盯着这个展览凝神注目，然后说出的话都差不多："这些各种各样的手套都是我们采购的吗？"对，事实上，是。"真的吗？"真的。他们围着桌子转圈。我想，大多数人是在找他们下属工厂所用的手套。他们可以看到价格。他们会发现两种看起来完全相同的手套，一个标价 3.22 美元，另一个则标价 10.55 美元。

这些人全都哑口无言可是少有的现象。但是那天，他们就是目瞪口呆地站着。

这个展览很快就"臭名昭著"起来。这些手套开始了巡回展览。它们去了每个事业部。它们去了几十家工厂。许许多多的人都看到了这成堆的手套。巡回展览让组织的每一个层级都更强烈地感受到"情况就是这么糟糕"。

我们让一个实习生又做了更多的调查，了解了我们的竞争对手的一些做法。我们在巡回展览中增加了竞争对手的好的做法。最后，我们获准进行变革。人们现在说"我们必须行动"。我们当然行动了起来，省了很多钱，可以花在别的更有用的地方。

即使今天，人们仍然在谈论手套的故事。

资料来源：Kotter & Cohen（2002）. 参见科特、科恩（2003），第 33—35 页。

值得特别指出的是：之前的讲故事的例子，基本上都是从上至下在讲故事。丹宁的赞比亚故事和这个手套的故事是从下至上——更准确地说，是从组织的中层向上——讲故事。两个位于金字塔中层的经理人，成功地用讲故事发起了变革。

故事不一定要"讲"

手套的故事还有一个特别之处，它不是"讲"出来的，而是用 424 种手套作为道具，直接将故事"呈现"了出来。下面介绍三种更加生动形象地"讲"故事的方法：用道具讲故事、用仪式讲故事、用行动讲故事。

用道具讲故事

使用道具，在"听"故事之外，还可以让你"看"，更充分地利用了科特所倡导的"目睹—感受—改变"的变革模式。根据道具在故事中的不同作用，可以大致分为三种用道具讲故事（可以称之为"用道具目睹故事"）的形式。

- 道具辅助故事。在这种形式中，道具起辅助的作用，故事还是以"讲"为主。案例 4-12 就是这样的例子。
- 道具主导故事。在这种形式中，道具本身就构成了主要的故事，不需要再另外多"讲"什么。手套的故事就是这样。
- 道具象征故事。在这种形式中，道具象征着另外一个完整的故事。比如，在手套的故事之后，该公司如果制作一批手套形状的纪念章，这样的纪念章就是象征手套的故事的道具。

案例4-12　柳传志用照片讲故事

为了能把"主人翁意识"传递给跨语言、跨文化的各国员工，柳传志想了很多办法，而其中最重要的一个就是到全球去讲述联想的故事，其中的要点就是告诉员工们"联想做好了，员工能得到什么"。

在巡讲过程中，柳传志会随时拿出精心准备的五组照片：第一组照片是联想在1989年办的养猪场，希望在物价高涨时能给员工提供基本的生活保障；第二组照片是著名的"联想72家房客"，表现的是联想一直以来重视对员工的物质激励；第三组照片是2000年联想上市之后，公司2 000多个员工买车买房时的情景；第四组照片表现的是联想退休员工的待遇情况；第五组照片是联想的高管团队。

在巡讲过程中，柳传志着意强调这样的信息："联想今天的这些高管都是联想自己培养的，而不像有些国际企业，用的时候奖金特别高，一旦不用立即赶人。联想是注重培养人的企业，是真正以人为本的企业。"

资料来源：张小平（2011），第213—214页。

用仪式讲故事

本书作者认为，"目睹—感受—改变"可以升级为"体验—感受—改变"。"体验"比"目睹"更进一步，不仅让听众看到，而且让他们行动起来，有视觉之外的更丰富的体验，从而带来更加深刻的情感体验。用仪式讲故事，让听众不仅是"听"，也不仅是"看"，而是让他们行动起来，参与到仪式之中，体验一个故事（可以称之为"用仪式体验故事"）。案例4-13就是这样一个例子。

> 领导力 ▶ 解决挑战性难题
> LEADERSHIP

案例 4–13

美敦力用仪式讲故事

1949年，厄尔·巴肯（Earl Bakken）在亲戚家的车库里创建了美敦力，并在1957年发明了世界上第一台便携式体外心脏起搏器。巴肯为美敦力设定的使命是"让人们恢复更完整的生命"，并从20世纪50年代开始举行"美敦力使命和徽章"的仪式。在仪式上，他亲自对所有新员工讲述使命，并给每一个人颁发象征美敦力使命的徽章。

后来成为美敦力公司CEO的比尔·乔治在加入美敦力担任高管时，也和包括秘书、工程师在内的30名其他新员工一起，参加了这个仪式，从巴肯手里接过徽章。

巴肯对他说："比尔，这个徽章只发给美敦力员工，就算是顾客也不能给。放到你的桌子上，当你工作的时候可以看着它。如果你在工作中感到沮丧，记住你到这儿来是帮助人们恢复完整的生命和健康，而不只是为自己或者公司挣钱。"

资料来源：George（2003）.

用仪式讲故事的主要挑战，是如何避免把仪式变为形式化的过场，而真正让参与者有强烈的情感体验。

用行动讲故事

用仪式讲故事是低级版本的"体验—感受—改变"，尽管听众参与了行动，但行动是多次重复进行的，是可以预期的。用行动讲故事则是高级版本的"体验—感受—改变"，其行动是第一次进行的，有很强的即兴表演性，故事是通过行动被第一次创造出来（可以称之为"用行动创造故事"），因此往往带来更加强烈的情感体验。我们所熟知的海尔"砸冰箱"事件就是一个用行动讲故事的例子（讲的是"我们为什么要变革"的故事）。

苹果公司创始人乔布斯也是一个讲故事的高手。他经常用道具讲故事，比如让自己带领的研发团队竖起海盗旗，在竞争对手迈克尔·戴尔（Michael Dell）的图片上画一个靶子。而且，他也用行动讲故事。下面这个例子就是乔布斯在表演故事。在 Maintosh 电脑敲定最终的设计方案后，因为"真正的艺术家会在作品上签名"，他让研发团队所有成员都在一张纸上签名（后来把这些签名刻在了 Mac 机箱内部）。乔布斯一个一个叫名字，让所有 45 名成员签名，他最后签名。[29] 乔布斯用这样的表演行动，让团队成员更强烈地感受到工作是艺术（因此自己是艺术家）的理念。

2008 年金融危机之后，星巴克遇到困难，已经退居二线的舒尔茨重新出山担任 CEO。他的一个重大决策是带领 10 000 个门店经理去遭遇飓风袭击的新奥尔良进行社区服务。舒尔茨回忆说："如果我们没有进行新奥尔良这个活动，我们不会实现逆转。"[30] 舒尔茨用行动讲故事，让一线经理们亲身体验价值观的重要性。

本章小结

讲故事是领导者用来动员群众的最重要的工具（之一）。讲道理打动理智，讲故事打动情感，而情感是驱动变革的更根本的力量。一流的领导者首先要讲正确的故事："我是谁"的故事、"我们是谁"的故事、"我们向何处去"的故事、"我们为什么要变革"的故事。一流的领导者还要掌握创造性地讲故事的艺术，可以用道具、仪式和行动讲故事。

本章要点回顾

1. 讲故事是人之所以为人的根本特征之一。

2. 领导者讲故事有五个功能：说服群众、促使改变、推动学习、凝聚群体、构建自我。

3. 领导者首先要讲正确的领导力故事。动物寓言故事往往是错误的领导力故事。

4. 重要的领导力故事有四种："我是谁"的故事、"我们是谁"的故事、"我们向何处去"的故事、"我们为什么要变革"的故事。

5. "我是谁"的故事主要有以下几种："我跟你一样"的故事、"我犯过这样的错误"的故事、"我为什么信仰这个价值观"的故事、"我相信的是什么价值观"的故事。

6. 讲"我们是谁"的故事是对领导力的真正考验。讲"我们是谁"的故事的好处包括知识管理、员工激励、文化建设、口碑影响等方面。讲述过程包括搜集故事、研究和筛选、奖励和传播。

7. 故事不一定要"讲"。创造性地讲故事的方式包括：用道具讲故事、用仪式讲故事、用行动讲故事。

本章注释

[1] Tichy, N. (2005). *The Leadership Engine*. HaperCollins.

[2] Gardner, H. (1995). *Leading Minds: An Anatomy of Leadership*. Basic Books.

[3] 邓巴（2016），《人类的演化》，余彬译，上海文艺出版社，第 20 页。

[4] Fisher, W. R. (1987). *Human Communication as Narration: Toward a Philosophy of Reason, Value, and Action*. University of South Carolina Press.

[5] Kearny, R. (2002). *On Stories*. Routledge, p. 3.

[6] 邓巴（2016），《人类的演化》，余彬译，上海文艺出版社，第 274 页。

[7] Boje, D. (2008). *Storytelling Organizations*. Sage Publications.

[8] Hatch, M., et al. (2005). *The Three Faces of Leadership*.

[9] 沙因（2014），《组织文化与领导力（第四版）》，章凯等译，中国人民大学出版社，第 220 页。

[10] Gardner, H. (1995). *Leading Minds: An Anatomy of Leadership*. Basic Books, p. 62.

[11] Tichy, N. (2005). *The Leadership Engine*. HaperCollins, pp. 217−218.

[12] Sarbin, T. R. (1986). The Narrative as a Root Metaphor for Psychology. In T. R. Sarbin (Ed.), *Narrative Psychology: The Storied Nature of Human Conduct*. Praeger Publishers, pp. 3−21.

[13] 海斯蒂、道斯（2013），《不确定世界的理性选择——判断与决策心理学（第2版）》，谢晓非、李纾等译，人民邮电出版社，第124页。

[14] 孔达（2013），《社会认知——洞悉人心的科学》，周治金、朱新秤等译，人民邮电出版社，第106页。

[15] 科特、科恩（2003），《变革之心》，刘祥亚译，机械工业出版社。

[16] 海特（2012），《象与骑象人：幸福的假设（更新版）》，李静瑶译，浙江人民出版社，第18页。

[17] 同上，第20页。

[18] 同上，第24页。

[19] 海斯蒂、道斯（2013），《不确定世界的理性选择——判断与决策心理学（第2版）》，谢晓非、李纾等译，人民邮电出版社，第122页。

[20] Kearny, R. (2002). *On Stories*. Routledge, p. 3.

[21] McAdams, D. P. (2001). The Psychology of Life Stories. *Review of General Psychology*, (5)2, 100−122.

[22] 乔治、西蒙斯（2008），《真北》，广东经济出版社，第43页。

[23] Gardner, H. (1995). *Leading Minds: An Anatomy of Leadership*. Basic Books, p. 50.

[24] Tichy, N. (2005). *The Leadership Engine*. HaperCollins, pp. 218−219.

[25] 布朗（2015），《自我》，王伟平、陈浩莺译，人民邮电出版社，第15页。

[26] Sarbin (1986), McAdams, D. P., Josselson, R., & Lieblich, A. (2006).

[27] Ignatius, A. (2010). We Had to Own the Mistakes. *Harvard Business Review*, July-August.

[28] 本书中关于龙湖物业的所有资料，均引用自潘东燕（2011）。

[29] Eckert, R. (2001). Where Leadership Starts. *Harvard Business Review*, November, p. 134.

[30] Ignatius, A. (2010). We Had to Own the Mistakes. *Harvard Business Review*, July-August.

Chapter 5

第五章
当老师——领导者的角色

在动员群众解决难题的过程中,领导者最重要的角色是当老师。正如领导力学者蒂奇所强调的:"在组织中的任何层级上,一个人要想成为领导者,必须是一个老师。如果你不是在教别人,你就不是在领导。就是这么简单。"[1]为什么领导者要当老师?领导者又该怎样当老师?

领导者的种种角色

为什么说领导者的主要角色是老师而不是其他角色?我们先回顾一下关于领导者角色的讨论。这样的讨论一般没有区分领导和管理,因此下面的领导者或管理者都是广义的说法,同时包括两者。

明茨伯格的管理者角色模型

管理学者明茨伯格通过实证研究,认为实际工作的管理者扮演着10种角色,可以分为三个大类:[2]

- 三种人际关系角色：名义首脑、领导者、联络人；
- 三种信息角色：监控者、传播者、发言人；
- 四种决策角色：企业家、混乱处理者、资源分配者、谈判者。

尽管这个模型在管理教科书中非常流行，但它对我们探讨领导者角色的启发却非常有限。它有两个缺陷。

首先，它对"角色"这个词的使用是随意的。角色这个词从戏剧中借用而来，应该像德鲁克说"管理者既是作曲家又是乐队指挥"[3]或者管理者"更像是家长或者老师"[4]一样，用另外一个社会角色，从隐喻的意义上启发领导者（参见第八章）。这里的另外一个角色（比如作曲家或者乐队指挥）具有公认的社会认知，指向一整套典型性格、典型活动或者一整套其他特征，这些特征（比如乐队指挥使用统一的总谱来协调活动、把乐队成员按照其所擅长分工、自己并不比成员更擅长演奏乐器……）可以给领导活动以启发。然而，明茨伯格谈到的大多数角色其实只是单项"活动"，而不是内涵丰富的"角色"。比如，他所说的"企业家"只是对发起决策这项活动的概括，"发言人"只是代表组织或者团队对外传递信息这项活动的概括。

其次，明茨伯格的研究是描述性（descriptive）的，指的是管理者在日常工作中一般做了些什么。谈论领导者（或者管理者）的角色的时候，更大的启发应该来自规范性（normative）的讨论，即讨论卓越的领导者应该做什么，或者是来自指导性（prescriptive）的讨论，即怎么做可以更加卓有成效。

范福特的领导者原型模型

进化领导力理论的提出者范福特，提出了一个六类领导者原型的假设。这些领导者的角色对应于追随者的某些期望，在原始群体中执行某种领导功能，均具有进化意义上的价值。这六类领导者原型是：[5]

- 武士：专长是保护群体；

- 侦察兵：擅长发现新的资源和机会；
- 外交家：具有跟其他群体缔结联盟的天赋；
- 仲裁者：在群体中维护和平，把追随者凝聚在一起；
- 管理者：能够有效分配资源和完成工作；
- 老师：能够热心、有效地向群体成员传递知识。

这个分类基于对原始群体中的领导者需要执行的功能的猜想。如果这个猜想是正确的，领导者需要思考：第一，这些功能是否依然适用于今天的群体？我所在的群体的追随者期待我发挥哪些功能？第二，我擅长扮演怎样的角色？我能够满足追随者的期望吗？

哈奇等的领导者三角色模型

玛丽·乔·哈奇（Mary Jo Hatch）与她的合作者基于对《哈佛商业评论》上的 CEO 访谈的研究，提出了一个领导者三角色模型（他们称之为"领导力的三张面孔"）：领导者是管理者、艺术家和牧师。"一个优秀的领导者既要懂得管理的科学性，也要具有艺术家的创造力，还要具有牧师的灵感。"[6] 这三个角色要求不同的素质，见表 5-1。

表 5-1 领导力的三张面孔

	管理者	艺术家	牧师
一般特征	纪律性	好奇心	移情
	理性	独立	伦理观
核心能力	组织能力	创造力	灌输力
	控制力	鼓舞力	亲和力
帮助别人提高他们的能力	技能	想象力	信念
精神领域	智力	情感	心灵

(续表)

	管理者	艺术家	牧师
看问题的角度	战略的	审美的	超然的
能力的源泉和影响	专业技术	创新	高尚无私
理想的位置	决策者	革新者	救赎者

资料来源：哈奇等（2011），第6页。

认为领导者需要具有理性、艺术等不同维度的能力，这不是非常新鲜的想法。这个模型的优点在于其三分法的清晰性，缺点除了或多或少算是老生常谈之外，更在于其应用上的不清晰：首先，这三个角色中的许多技能人们难以同时具有。其次，具体就如何做到每个角色缺乏实际的可操作性。

圣吉的领导者三角色模型

圣吉也提出了一个领导者三角色模型。圣吉指出，在学习型组织中，领导者不是传统的发号施令的老板的角色，而要承担这样三个角色：设计师、老师、仆人。[7]

- 设计师：第一，设计包括组织的目的和价值观在内的指导思想。第二，设计制度、战略和结构，这样指导思想才能变为商业决策。第三，设计制度、战略和结构背后的学习流程。
- 老师：领导者的老师角色不是告诉别人答案，而是帮助其他人学习。首先，老师要帮助其他人看清自己的心智模式。具体而言，老师要帮助他人看到事件背后的行为模式，以及行为模式背后的系统结构。
- 仆人（steward）：圣吉认为格林利夫的"仆人式领导力（servant leadership）"概念跟自己非常接近。他引用了格林利夫的话："仆人式领导者首先是仆人……它始于一个人想要服务的自然情感，首先是服务。这种有意识的选择让一个人渴望领导。"领导者的仆人意识既针对追随者，又针对组织的目的和使命。

圣吉的模型有以下优点：第一，角度新颖，尤其是对设计师角色的强调；第二，重点突出，不求面面俱到；第三，操作性强。

领导者是老师

理想的领导者当然应该是全能选手，能够做好明茨伯格的十个角色，或者范福特所说的六个角色，或者哈奇等人的三个角色，或者圣吉所说的三个角色。但是，绝大多数的领导者难以面面俱到。领导者是否有一个关键角色呢？

本书作者认为，领导者的关键角色是老师。这个观点的形成，既是基于本书中对领导力的定义的合理推导，也是受到众多领导力思想家启发的结果。

动员群众解决难题的要求

首先，管理者需要教导下属。管理学的奠基人之一亨利·法约尔（Henri Fayol）在20世纪初提出管理的五大要素：计划、组织、指挥、协调和控制。[8]这时，教导下属还没有成为其中的要素。大约半个世纪之后，德鲁克提出了管理者的五项工作：制定目标、组织、激励与沟通、考核、育人。[9]我们可以发现，德鲁克的理论真正与法约尔不同的地方只有一点：育人。

管理者教导下属的重要性不但被学者发现，也在实践中受到了重视。案例5-1"孙振耀如何从最优到最差"就是惠普公司对管理者老师责任进行考核的例子。

案例 5-1

孙振耀如何从最优到最差

惠普中国前总经理孙振耀曾讲述自己如何"从最优到最差"的故事。1987年年底,他作为惠普全球最优秀的85名销售员之一,到美国领取了总裁奖,并且在年度绩效考评中获得最高分。

从美国一回到台湾,孙振耀就被提升为经理,正式开始了职业经理人生涯。没想到,在一年后进行的绩效考核中,上级经理对孙振耀的评价竟然是最差一级,相当于不及格。

孙振耀回忆说:"短短一年时间,从最优到最差,我心中的错愕和困惑可想而知。对此,主管经理和我做了一次深谈,他说:'振耀,你是好的销售代表,但作为经理,你还有很多需要学习的地方。特别是在教导员工方面,我没有看到你做出令人信服的表现。'"

当上经理之后,孙振耀就有了教导员工的责任,但是他忽略了。值得注意的是,孙振耀讲述这个故事,本意是说自己没有当好老师。本书作者认为,这个故事还说明:孙振耀的上级经理实际上也没有当好老师,对他从最优变成最差同样负有责任。

为什么这么说呢?首先,他没有对孙振耀的角色转换进行教导,没有为孙振耀明确新的目标:要教导下属。其次,他没有对孙振耀的表现定期追踪,并给予及时反馈,只是到了年底绩效考核的时候才算总账,难怪孙振耀会很"错愕和困惑"。

资料来源:孙振耀(2007)。

而且,如果对管理(解决技术性问题)和领导(动员群众解决难题)进行区分,我们会发现:在发挥领导力的过程中,领导者(相对管理者而言)当老

师的责任更加重要。在管理过程中当老师可以是灌输式的，主要传授技术性知识；而在领导过程中当老师，其主要工作不是教书，而是育人，这是伟大的老师的真正工作。伯恩斯所说的交易型领导力是教书式的老师，他所说的变革型领导力则是育人式的老师。伟大的老师和领导者所做的是同一个工作：把他人（和自己）提升到一个新的高度。

福莱特：教师的领导力

福莱特比德鲁克更早看到领导者和老师这两个角色的相似之处。她在20世纪20年代就开始倡导一种新型的领导者—追随者关系，在这种关系中，追随者处于合作地位，而非单纯的被动地位。"我认为教师应该比其他人能够更清楚地看到这种关系，因此他们在教学过程中的行为远远超出了教学。"[10] 福莱特在谈到教师的领导力时，发表了以下观点，这些观点同样可以启发领导者：

- "领导能力意味着自由。教师能提供给学生的最好服务是增加他们的自由，即活动、思考的自由和他们的控制权。"[11]
- "教师的思想应该具有弹力和空间，并在四季不同的日常工作中不断发展。"[12]
- "如果教师意识到他们应该理解学生现在所生活的环境，那么更多的人应该像教师这样去看待问题，每个领导者都应该知道当前的时代精神和深层次的精神革命趋势。"[13]
- "因为每个情况都是新的，我们不能列出面对所有情况时的所有行为，我们只能教授面对可能出现的情况的办法。"[14]
- "教师和学生的关系就像家长和孩子、雇员和雇主、朋友之间的关系，是人类关系的核心之一。一种适用于任何关系的测试是：它能带来新的东西——一种精神力量的增长吗？它能够积累吗？它能够持续吗？"[15]

在科学管理尚在大行其道的年代，福莱特对领导者与追随者关系的这些看法，远远走在了时代前面。

德鲁克：管理者的教育职能

德鲁克使用过不同的角色来比喻管理者，包括作曲家、乐队指挥、家长、老师等等。但是如果让他从中选出最重要的角色，他的选择应该是老师。在1954年出版的《管理的实践》一书中，他明确指出：[16]

> 一个人是不是管理者，只能由其职能和他被期待能够做出的贡献来界定。而把一个管理者和其他所有人区别开来的职能是教育上的。期待他做出的独特贡献是赋予其他人愿景和创造绩效的能力。最终，是愿景和道德责任界定了管理者。

德鲁克第一次明确地把育人列入管理者的职能，而且放在了中心的地位。

伯恩斯：教育和领导力是一回事

伯恩斯在1978年出版的《领导力》一书中，也强调领导力和教育基本上就是一回事："我们在这里对领导力的看法是领导者利用追随者已有的和潜在的动机和权力基础来追求想要的变革。我们对教育的看法基本上是相同的。"[17]

在伯恩斯倡导的变革型领导力中，领导者是老师，他假定人们总是想要追求更高的目标，领导者通过教导来塑造、改变、提升追随者的动机和价值观。这样的老师，不是胁迫学生或者以学生为工具，而是真理和自我实现的共同追寻者：

> 他们帮助学生界定道德价值，其方式不是把自己的道德观强加于人，而是提出面临道德抉择的情形，鼓励冲突与辩论。他们帮助学生上升到更

高层次的道德推理，达到更高层次的判断水准。自始至终，老师提供一个社会的、智力的环境，让学生在其中学习。[18]

我们可以清楚看到福莱特和伯恩斯的共同点：老师（领导者）不是给予学生（追随者）答案；老师（领导者）和学生（追随者）共同提升。

蒂奇：打造教导型组织

尽管福莱特和伯恩斯已经把领导者和老师两个角色并列到了一起，但这并没有成为他们的核心思想。圣吉在20世纪90年代倡导学习型组织，把老师列为领导者的三个角色之一。之后，蒂奇围绕"领导者是老师"的核心理念，提出了教导型组织的思想。

蒂奇基于自己的研究和在通用电气公司的实践，主张打造教导型组织。蒂奇说："教导是领导的核心。实际上，领导者通过教导来领导。领导不是指示具体的行为，不是发出指令，命令服从。"[19] 要成为教导型组织有两个要点：第一，领导者要做老师，要有"可教的观点"（teachable point of view）。蒂奇认为，可教的观点是领导力的关键要素。伟大的领导者不仅知道自己想什么，而且能够清楚地表达和沟通自己的观点。第二，要建立良性的教学循环，即领导者也要做学生，向追随者学习。

教导的三个好处
领导者形成可教的观点，至少有以下三个好处。
- 帮助人们成为更好的领导者。领导者从日常工作中抽身而出进行反省，能够更好地理解自己隐藏的假设，更好地理解组织，更好地理解商业运作。
- 加快领导者培养其他人的过程。领导者不能只是用榜样来教人。就像仅仅观看打高尔夫球并不能学会打高尔夫球一样，领导者必须要用清晰、明确的观点来教人。
- 确保信息在组织中传递的一致性。可教的观点使得组织上下的领导人讲述同样的故事，使得每个人向着共同的目标迈进，遵循共同的价值观，从而推动组织的学习和变革。

教导的四大内容

蒂奇认为，可教的观点有四大组成要素：思想、价值观、感情动力、决断。
- 思想：伟大的企业建立在一些核心思想之上，要回答这样的问题：我们去向何方？我们想要取得的成就是什么？商业领导者需要形成并加以教导的根本思想是：公司如何赚钱，如何在市场中获胜。
- 价值观：伟大的领导者有着清晰的价值观，并且能够清楚地表达这些价值观，同时，这些价值观支持其商业思想。
- 感情动力：领导者还要教导如何激励他人，包括如何形成紧迫感、使命感，设定远大的目标等内容。
- 决断：领导者还需要在决断——做出艰难决策的能力——上有可教的观点，这意味着领导者可以解释自己做出这些决策的思考过程。

小结

动员群众解决难题，领导力的这个定义就决定了老师的角色是领导者最关键的角色，比艺术家、设计师等角色都更加关键。领导者的主要角色是老师——这个结论也与福莱特、伯恩斯、蒂奇的观点一致。老师的角色不是告诉学生答案，而是启发学生自己发现答案，同时在解决难题的变革过程中实现双方的共同提升。

当老师的五个层次

我们暂时不区分管理者和领导者,把他们都称为经理人。每个经理人都或多或少在当老师。然而,经理人当老师一共有五个方面,并不是所有经理人都做到了"面面俱到"。这五个方面也是由低到高的五个层次。

- 管教:经理人主要依靠职位权力来教导下属,其典型教导方式可以概括为"照我说的做"。
- 说教:经理人主要依靠沟通来获得成果,典型教导方式可以概括为"我说给你听"。
- 身教:经理人主要依靠以身作则和创造成果来赢得追随者,典型教导方式可以概括为"我做给你看"。
- 请教:经理人以提问题来教导,典型方式是问:"你说怎么做?"。
- 传教:经理人把组织的使命、工作的意义和个人的成长作为教导的主要内容,典型方式是引导对方思考这个问题:"你为什么做?"

以上五个层次中,前三个层次都可能只是在管理,后两个层次则更明显是在领导。这五个方面,尽管有由低到高的梯度,但并不是说较高层次就可以取代较低层次。每个层次的教导工具经理人都需要掌握,越高层次的工具越难掌握(见图5-1)。卓有成效的经理人,要熟练掌握所有五种教导工具。

管教

职位权力是经理人拥有的重要的领导力资源之一。在管教的时候,经理人使用职位权威,以"管"来"教"。管教主要"管"三件事:设定目标、绩效考核和严格训练。

设定目标

经理人的重要任务之一，就是为下属设定目标。设定目标有两个要求：一是要清晰、明确，二是要有挑战性。管理学的目标设定理论最核心的发现是："当业绩目标明确（具体）且困难时，业绩目标能导致最高水平的业绩。"[20]

伟大的企业领导者早就发现了这一点。奥美广告公司创始人、著名广告人大卫·奥格威（David Ogilvy）说："设立超高的工作标准，如果员工没有达到，就予以责备。最容易损伤团队士气的事莫过于主管容忍属下二流的工作成果。"[21] 在韦尔奇起草的通用电气致股东的一封信中，他这样写道："如果你知道怎么到达那里，那就不是一个远大目标。"[22]

绩效考核

就像老师要对学生考试一样，经理人要考核下属是否达到了目标。如果你只列出目标而不考核，那个目标很可能不会实现。如果你用错误的指标来考核，比如你要求利润却考核营业额，那么你得到的很可能也是错误的结果。

末位淘汰是韦尔奇在通用电气推行的一项重要的管教措施。他要求经理人把员工分为三类：表现好的20%、表现普通的70%，以及表现差的10%。排在末位的10%的员工将被淘汰。与通常只考核业绩的经理人不同，韦尔奇把价值观也列入了考核。在通用电气公司1991年的年报中，韦尔奇列出了一个简单的矩阵，根据业绩和价值观把员工分为四类：

- 第一类：业绩好又遵循公司价值观的人；
- 第二类：业绩不好又不遵循公司价值观的人；
- 第三类：业绩不好但是遵循公司价值观的人；
- 第四类：业绩好但是不遵循公司价值观的人。

韦尔奇说，做出对第一类和第二类人的决策是相对容易的。第三类人往往可以得到第二次机会，通常会换一个岗位。第四类人是最难办的，应该因为其业绩而容忍他们吗？韦尔奇说不，第四类人必须离开。[23]

严格训练

只是设定目标并对其考核还不是好老师。好的老师一定也是好的教练——你不但要"教"，还要"练"。数学老师必须要求学生背枯燥乏味的乘法口诀表，学生才能学会乘法。销售经理往往必须要求销售员进行多少次陌生拜访，销售员才能达成销售。与设定目标和绩效考核相比，严格训练是管教中更容易被经理人忽略的内容。

领导力学者斯科特·斯努克（Scott Snook）回忆了上中学时被著名篮球教练博比·奈特（Bobby Knight）无情训练的亲身经历：整整半天反复做单调的防守站位练习，连篮球都不让摸。尽管大家当时都怕这个教练，但是最后都变成了更好的防守队员。斯努克说："在工作中有些技能，只有通过重复、训练、习惯、纪律才能掌握，而这些通常你不会去做"，而领导者通过严格训练，"让你成为一个更好的人、更好的领导者，或者更好的篮球运动员"。[24]

苹果前CEO乔布斯就是这样一个领导者。他以严格、挑剔、苛刻对待下属而知名。但是，许多遭遇过乔布斯的下属最后表示，他使他们做到了超越自己预期的事情。[25]这是乔布斯严格训练他们的结果。

说教

说教比管教更上一层楼。管教的方式是"照我说的做"，或者"我让你这么做，你就得这么做"。而说教的方式是"我说给你听"，尽量说服对方。管教主要依靠职位，说教主要依靠沟通。管教诉诸合法权力、奖励权力、惩罚权力，而说教诉诸说服力、专业力、关系力（参见表1-3）。

说教主要说三件事：方法、反馈和赞扬。这三件事也可以用三句话来总结:"你该这么做""你做得怎样""你做得很好"。

说方法:你该这么做

说教型经理人不只设定目标,还说明方法。管教型经理人可能会说:"我要求你完成 800 万元的销售额,我不管你用什么方法完成。"而说教型经理人则说:"我要求你完成 800 万元的销售额,你可以尝试以下这些方法……"

说教型经理人不仅会对下属进行严格的训练,还会向他们解释这些训练方式背后的逻辑。说教型经理不只是说"这就是我的方式,你照着做就可以",而是说"我们要这样做,原因是……"说教尽量以理服人,希望令人不仅口服,而且心服。

说反馈:你做得怎样

经理人不能只是在年初设定一个目标,然后等到年底考核就行了。经理人还要跟踪这个目标的进展情况,要提供反馈给下属。这个反馈可以是问句:"你做得怎样?"然后听下属的回答。还可以是陈述句,你告诉他他做得怎样,比如,"这个项目,你已经比预期进度落后一周……"

案例 5-1 中,孙振耀的上级没有及时给予反馈,所以到了绩效考核时孙振耀非常惊讶。如果在绩效考核时,下属对你给出的差评表示很惊讶,原因往往是你没有做到及时反馈。

提供反馈不仅是为了追踪目标,也是为了动员群众。你提供反馈给下属,是一个重要的标志,表示你注意到了他的工作,你关心他的表现,你在意他的贡献。案例 5-2"奥尼尔笔记本上的三个问题"说明的要点之一,就是通过反馈建立关系。

> **案例 5-2　奥尼尔笔记本上的三个问题**
>
> 美国铝业公司前CEO保罗·奥尼尔（Paul O'Neill），后来还担任过美国财政部长，是德鲁克早年在纽约大学任教时的学生。奥尼尔把自己的很多成功都归功于德鲁克。奥尼尔说，检验一个组织是否具有巨大的潜力，应该看组织的每个成员对三个问题的回答。
>
> 这三个问题，记录在奥尼尔50年前听德鲁克课时用的已经发黄的笔记本上：
>
> - 每天你是否受到你所遇到的每一个人的尊敬和尊重？
> - 你是否获得了要做出一番贡献所必备的东西——教育、训练、鼓励和支持？
> - 人们注意到你所做的事情了吗？
>
> 资料来源：埃德莎姆（2008），第130页。

说赞扬：你做得很好

有一种反馈很重要，就是赞扬。相对于批评，人们更容易受到赞扬的激励。在受到批评的时候，人们的大脑受到负面情感的影响，关闭了帮助学习的神经通路。而人们受到赞扬的时候，会打开这些神经通路，不仅更愿意重复自己受到赞扬的那些行为，而且会愿意学习新的事物，愿意改变自己。另外，从关系的角度，人们更愿意跟欣赏自己的人建立关系，更愿意追随欣赏自己的人。

遗憾的是，从案例5-3可以看到，我们常常不愿意赞扬，也不擅长赞扬。

第五章 当老师——领导者的角色

案例 5-3

深圳某公司的赞扬练习

深圳 Y 公司邀请本书作者为他们的高管进行为期两天的领导力培训。他们是一家知名上市公司，在业内处于领先位置。培训在周末进行，在一家酒店的会议室里，除了 CEO，所有高管都来参加。

在课前调研中，人力资源总监告诉我，CEO（也是公司创始人）对下属很严厉，几乎从不赞扬下属，而得不到 CEO 赞扬的高层以此为榜样，也对下属很严厉。最后的结果是公司里上下级关系很紧张。人力资源部是如此急切地想改变这个现状，他们甚至自己制作了一个关于如何理解上下级关系的短片，希望在我的课程间隙播放。他们也希望我能在课程中加入相关内容。

在第一天课程快要结束的时候，我问："有谁觉得自己从上级那里得到了足够的赞扬？请举手。"只有一个人举手。然后，我告诉他们："如果你们都觉得自己得到的来自上级的赞扬不够，那么，你们的下级的感受很可能也是这样。"

我接着说："请你们现在做一个小练习。请拿出你的手机，给你过去一个月内工作最出色的那个下属发一条短信，对他（她）的工作表示赞扬。"顺便说一下，如果你不知道过去一个月内工作最出色的那个下属是谁，那已经说明你是个不合格的上级。

许多人拿出手机，发了短信。第二天，我在上课之前问他们，下级收到短信之后有什么反应。一个经理人告诉我，她的下属的回复是："谢谢。周末愉快。"我请她把她发去的短信读出来。她读完之后，我说："我也会回你一句简单的'谢谢。周末愉快。'因为你所写的'你是我们团队重要的一员，感谢你的工作'之类的话，像是节日时收到的群发短信。他没有感受到你的赞扬是真诚的。"

> 另一个经理人告诉我，她的下属的回复是："你发错人了吧？"这引来了哄堂大笑。这个经理人其实不是这次课程的正式学员，她是公司的培训主管，在现场服务，但是她很积极地做了我布置的小练习。
>
> 我告诉她，这个回复说明两点：第一，你平时没有赞扬下属的习惯。第二，你的短信内容肯定也有问题。我问了她的短信内容，发现她犯了跟上个经理人同样的错误：不具体，所以显得不真诚。
>
> 我对她说："我并不了解你这位下属的工作，所以我并不知道如何给他发短信。但是昨天在午饭时，我了解了一些你的工作。所以如果我是你的上级，给你发一条赞扬的短信，我会这样写：'×××，我感谢你为组织这次培训所做的工作。尤其要赞扬你非常用心，以网上团购的方式在这家酒店订购了这两天的午餐，为公司节省了几千元钱。你做得很好！'"然后我问："如果我这样写，你会认为我发错人了吗？"
>
> 赞扬是一门艺术，但是艺术也有原则可循。赞扬的第一条原则就是：赞扬要真诚。而如何让赞扬真诚？首先就是具体，越具体越好。

身教

俗话说，言传不如身教。身教比说教又更进一步。说教是用语言来教，身教则是用行动来教。说教让人"听"到，这很重要；但是身教让人"看"到，更加直观、生动，也就更能打动人心。经理人可以从三个方面来进行身教：做示范、出成果、塑形象。

做示范

最基本的身教就是做示范。说教需要说方法，说"你该这么做"；身教则在此基础上更进一步，亲身示范——"我做给你看"。这里有两个要点：一是自己有意识地"做",二是让对方有意识地"看"。比如,某公司总经理告诉本书作者,如果他在公司里看见地上有垃圾,他会去捡,但他会特意等到有员工在附近时,才去把垃圾捡起来扔到垃圾桶里。

案例 5-4 是一个经理人通过做示范,帮助下属学会工作方法的例子。不仅是具体的工作方法需要做示范,组织的价值观、制度、战略重点等等,都需要做示范,都需要用你的实际行动来教导。工作方法之外的示范,我们通常称之为做榜样。

老沃森如何学会销售收银机

IBM 创始人托马斯·沃森(Thomas Watson)("老沃森")最重视的故事,是关于自己如何学会推销收银机的。他在一家收银机公司找到工作,做推销员。前几个星期,他一台机器都没有卖掉。经理知道后暴跳如雷,老沃森被骂得无地自容,只想等经理一闭嘴就提出辞职。

不过,当经理觉得老沃森已经受到巨大的羞辱之后,态度突然友好了起来。他安慰老沃森,并主动提出帮助他卖掉几台收银机。他说:"我和你一起去,假如失败的话也是一块儿失败。"他们当天就卖掉了一台机器。

经理向老沃森展示了如何抓住顾客的心理,如何灵活运用公司教授的推销技巧。他要老沃森细心观察自己的言行。在又成交了几笔生意之后,老沃森终于掌握了其中的诀窍。

老沃森的儿子、后来接任 IBM 公司 CEO 的小托马斯·沃森(Thomas J. Waston, Jr.)("小沃森")说:

父亲把这一课牢牢地记在了心里。他希望经理在彻底否定某位推销员之前要带他做三四笔生意。他相信每位雇员都有权利得到上司的帮助。他说:"经理

> 是下属的帮手。"这种推销员与上司之间的私人关系成为 IBM 中一种类似于社会契约那样的东西。
>
> 老沃森学到的"经理是下属的帮手",就是要通过身教中的"做示范"让下属真正学会工作方法。
>
> 资料来源:沃森、彼得(2005),第 59 页。

出成果

与做示范紧密联系的,是出成果。成果是最好的激励手段之一。体育教练们都深知这个道理:对球员最好的激励,就是带领他们赢球;要让球员认可你的示范,你需要带领他们赢球。案例 5-4 中起作用的不仅是做示范,还有出成果——收银机真的卖出去了!

足球教练金志扬曾经带领北京国安队取得不俗战绩,而他以善于通过语言来激励球员士气而知名。但是金志扬强调说:"对于教练来说,业务能力是最根本的,如果当教练的能力不行,找不到克敌制胜的办法,那即使你人品再好、再会鼓动人心也无济于事。"[26]

成果除了"赢球"(占领市场份额、开发出新产品等等)之外,还包括让下属成长。在案例 5-4 中,老沃森受到的主要激励是他自己的成长,是他自己随后能够用学到的方法将收银机卖出。

塑形象

领导者的形象很重要,恰当的形象不仅能够吸引追随者的注意力,而且本身就是教导追随者的手段。领导力大师本尼斯说,领导力是一门表演艺术。他引用这样的轶事:美国总统富兰克林·罗斯福跟著名导演兼演员奥尔森·威尔斯(Orsen Wells)见面。罗斯福说:"威尔斯先生,你是美国最伟大的演员。"威尔斯回答说:"不,总统先生,您才是。"[27]

心理学家霍华德·加德纳赞扬了甘地对自己形象的塑造。[28] 甘地留给世人的形象,是一个瘦骨嶙峋的老人,半裸着身体,只在腰间裹着一块土布。这是甘地有意选择的形象,不仅仅代表着他提倡的抵制洋货和简朴生活,更代表着他为之骄傲的印度文明。甘地知道:领导者的形象也是身教的方式。

一个整天西装革履的经理人与圆领衫和牛仔裤的经理人——后者就是乔布斯的"制服"[29]——所进行的身教是不同的。你需要想一想:你提倡的理念是什么?你需要塑造什么样的形象?领导者需要塑造一个不但与自己的理念相符,而且最好能够直接传递这些理念的形象。

请教

请教与前三个层次有明显不同。在前三个层次中,经理人都是站在一个更高的位置上。尽管具体方式各异,但是他们都在说:"我知道做什么、怎么做。我来告诉你。"而在请教这个层次,经理人开始说:"我不知道做什么、怎么做。你来告诉我。"经理人站在一个更低的位置,问:"你说怎么做?"

解决技术性问题,管教、说教和身教也许就足够了。而解决挑战性难题,必须请教。因为解决挑战性难题需要靠群众,而请教才是真正把群众放到了主角的位置。因此,如果要区分管理和领导的话,做到请教才真正进入领导力的层次。

进入到请教这个层次的经理人,除了经常问"你说怎么做"之外,还会说另外两句话:"我错了"和"教教我"。

"你说怎么做"

领导力与提问密切相关。韦尔奇说:"如果你是一位领导,那么你的工作则包括提出各种问题。"[30] 并非所有提问都是请教(想一想这个极端的例子——"你怎么这么笨?"),也并非所有的请教都需要提问。但是,请教与提问有密切的联系。最基本的请教形式，可以概括为问这样一个问题："你说怎么做？"

领导力学者本尼斯有一次问韦尔奇："你怎么能够做到为所有这些产品做决策——从灯泡到计算机到涡轮发动机到医疗设备？"韦尔奇回答说："我不为这些产品做决策。我的工作不是到路易斯维尔为冰箱选颜色，或者决定它的门把手尺寸，或者朝哪个方向开门。我的工作是提问。比如，意大利人能以更便宜的方式生产这个吗？我们应该将它外包吗？我所做的一切是提出问题，激发想法，并把这些想法传递开来。"[31]

"我错了"

只有会说"我错了"的经理人，才能真正做到请教。认为自己一贯正确的经理人，即使经常问"你说怎么做"，也不会起到很好的效果。因为对方知道，不管他的答案是什么，最后肯定还是要听你的答案。说"我错了"，既能与员工建立更好的关系，又能让自己更好地请教。

人们通常将乔布斯看作强硬的领导者的代表，他经常痛斥员工，但是《乔布斯传》中也记载了不少乔布斯一开始批评对方的想法，最后却承认是自己错了的例子。比如，乔布斯亲自带领团队进行苹果零售店的设计。在就要大功告成之际，一位团队成员私下告诉乔布斯：他认为应该根据顾客兴趣而非产品类别来布局商店。乔布斯一开始斥责对方在最后关头提议推倒重来，但过了不久乔布斯就在会议上公开说："罗恩说我们都做错了。他认为不应该按照产品分类布局，而应按照人们做什么。"停留片刻，乔布斯说："他是对的。"[32]

"教教我"

从字面上看，请教是请对方教自己。因此，请教型经理人还会直截了当地说："教教我。"不管是面对上级还是平级，甚至是面对下级，他们不怕暴露自己的无知，勇敢地说："教教我。"

找到在过去一个月内工作最出色的那个下属，说："你为什么做得这么好？为什么其他人只销售了 20 万元而你销售了 120 万元？教教我。"这首先是具体、真诚的赞扬，而且你通过提问，在帮他理清思路，总结经验——也就是说，你也是在教他。

如果在你的请教下，他总结出了经验，你这时应该继续请教，问这样一个问题："你可不可以教教别人？"你在帮助他成为老师。你不仅是在培养追随者，更是在培养领导者。请教，是迈向领导者培养领导者的重要一步。

传教

要真正成为培养领导者的领导者，你必须传教。在这个层次，经理人像传教士一样，把价值观和意义传递下去，带领他人共同修行。传教型经理人关心三件事：意义、价值观和人的成长。

意义

就像传教士带领人们探寻人生的意义一样，领导者为员工的日常工作注入意义，用意义来激励员工。领导者带领员工思考这个问题："你为什么做？"

《美国学者》杂志的主编约瑟夫·爱泼斯坦（Joseph Epstein）指出："所有的伟大老师共同拥有的是：对他们所教主题的热爱，对在学生中唤起这种热爱的明显的满足感，以及说服学生他们正在学习的主题无比重要的能力。"[33]

这也是伟大领导者的共同点。他们热爱他们的事业，而且在追随者中唤起同样的热爱。如何做到这一点呢？让追随者相信他们所做的事情具有无比重要的意义（见案例 5-5）。

清洁工的意义

指挥过海湾战争、担任过美国国务卿的科林·鲍威尔（Colin Powell）将军说："领导者必须把他们自己的使命感注入每一个追随者的内心与灵魂之中。"他看过一个关于纽约帝国大厦的纪录片。这个纪录片大部分时间都在讲述帝国大厦的辉煌：它的历史和结构，它有多少台电梯，有多少人在那里工作，有多少人参观，有多少企业总部设在那里，等等。但是，最后一个画面却急转直下，拍摄的是位于半地下室的垃圾处理间中，堆着的几百个黑色垃圾袋，以及五个站在垃圾袋前的工人——他们的工作是把垃圾袋搬到外面的垃圾车上。

鲍威尔对这最后一个画面印象深刻：

> 镜头对准了其中一个工人。主持人问："你的工作是什么？"任何正在看电视的人都认为答案是一目了然的。但是那个工人微笑着对镜头说："我们的工作是确保明天早上，来自世界各地的人们来到这座美妙的大厦时，它闪闪发光，它一尘不染，它美轮美奂。"他的工作是搬运垃圾袋，但是他知道他的使命。他不认为他只是个垃圾搬运工。他的工作很重要，他的使命和80层楼之上的这座大厦的高层经理人的使命是结合在一起的。他们的使命是确保这个建筑杰作总是让来访者有宾至如归的感受，就像1931年5月1日这座大厦开始启用的那一天一样。大厦的管理者只有让团队中的每个人都像那个半地下室的微笑的工人那样强烈地相信这个使命，才能够实现它。

资料来源：Powell & Koltz（2012）.

价值观

管理者和领导者的一个区别是：管理者教授具体的工作方法，领导者教授价值观。所谓价值观，是组织运行必须遵循的最高原则——不只是在财务、人力资源、客户服务等工作中必须遵循这个方法，而是在做一切事情时都必须遵循这个原则。

人的成长

在传教这个层次，领导者培养的不是作为工具的人，不是把育人作为创造业绩的手段；而是把育人本身作为目的，把人的成长作为追求的重要目标。

传奇教练约翰·伍登（John Wooden）就是这样一位领导者。作为加州大学洛杉矶分校校队的篮球教练，他的目标显然是带领球队取得胜利。但是，他没有把其作为自己最重要的目标。有人问他是否对那些后来加入职业联赛的球员（包括许多著名球星在内）感到骄傲。他说是。但是他说，他也同样为那些后来成为医生、律师、牧师、商人、教练的球员感到骄傲。伍登教练认为和他思想最接近的是芝加哥大学的橄榄球教练阿莫斯·阿隆佐·斯塔格（Amos Alonzo Stagg）。他讲了斯塔格教练的一件轶事和自己的感受。[34]

> 在一个非常成功的赛季之后，一位记者说："斯塔格教练，这个赛季太棒了！真是不错的一年。"
>
> 斯塔格教练说："要再过上 20 年，我才知道你说的是否正确。"
>
> 他指的是，需要再过那么长的时间，才知道那些在他指导下的年轻人最终成就如何。
>
> 这也是我的感受。我最骄傲的是那些活出精彩人生的运动员。那才是成功所在。篮球只是其中一小部分。

传教型领导者把员工作为人来关心，帮助他们成长——不仅是作为员工成长，更是作为人来成长。

当老师的五项原则

在当老师的五个层次之外，我们还可以总结出五项原则：因材施教、用人之长、以教而学、启发、寓学于乐。几乎在管教、说教、身教、请教和传教的每一个层次上，经理人都可以用到这五项原则。

原则一：因材施教

咨询顾问白金汉提出了下列问题：你是如何激励一名员工的？你多久与他见一次面？什么是表扬一名员工的最好方法？什么是辅导一名员工的最好方法？你的回答是什么？白金汉说，正确答案应该是：看这名员工的具体情况。经理人要针对下属的具体情况，因材施教。

因材施教要考虑每个人不同的学习风格。对于学习风格有不同的分类方式。其中一种方式将学习风格分为视觉型、听觉型、动作型等类别；德鲁克将其分为阅读型、倾听型、谈话型等类别；白金汉则将其分为喜欢分解问题的分析型、喜欢自己动手的实干型和喜欢他人示范的模仿型三种。白金汉指出：

- 教导分析型的学习者，要给他充分的时间来准备和练习，与他一起进行角色模拟，对他的表现分部分打分。分析型的学习者痛恨出错，因此不要让他边干边学。
- 教导实干型的学习者，最好把他放到一个新环境中边干边学。不要与他进行角色模拟，他对"假"的东西没有兴趣。
- 教导模仿型的学习者，最好的方法是让他走出教室，让高手带着他去冲杀，让他观察高手是怎么做的。

因材施教要考虑每个人喜欢的激励方式。有的喜欢被公开表扬，有的喜欢私下鼓励；有的喜欢物质激励，有的喜欢精神荣誉；多数人喜欢正面激励，也有人需要激将法,甚至小小的打击……

案例 5-6 说明孔子是因材施教的高手。

孔子答"仁"

孔子作为中国最伟大的老师之一,就是因材施教的高手。《论语》记载,他的许多学生都会问他同一个问题:什么是"仁"?同一个问题,孔子却有不同的答案。

颜渊问仁。孔子回答说:"克己复礼为仁。"

仲弓问仁。孔子回答说:"出门如见大宾,使民如承大祭;己所不欲,勿施于人;在邦无怨,在家无怨。"

司马牛问仁。孔子回答说:"仁者,其言也讱。"

樊迟第一次问仁。孔子回答说:"先难而后获,可谓仁矣。"

樊迟第二次问仁。孔子回答说:"爱人。"

樊迟第三次问仁。孔子回答说:"居处恭,执事敬,与人忠。虽之夷狄,不可弃也。"

孔子对不同的学生,根据他们不同的情况,给出不同的答案。比如,据说司马牛是个心急、话多的人,因此孔子对司马牛说,仁者是说话慎重的人。

有意思的是,孔子对同一个学生,在不同的时候,也有不同的答案。樊迟三次来问仁,孔子给出了三个不同的答案,显然是针对问话者当时所处的不同情境而分别回答。

资料来源:本书作者根据《论语》编写。

原则二：用人之长

每个人的长处不一样，因此因材施教需要用人之长。但是，每个人的短处也不一样，因此因材施教也要针对每个人的短处进行教导。这是用人之长需要特别强调的：不要把重点放在短处上，而要放在每个人的长处上。有长处的地方更容易有成就，而成就反过来又造就长处。懂得用成就来激励学生的老师，就会懂得首先去发现学生的长处，并帮助他们在其擅长的领域取得成就。

用管理大师德鲁克的话说，用人之长式的教导需要你把重点从"教"转移到"学"上。案例5-7是德鲁克在一个题为"从教到学"的演讲中讲述的故事。

应该如何激励德鲁克的外孙女

不久前，我去看我的一个孩子和她正在上四年级的女儿。我跟着他们去参加了家长会。老师过来对我们说："哦，你是玛丽·埃伦的妈妈。她在除法上还需要花更多时间。"她没有说我的外孙女玛丽·埃伦写作很棒，并且热爱写故事。她没有说："她应该多写些故事。"她把重点放在玛丽·埃伦需要做什么来达到最低要求上，这样做符合逻辑，可以理解。但是如果我们关注的是让人们去学习，这样做则会起到反作用。我们知道没有任何东西能比成就更加激励人心。因此，我们应该把重点放在孩子和成人的擅长之处。

我从我的成人学生身上得到了令人难以置信的精彩成果。他们已经45岁或者48岁了，并且已经受到重用——否则其组织也不会送他们来学习一年、两年甚至三年。我问："你们擅长什么？"他们常常不知道答案。然后我

> 说："我要你们写的第一篇论文就是你们擅长什么。"你想象不到这些人因为追求卓越都爆发出了什么。他们如今在每件事情上都追求卓越,甚至在那些他们并不擅长的事情上也是如此。他们为成就所激励。约翰·海因里希·裴斯塔洛齐（Johann Heinrich Pestalozzi）之后的每一个伟大的教育家都知道这一点。
>
> 资料来源：Drucker（2010）, pp. 207-208.

原则三：以教而学

许多人都已经注意到,教是最好的学习方式。领导力学者库泽斯举了德鲁克的一个故事,来说明这一点：[35]

> 德鲁克讲过一个故事,关于他在银行工作时的第一个经理。每周,他的经理会和他一起坐下来,把自己知道的尽力教给他。德鲁克说："我不知道谁从中学得更多,是我还是经理。"最好的领导者是最好的学习者,但是他们也是最好的老师。

德鲁克自己明确说过："最好的学习方式是教。"他举了自己上高中时的例子。他说自己那时因为懒惰,成绩平平。比他低一级的好朋友尽管是音乐天才,却在拉丁语、希腊语和数学这些主科上遇到困难。于是德鲁克开始辅导他,结果过了六个星期,德鲁克自己在班上名列前茅了。[36]

因此,经理人需要多教别人,这样自己反而更能进步。同时,经理人需要让下属教别人——包括对下属说"教教我",让他们教自己——这样,下属能够学得更多、更好、更快。

原则四：启发

老师的任务不是给学生答案。即使像孔子那样给出答案，给的也不是标准答案。马奇对本书作者说："我这样看待我的工作：不是告诉人们正确的答案是什么，而是提醒他们，他们此刻拥有的答案不是全部的答案。因此对不同的人，我常常说不同的话，这些话可能还会自相矛盾。"[37]

马奇所说的，就是老师的工作是启发学生，而且还要因材施教地启发学生。"启发"一词源自孔子。孔子在《论语》中说："不愤不启，不悱不发。举一隅不以三隅反，则不复也。"这段话是"启发"和"举一反三"这两个词的出处。孔子强调了启发要看学生的状态：愤，是学生积极思考后很想知道的状态；悱，是学生脑子里有想法却说不出来的状态。

启发的方式很多。像孔子那样对同样问题有不同答案是一种方式；提问则是另外一种主要的启发方式。马奇说："老师的工作是构建一个世界，使得人们通过自己的眼睛发现自己应当做什么。我想我善于倾听学生，适当时介入一点点，问他们：'你曾想到过这点吗？你曾想到过那点吗？'"[38]

领导者之所以要启发，深层次的目的是培养新的领导者。福莱特指出："最好的领导者……不想代替他人思考，而是培养他人自己思考。实际上，最好的领导者尽力培养其追随者自己成为领导者。"[39]

原则五：寓学于乐

伟大的老师寓学于乐。这与人们常说的寓教于乐有两点不同：

- 启发式教学把重点从教转到了学上。伟大的老师的注意力不是自己的教，而是学生的学。因此，寓学于乐的重点在于学。
- 寓教于乐的"乐"通常指的是娱乐、乐趣，而寓学于乐的"乐"指的是乐观、积极。

寓学于乐并非指的是轻松、愉悦的学习。真正的学习过程往往并不轻松、愉悦。但是，领导者应该创造一个乐观、积极的学习环境，让学习更容易取得成果，让人们可以更好地激励自己坚持学习。建立良好的关系，运用心理学上的"皮格马利翁效应"（Pygmalion effect）（又称自我实现的预言），提供积极的反馈，创造阶段性成果，从失败中学习（这一点将在下一章讨论），这些都是寓学于乐的手段。

在案例 5-8 中，著名企业家柳传志运用了包括"寓学于乐"在内的多项经理人当老师的原则来教导他未来的接班人。

柳传志给杨元庆的一封信

在联想集团，柳传志对杨元庆进行了悉心培养。他在1994年写给杨元庆的一封信，在多年后被流传出来，许多商业媒体都对此进行了报道。这封信是柳传志当老师的最好证据。

元庆：

来香港后，虽然任务繁重，但对你的情况仍不放心。自我检查后，觉得这几年和你沟通少，谈的都是些你要解决的具体问题。客观原因是你和我都忙，主观原因是没有特别注意我们之间沟通的重要性。我想利用边角或休息时间写信给你，用笔谈的方式会比较冷静，但我也不想很正式，只是拿起笔想到哪儿就写到哪儿，还是自然感情的随意流露，未必就逻辑性、说理性很强。一次谈不完，下次接着再谈。

我喜欢有能力的年轻人。私营企业的老板喜欢有能力的人才主要是为了一个原因——能给他赚钱。有这一条就够了。而国有企业的老板除了这一条以外，当然希望在感情上要有配合。

联想已经是一番不太小的事业了，按照预定的计划将发展到更大。此刻不对领导核心加以精心培养，将来一切就都是空话。

那么我心目中的年轻领导核心应该是什么样子呢？

一要有德。这个德包括了几部分内容：首先是要忠诚于联想的事业，也就是说个人利益完全服从于联想的利益。公开地讲，主要就是这一条。不公开地讲，还有一条就是能实心实意地对待前任的开拓者们——我认为这也应该属于"德"的内容之一。

在纯粹的商品社会，企业的创业者们把事业做大以后，交下班去应该得到一份从物质到精神的回报。而在我们的社会中，由于机制的不同，不一定能保证这一点。这就使得老一辈的人把权力抓得牢牢的，宁可耽误事情也不愿意交班。我的责任就是平和地让老同志交班，但要保证他们的利益。另一方面，从对人的多方考核上造就一个骨干层，再从中选择经得住考验的领导核心。

另外，属于"才"和"德"边缘范围的内容是，年轻的领导者要无私，对自己严格要求，对合作伙伴要大度和宽容，具有卓越的领导能力，还能虚心看到别人的长处，不断反省自己的不足等——具有这些优良品质才能使人心服。

你知道我的"大鸡"和"小鸡"的理论。你真的只有把自己锻炼成火鸡那么大，小鸡才肯承认你比他大。当你真像鸵鸟那么大时，小鸡才会心服。只有赢得这种"心服"，才具备了在同代人中做核心的条件。

当然，在别的国有企业，都是上级领导钦定企业负责人，下面的人一般都心有不服，所以领导班子很难团结。我如果不提前考虑这个问题，而像一般国有企业一样到时候再定，也不是过不去，只不过在联想进一步发展时，可能在班子问题上留下隐患。

我是希望向这个方向去培养你的。当你由 CAD 部（主要代理惠普产品）调到微机事业部，并在当年就把微机事业部做得有显著起色时，我的心中除了对事情本身成功的喜悦以外，更有一层对人才脱颖而出的喜悦。在你开始工作后不久，诸多的矛盾就产生了。我是坚决反对对人求全责备，如果把一切其他人得到的经验硬给你加上去，会使得你很难做。我们努力统一思想，尽量保证公司环境对微机事业部的支持。事实证明了你的能力和不达目的誓不罢休的上进精神。

当事情进展到这一步，我应该更多地支持你发展优势，同时指出你的不足，注意如何能上更高的台阶。而你在这时候，应该如何考虑呢？我觉得你应该总结出自己真正的优点是什么，自己的弱点是什么，到底联想的环境给了你哪些支持（这能使你更恰如其分地看待自己的成绩），主动向更高的台阶迈进要注意什么。

当我心中明确了将来作为领导核心的人应该具备的条件以后，我对你要做的事是：(1) 加强对你的全面了解，你自己也要抓住各个机会和我交流各种想法，不仅是工作上的，应该包括方方面面的。(2) 加强和你的沟通，使你更了解我的好处和毛病，性格中的弱点——"后脑勺"的一面，这才能产生真正的感情交流。(3) 互相帮助，但更多的是我用你接受的方式指导你改正缺点，向预定的目标前进。

以上的部分是我用了星期六的一个钟头和星期日的一个钟头写的。马上我又要外出了，我的信就写到这里。下面是我想从你那里得到的信息：(1) 你是不是真有这份心思吃得了苦，受得了委屈，去攀登更高的山峰？(2) 你自己反思一下，如果向这个目标前进，你到底还缺什么？

柳传志

从当老师的五个层次来分析，这封信主要是在请教和传教这两个较高的层次上进行教导。

信的一开始，柳传志作了一定程度的自我批评，"没有特别注意我们之间沟通的重要性"，这相当于说"我错了"（请教）。作为上级，柳传志先自我批评，为杨元庆接受下面的意见打下了良好的关系基础。在信的中间和结尾，柳传志提了不止一个问题，让杨元庆去自己寻找答案，这是问"你说怎么做"（请教）。

这封信前面部分讲价值观，后面部分讲人的成长，这是传教。这封信当然也有说教，除了说赞扬，也在说方法和说反馈。值得注意的是，这封信还可以起到做榜样、做示范的身教作用，启发杨元庆教导下属的方法。

从当老师的五项原则来分析，这封信运用了其中三项原则：

- 因材施教：柳传志选择写信的形式以及信中的种种措辞，都是针对杨元庆的特点而有的放矢。
- 启发：柳传志提了许多问题，启发杨元庆自己得出答案。
- 寓学于乐：柳传志在信的开头的自我批评，信的中间的表扬，尤其是对要交班给杨元庆的预期，都有助于建立起一个让杨元庆更加乐于学习的关系。

资料来源：本书作者根据相关新闻报道编写。

本章小结

领导者有众多角色需要扮演，但是卓有成效的领导者把老师作为自己的主要角色（之一）。管教、说教、身教、请教和传教是领导者当老师的五种工具，也是从低到高的五个层次。领导者当老师还需要运用五项原则：因材施教、用人之长、以教而学、启发、寓学于乐。

本章要点回顾

> 1. 明茨伯格提出了管理者的十个角色模型：三个人际关系角色、三个信息角色、四个决策角色。
> 2. 范福特提出了领导者的六种角色原型：武士、侦察兵、外交家、仲裁者、管理者、老师。
> 3. 哈奇等提出了领导者的三角色模型：管理者、艺术家、牧师。
> 4. 圣吉提出了学习型组织的领导者的三个角色：设计师、老师、仆人。
> 5. 福莱特提出，教师和学生的关系是人类关系的核心之一。
> 6. 德鲁克认为管理者的独特职能是教育。
> 7. 领导者当老师的五个层次：管教、说教、身教、请教、传教。
> 8. 领导者当老师的五项原则：因材施教、用人之长、以教而学、启发、寓学于乐。

本章注释

[1] Tichy, N. (2005). *The Leadership Engine*. HaperCollins, p. 71.

[2] Mintzberg H. (1990). The Manager's Job: Folklore and Fact. *Harvard Business Review*, March–April.

[3] 德鲁克（2007），《管理：使命、责任、实务（实务篇）(中英文双语典藏版)》，王永贵译，机械工业出版社，第264页。

[4] 德鲁克（2009b），《管理的实践（中英文双语珍藏版）》，齐若兰译，机械工业出版社，第568页。

[5] van Vugt, M., & Ahuja, A. (2011). *Naturally Selected*. HarperCollins, p. 215.

[6] 哈奇等（2011），《领导者三面观：管理者、艺术家、牧师》，李贺等译，经济管理出版社，第6页

[7] Senge, P. M. (1990). The Leader's New Work: Building Learning Organizations. *MIT Sloan Management Review*, 32(1).

[8] 法约尔（2013），《工业管理与一般管理》，迟力耕、张璇译，机械工业出版社，第6页。

[9] 德鲁克（2007），《管理：使命、责任、实务（实务篇）(中英文双语典藏版)》，王永贵译，机械工业出版社，第267页。

[10] 福莱特（2013），《福莱特论管理》，吴晓波等编译，机械工业出版社，第 145 页。

[11] 同上，第 146 页。

[12] 同上，第 147 页。

[13] 同上，第 147 页。

[14] 同上，第 149 页。

[15] 同上，第 159 页。

[16] 德鲁克（2009b），《管理的实践（中英文双语珍藏版）》，齐若兰译，机械工业出版社，第 569 页。

[17] Burns, J. M. (1978). Leadership. Harper & Row, p. 448.

[18] Ibid, p. 449.

[19] Tichy, N. (2005). The Leadership Engine. HaperCollins. (2005), p. 71.

[20] 洛克、莱瑟姆（2010），"目标设定理论：借助归纳法的理论开发"，《管理学中的伟大思想》（史密斯、希特主编，徐飞、路琳译），北京大学出版社，第 106—124 页。

[21] 奥格威（1991），《一个广告人的自白》，林桦译，中国友谊出版公司。

[22] Tichy, N. (2005). The Leadership Engine. HaperCollins.

[23] Ibid.

[24] Silverthorne, S. (2006). On Managing with Bobby Knight and "Coach K". https://hbswk.hbs.edu/item/on-managing-with-bobby-knight-and-coach-k.

[25] Isaacson. W. (2011). *Steve Jobs*. Simon & Schuster.

[26] 吕峰、金志扬（2007），《像教练一样带团队》，机械工业出版社。

[27] Bennis, W. (2015). *The Essential Bennis*. Jossey-Bass, p. 333.

[28] Gardner, H. (1995). *Leading Minds: An Anatomy of Leadership*. Basic Books.

[29] 乔布斯的黑色圆领衫看似简单，实则出自著名设计师三宅一生之手，那是乔布斯要求三宅一生为他制作的"制服"。见 Isaacson. W. (2011). *Steve Jobs*. Simon & Schuster, p. 362.

[30] 韦尔奇（杰克·）、韦尔奇（苏茜·）（2005），《赢》，余江、玉书译，中信出版社，第 63 页。

[31] Bennis, W. (2003). *On Becoming a Leader*. Basic Books.

[32] Isaacson. W. (2011). *Steve Jobs*. Simon & Schuster, p. 373.

[33] Bennis, W. (2003). *On Becoming a Leader*. Basic Books.

[34] Wooden & Jamison (1997).

[35] Liu, L. (2010). *Conversations on Leadership*. Jossey-Bass., pp. 40-41.

[36] Bennis, W. (2003). *On Becoming a Leader*. Basic Books, p. 209.

[37] Liu, L. (2010). *Conversations on Leadership*. Jossey-Bass., p. 169.

[38] Ibid, p. 168.

[39] Graham, P. (1995). *Mary Parker Follet—Prophet of Management: A Celebration of Writings from the 1920s*. Harvard Business School Press.

第六章
从失败中学习——领导者的人格

领导者必须从失败中学习。一方面,在动员群众解决难题的过程之中必然会遭遇失败,如何从失败中学习是对领导者的重要考验。另一方面,只有从失败中学习才能提升领导力,才能更有效地动员群众解决难题。

2002年,著名领导力学者本尼斯和他的合作者发表了对两代领导者的研究:一代出生在1970年之后,一代出生在1925年之前。这个研究本来想找出年龄差距巨大的两代领导者之间的不同,但是结果却发现他们之间的相似点大于不同点。一个关键的共同点就是他们都从失败中学习:"他们不畏惧失败。实际上,他们重新定义失败,把它看作一种宝贵的教育形式。"[1]

我们在第四章提到心理学家麦克亚当斯的人格三层次模型。本书作者认为,在第一层次(特质)概括领导者的人格共性很可能是徒劳无功的;但在第二层次(人格适应),从失败中学习很可能是领导者重要的人格特征。

为什么学习失败

对失败可以有多种分类方式。我们先简单将其划分为他人的失败和自己的失败，这两类失败领导者都需要学习。

为什么要学习他人的失败

学习他人的失败至少有这样三个好处：发现他人的成功要素；避免他人的失败做法；确定失败的基础比率。

发现他人的成功要素

我们希望发现他人的成功要素，然后加以模仿。因此，对成功组织和成功领导者的经验研究非常流行。这些研究容易犯下这样一个认知谬误：虚假相关。我们的大脑过于重视我们眼前所见的事物，而忽视不在眼前的事物，容易发现虚假相关。

比如在研究跨国公司 CEO 时，你也许会发现他们中的大多数人小时候都养过宠物。你因此得出这样的结论：养宠物有助于培养领导力。原因似乎不难得到：养宠物有助于培养小孩的责任心，因此有助于培养领导力。但是，这很可能是个虚假相关。要知道养宠物与成为领导者是否具有相关性，我们不仅要知道成为公司 CEO 的人（"成功案例"）小时候养宠物和没有养宠物的比例，还需要知道没有成为 CEO 的那些人（"失败案例"）小时候养宠物和没有养宠物的比例。

管理学者杰克尔·丹瑞尔（Jerker Denrell）指出：我们在向其他组织和个人学习时，往往对失败"抽样不足"。[2] 我们往往学习的是成功的组织，而忽略了那些已经消失了的失败组织，导致我们学到的经验不太可靠。比如，你也许会发现许多成功的企业和个人都采取了"孤注一掷"型的战略。但是当观察那些失败的企业和个人时，你会发现他们往往也采取了这种战略！

本书作者尽管同意前面引用的本尼斯的结论，但需要指出这项研究同样犯了方法论的错误：只对成功者进行研究而归纳出的特质，也许不是成功者所特有的。

避免他人的失败做法

模仿他人的成功做法，与避免他人的失败做法，哪一个更重要？历史学家许倬云批评了哈佛商学院研究成功案例的主要做法，因为"最好的经验教训是从失败中学到的"。他认为研究失败对成功更重要：[3]

> 成功是众多理性的和非理性的因素的总和。你可能只有一次成功的机会，但是有一千次失败的机会。成功十分罕见，并且各自不同，而失败更加普遍，更可能有规律可循。所以，如果我们想要学习历史上的领导力，那么我们最好研究失败。比起研究成功，它们能教给我们更多更好的经验教训。

确定失败的基础比率

忽视基础比率也是人们常犯的认知错误。[4] 大多数创业企业都会在三年内失败，这是一个统计上的事实。但是大多数创业者都会忽视这个事实背后的基础比率，相信自己成功的概率非常大。研究他人的失败，除了找到失败的具体规律（不同因素导致失败的概率），还可以让我们知道失败本身就是规律，只是基础比率不同罢了。

把握同类事物失败的基础比率，可以让我们更好地判断自己失败的概率，从而更加积极地面对失败。写作了《哈利·波特》系列的著名作家 J. K. 罗琳（J. K. Rowling）在 2008 年哈佛大学毕业典礼上的演讲，主题之一就是失败的好处。她讲述完自己从失败中学习的经历后，说："活在世上而不失败是不可能的，除非你活得如此小心谨慎，以致你根本不算活过——而如果这样，你已经'默认'失败了。"[5]

为什么要学习自己的失败

自己的失败可能由于随机因素，也可能由于系统因素。前者是运气不好导致的失败，后者则是因为能力和方法导致的失败。如果用电脑来比喻，能力就好像操作系统，方法就好像应用软件。显然，如果是系统因素导致的失败，我们学习失败，可以帮助我们升级自己的操作系统，或者换用更为合适的应用软件。

《哈佛商业评论》杂志在 2011 年采访了"公认的近来最成功的 CEO 之一"的宝洁公司（Procter & Gamble）前 CEO A. G. 雷富礼（A. G. Lafley）。雷富礼说："我的经验是：我们从失败中学到的东西远远超过从成功中学到的。看看那些成功的政治家和成功的运动队。他们最大的教训来自他们最艰难的失败。这对于任何类型的领导者同样成立。对我来说绝对如此。"[6]

学习自己的失败，其好处是不言而喻的。因此真正需要回答的问题，不是为什么要学习自己的失败，而是我们为什么难以学习自己的失败。

为什么难以学习失败

这里对失败的界定是宽泛的，既包括了通常所说的失败——比如工作没有达到预期结果、出现预期之外的坏结果、在竞争中落后、项目或者企业的"死亡"等等，还包括逆境——苦难的童年、不公平的竞争环境、病痛等等，以及其他可以称之为错误和挫折的情形。

失败如同一道分水岭，把人分为了两种：能够从失败中学习的人——他们成为各个领域的领导者；不能从失败中学习的人——他们成为各个领域的平庸之辈。

篮球明星迈克尔·乔丹（Michael Jordan）也是这样一位"领导者"。乔丹在其出演的一则广告中这样说："在我的职业生涯中，我有 9 000 次投篮未中。我输掉了差不多 300 场比赛。在 26 场比赛中，我在最后关头的投篮将决定比赛胜负，我没有投中。我在一生中一次又一次失败。那正是我成功的原因。"[7]

然而多数人成为平庸之辈，因为人们并不擅长从失败中学习。人们之所以如此，既有先天因素，又有后天的原因。本书作者把这些原因归为三个大类：心理因素、社会因素、能力因素。

心理因素：我们不愿意学习失败

我们进化而来的大脑并不愿意学习失败，尤其不愿意从自己的失败中学习。

损失厌恶

心理学家卡尼曼以他和阿莫斯·特沃斯基（Amos Tversky）共同提出的前景理论获得了 2002 年的诺贝尔经济学奖。前景理论的一个主要发现是"损失厌恶"。对于绝大多数人来说，得到 100 元钱的心理效用，大大小于失去 100 元钱的心理效用（后者约是前者的 1.5—2.5 倍）。损失厌恶是我们进化而来的与生俱来的心理倾向，因为"把威胁而非机会作为优先紧急事项的有机体有更大的生存和繁殖机会"[8]。

我们厌恶损失，因此害怕失败，这种心理倾向在充满风险的原始社会可以给人类带来进化的优势，但是在今天的社会环境中这种心理倾向却会带来系统性的坏处。在今天的社会中，绝大多数失败不再是对生存的威胁，我们需要改变对失败的看法，积极面对失败。

自我偏差

人类还有一个进化而来的心理倾向，就是自我感觉良好。心理学家发现了许多与自我相关的不同效应：人们过于自信，带来所谓的规划谬误[9]；人们高估自己的能力、品质、对成果的贡献（正向偏见[10]）；人们对自己的未来过于乐观（积极错觉[11]）；人们高估自己对外在世界的控制力（控制错觉[12]）；人们更喜欢与自己相似的人……所有这些，都可以解释为自我感觉良好：人们一般认为自己更好、更对，也更喜欢自己。这些可以统称为自我偏差。[13]

第六章
从失败中学习——领导者的人格

自我偏差使得人们难以从失败中学习。自以为是、高估自己的心理倾向，使得人们不愿承认自己的失败（为了避免心理学家所说的认知失调[14]），不愿直面关于自己的残酷的真相（因此把自己的失败归因为随机因素而非系统因素），更愿意把成功归因于自己而把失败归因于外界（心理学家称之为自利偏差[15]）。

固定心智

心理学家卡罗尔·德威克（Carol Dweck）发现人们有两种基本心智模式：固定心智与成长心智。固定心智者认为智力是固定的，因此他们迫切希望证明自己。如果完成一个任务，他们关心的是结果的好与坏。他们很难接受糟糕的结果，因为他们认为这说明自己的智力不行（而这不符合前面谈到的自我偏差）。与之相反，成长心智者认为智力是可变的，是可以通过学习提高的。如果完成一个任务，他们关心的重点是有没有从中学到东西。"他们不仅不会因为失败而沮丧，他们压根儿就不认为自己失败了。他们认为自己是在学习。"[16]

我们不难发现，固定心智者远远超过成长心智者。尽管德威克指出一个人可以同时拥有固定心智和成长心智，但我们也不难发现，在大多数时候，大多数人的固定心智占据了上风。自我偏差加上固定心智，使得我们更加难以坦然面对失败。

习得性无助与默认性放弃

失败往往带来沮丧、愤怒、内疚、焦虑、羞愧等负面情感，而从失败中学习要求"重温"失败，意味着要在一定程度上再次经历这些负面情感。因此，人们不愿意再提起失败，往往选择尽快忘记失败。

这跟心理学家马丁·塞利格曼（Martin Seligman）发现的"习得性无助"有相似之处。研究发现，如果动物和人发现自己的努力不能改善不愉快的经历，今后他们将更可能完全放弃做出任何努力来改善不利的处境。"习得性无助"导致的放弃其实有两个原因：一个是努力也没有用，另一个是不愿再次体验挫败感的情感上的原因。

情感因素很可能是人们放弃从失败中学习的更直接的原因。情感属于海特所说的自动化系统（参见第四章），是我们的默认系统（即卡尼曼所说的系统一）。人们放弃从失败中学习，经常是由于默认的自动化系统（系统一）直接否认了失败（"我没有失败"），或者否认了从失败中学习的可能性（"这件事就让它过去吧"）。这可以称为"默认性放弃"。

情感因素也会加剧"习得性无助"。即使人们鼓起勇气面对过去的失败，在负面情感的影响下，人们也难以集中注意力来进行冷静的分析，也就是说自动化系统（系统一）会干扰控制化系统（即卡尼曼所说的系统二）。因此，人们发现从失败中学习很难，最终因为"习得性无助"而不愿努力。

社会因素：社会不鼓励从失败中学习

不仅我们的心理系统阻碍我们从失败中学习，我们的社会和组织系统也在做同样的事情。

学校教育的结果

质量管理大师爱德华·戴明（Edward Deming）曾说："我们如果不改变通行的教育系统，就永远改变不了通行的管理系统。因为它们是同一个系统。"[17] 教育系统带给管理系统的危害之一就是不鼓励失败。心理学家哥尔特·吉仁泽（Gerd Gigerrenzer）指出："不冒险，不犯错，就不会有创新。但是，学校却在培养学生对风险的厌恶情绪，老师不鼓励学生自己去寻找解答数学题的方法，以避免他们犯错。老师会告诉学生答案是什么，然后测试他们能否记住和学会运用公式。学校强调的是让学生为考试而学，尽可能少出错，但这并不是培养伟人之道。"[18] 戴明是美国人，吉仁泽是德国人，他们所谈到的现象却是全世界的学校的教育系统的通病。

第六章
从失败中学习——领导者的人格

固定心智的组织

以犯错为耻的观念至少已经有 2 500 年的历史。[19] 我们的组织和社会往往奖励成功，惩罚失败。也可以说，我们的组织基本上拥有的是固定心智。因此，组织中的工作者有动机呈现成功，掩盖失败。比如，一个销售员会因为这个月成功地向 5 个客户销售出价值 700 万元的产品而受到奖励，而他这个月拜访了另外 10 个客户（但是并未达成任何销售）不会成为受到奖励的理由。

失败被认为是坏事，而且往往被认为是人为的，是需要有人负责的。即使没有物质或者职位上的惩罚，人们往往也会看不起失败者。为了不被惩罚或者不丢面子，失败者往往会掩盖自己的失败。

近视的组织成员

固定心智的组织会造就近视的组织成员。一个成员甘冒风险，即使最终导致失败，对整个组织而言也往往是有益的，但是对这个成员个人来说，失败往往是不好的后果。因此，组织成员往往只考虑行动对自己、对本部门的影响。这种近视既是先天的，也是在组织的绩效考核制度之下习得的。

行为经济学家、2017 年诺贝尔经济学奖获得者理查德·泰勒（Richard Thaler）给一家公司的 23 位高管（每人负责一个部门）出了一道题：现在，每个部门都有一次投资机会（互相不影响），有 50% 的概率会成功，获得 200 万美元利润；有 50% 的概率会失败，损失 100 万美元。他们是否愿意投资？只有三位高管愿意。泰勒问公司 CEO 愿意投几个，CEO 表示 23 个都投！泰勒说：这个差异说明要么是公司任命了不愿意承担风险的无能经理，要么是奖惩机制出了问题，而后者的可能性更大一些。[20] 这个生动的例子，说明近视的组织成员会规避即使对组织整体有益的风险。

被动失聪的领导者

组织中的领导者既会因为心理因素而"主动失聪"，也会因为社会因素而"被动失聪"。主动失聪则是不想听到坏消息（因为这可能意味着他们能力不足、领导无方），被动失聪是听不到坏消息，因为下属不愿意来报告。心理学研究发现，即使在普通的人际关系中，人们也不愿传递坏消息。[21] 如果逼着他们说，他们宁愿撒谎。[22] 这种倾向在上下级关系中将更加明显。下级不仅不愿报告自己的失败，也不会报告组织中的其他失败（更不会报告领导者的失败）。领导者听不到组织中的失败以及其他不愉快的信息（这种现象就是我们在第三章谈到过的 CEO 病），使得组织难以从失败中学习。

能力因素：我们不知道怎么从失败中学习

即使我们克服了自己的心理倾向，愿意从失败中学习，即使组织和上级鼓励我们从失败中学习，我们往往还缺乏从失败中学习的能力。

知识和经验不足

知识和经验不足会妨碍人们发现错误。要从失败中学习，需要先发现失败，而这需要一定的知识和经验积累。比如，你需要具备一定的医学知识并积累一些医疗经验，才能敏锐地发现某些疾病的初始症状。你需要积累一定的经验和知识，才能看到别人也许看不到的组织问题，才能在自己身上看到以前没有看到的问题。

学习太快的"热炉效应"

人们还有学习太快的倾向，容易从小样本中学到错误的教训。这是丹瑞尔和马奇共同提出的"热炉效应"，来自于著名作家马克·吐温（Mark Twain）的一句话，指的是被热炉子烫过的猫，"它再也不会坐在热炉盖上了——这是好事。但是，它也再不会坐在冷炉盖上了"。[23] 这其实就是"一朝被蛇咬，十年怕井绳"。一个人被蛇咬之后会躲开蛇，这是好事；但是他往往同时也会躲开井绳，这就不见得是好事了。

欠缺方法和流程

"热炉效应"可以理解为只有系统一参与了学习，因此得出了快速而有偏差的结论。要真正从失败中学习，个人需要方法，组织需要流程。在个人的层面，这需要系统二的积极参与，在组织的层面，则需要做出制度化的努力。而这些正是大多数个人和组织都欠缺的。

本章的其余内容旨在帮助领导者掌握从失败中学习的方法，以及如何在组织中建立从失败中学习的流程。

如何从失败中学习

从失败中学习有两个关键流程：重新定义失败和反思失败。本节的重点是如何重新定义失败，这是反思失败的前提（反思将在下一章单独探讨）。

成功的个人和组织不是不经历失败，而是对失败的态度不同。他们不会被失败打倒，也不会不假思索地再次出击，他们会从失败中学习。雷富礼曾说："我把我的失败看作一件礼物。除非你这样看待它们，否则你将不能从失败中学习，你将不能变得更好——你的公司将不能变得更好。"[24]

本尼斯说："我们发现：领导者和非领导者的一个关键区别，就是领导者们能转化生命中负面的东西来为自己服务。对于领导者来说，逆境的用处是真正甜蜜的。"[25] 也就是说，这些领导者和雷富礼一样都具有成长心智。

德威克的研究发现，成长心智是可以培养的。培养成长心智，可以从练习重新定义失败开始。下面是本书作者概括的六种主要的对失败的重新定义：善意的提醒、成长的过程、有益的发现、上天的眷顾、学习的机会、另外的机遇。当你遭遇失败的时候，不妨从这六个方面重新定义你的失败。

善意的提醒

你失败了吗?那不是失败,而是善意的提醒。

"幸好事情没有更糟"

在经历一个失败之后,把它看作好事的一个方法就是庆幸它发生的规模没有更大。

- 你只完成了年度任务的90%?这是好事!幸好事情没有更糟——至少你完成了绝大部分任务!
- 你摔了一跤摔破了皮?这是好事!幸好事情没有更糟——你本来可能摔断腿的!

这种"幸好事情没有更糟"的看待失败的方式,听起来像是自欺欺人,但却是转变对失败看法的一个有效的开始。

"幸好它发生在现在,而不是……"

让我们再进一步,庆幸它发生的时间没有更糟。

- 你在工作中出现了一个失误?这是好事!幸好它发生在现在,而不是在年终考评之前!
- 你的孩子期中考试考砸了?这是好事!幸好它发生在现在,而不是在高考的时候!

这其实是"幸好事情没有更糟"的另一个版本,庆幸失败没有发生在更关键、更致命的时刻。

"幸好我们现在发现了……"

正因为时间和规模(尤其是前者)没有更糟,"幸好我们现在发现了",给了我们采取行动的机会。拿前面两个例子来说,幸好你现在发现了这个工作失误，还有机会在年终考评前纠正上级对你的印象。幸好这次期中考试暴露出孩子在学习上有一些问题，可以在高考前进行有针对性的补习。

在大多数情况下，已经出现的失败都可以看作是命运的善意提醒，让我们有机会防止事态恶化。比如得癌症当然不是好事，但是如果发现得早，也可以说是一件好事。

成长的过程

你失败了吗？那不是失败，而是成长的过程。正如吉仁泽所说："如果一个系统从不犯错，那它称不上是智慧的。"[26] 不管是个人还是企业，都可以看作一个系统，其失败是这个系统的局部失败。如果我们足够智慧的话，这些局部失败可以提升系统整体的适应能力。比如，企业推出一个新产品失败了，可以看作企业的局部失败（某个部门或者某时某地的失败），但同时也可以提升企业整体对市场的适应能力。

据说，著名发明家托马斯·爱迪生（Thomas Edison）在经历了一千次失败之后发明了电灯泡。一个记者问："失败一千次是什么感觉？"爱迪生回答说："我不是失败了一千次。而是电灯泡的发明经历了一千个步骤。"从局部来看这也许是失败，从整体来看这只是成长的一个过程。

有益的发现

你失败了吗？这不是失败，而是有益的发现。据说，爱迪生是这样形容自己在蓄电池试验上的失败的："我没有失败，而是发现了一万种行不通的方法。"爱迪生不把失败当作失败，而看作自己探索的发现。

失败说明你可能已经进入了未知的世界，走出了自己的舒适区。在这些情形下，失败往往带来新发现：你发现这样做——不管是推出一个新产品，还是试用一个新流程——行不通,这本身就是有益的发现。管理大师德鲁克强调,意料之外的失败是创新的主要来源之一(见案例6-1)。

埃德赛的失败

1957年,福特汽车公司推出的"埃德赛"(Edsel)汽车遭遇彻底失败,这已经成为美国家喻户晓的故事。甚至在"埃德赛"汽车失败后出生的人也听说过这个故事,至少在美国是如此。人们普遍认为推出"埃德赛"汽车是一种轻率的赌博,其实,这种看法是完全错误的。

很少有产品像"埃德赛"汽车那样,经过精心的设计、用心良苦的推出,并配以巧妙的营销。"埃德赛"汽车的推出,原本是美国商业史上规划最为周密的商业策略的最后决定性的一步……

到1957年为止,福特已经成功地在美国四大汽车市场中的三大市场重新树立了自己强有力的竞争地位:在"标准"汽车市场上,有"福特"(Ford);在"中低端"汽车市场上,有"水星"(Mercury);在"高端"汽车市场上,有"大陆"(Continental)。"埃德赛"汽车是专门为打入剩下的一个市场领域——"中上"层市场而设计的。在这个市场中,有福特的头号劲敌通用汽车生产的"别克"(Buick)和"奥兹莫比尔"(Oldsmobile)。第二次世界大战后,"中上"层市场是汽车市场成长发展最快的领域,而且排名第三的汽车公司克莱斯勒(Chrysler)在这一领域涉足还不深,这使得市场向福特公司敞开了大门。

福特公司不遗余力地规划和设计"埃德赛"汽车。在它的设计里,融入了市场调查所得到的最新信息,包括顾客对汽车外观和款式方面的偏好,以及最高标准的质量控制。

> 但是,"埃德赛"汽车一上市就完全失败了。
>
> 福特汽车对失败的反应却发人深省。它并未怪罪于"不理智的顾客",相反,它认为现实中一定发生了某些事情,与汽车从业者对消费者行为的假设不相符合——而长久以来,它却把这些假设当作毋庸置疑的公理。
>
> 福特公司的人员决定走出办公室,对失败进行调查。此举是美国汽车史上,继阿尔弗雷德·P.斯隆(Alfred P. Sloan)以后的又一创举。斯隆在20世纪20年代,依据社会经济地位将美国汽车市场划分成"低端""中低""中上"和"高端"四大部分,并在此基础上建立了通用汽车公司。当福特公司的人员走出去后,发现这种划分方式正在被另一种方式所取代,或至少是并驾齐驱。这种划分方式,就是我们现在称之为"生活方式"的分割法。于是,在"埃德赛"汽车失败后不久,福特又推出了"雷鸟"(Thunderbird),它成为自亨利·福特一世(Henry Ford, Sr.)于1908年推出T型轿车以来最成功的美国汽车。"雷鸟"再度将福特塑造成有自身实力的大型汽车生产厂商,而不再是通用汽车永远长不大的小兄弟或永久的模仿者。
>
> 资料来源:德鲁克(2009a),第44—46页。

上天的眷顾

你失败了吗?那不是失败,而是上天的眷顾。恭喜你——这说明你是上天的宠儿!

我们都在中学语文课上学过孟子的这一段话:"故天将降大任于斯人也,必先苦其心志,劳其筋骨,饿其体肤,空乏其身,行弗乱其所为,所以动心忍性,曾益其所不能。"根据孟子的理论,如果你现在身处逆境,或者屡遭失败,那是因为天将降大任于你,而你现在的能力还不足以完成那个重大的使命,所以上天用这些失败和逆境来锻炼你，培养和提高你的能力。

海特指出，人们从创伤、危机及悲剧中获益的第一种好处就是："一旦你能挺身面对人生的挑战，便可激发自己原本潜藏的能力，而这些能力会改变我们原本对自我秉持的观念。"[27] 许多人是在潜力激发之后才改变了对"坏事"的认识，我们也可以反过来：先改变对"坏事"的认识，这也许更有助于激发我们的潜力。

学习的机会

你失败了吗？那不是失败，而是学习的机会。你要做的是从中学习。前面四种对失败的重新定义——善意的提醒、成长的过程、有益的发现、上天的眷顾——都依赖于把失败定义为"学习的机会"。面对失败，你要问的最重要的问题是：我学到了什么？这样你才可能纠正已经出现的问题，才可能成长，你才能够有所发现，才能够把失败变成上天的眷顾。

2005年，财务软件公司财捷（Intuit）推出一个包含嘻哈音乐主题的旨在吸引年轻报税者的网站，但却以失败告终，该网站带来的收入几乎可以忽略不计。财捷公司深入分析了失败所带来的教训之后，董事长斯考特·库克（Scott Cook）当众给这个项目颁了一个奖。库克说："如果我们没有从中学到东西，那才是失败。"[28]

另外的机遇

你失败了吗？那不是失败，而是另外的机遇。你要做的是去发现那另外的机遇是什么。

著名神话学者约瑟夫·坎贝尔（Joseph Campbell）曾经抱怨，他与女朋友约会的时候对方总是迟到，他总要等上一个小时。后来有人提醒他，你为什么不好好利用这一个小时呢？于是，他用这一个小时观察四周，发现了许多有趣的事情。[29]

许多时候，一件事情的失败给我们提供了做其他事情的机遇，我们要做的是去发现和利用这些机遇。你误了一个航班？你可以利用等待下一个航班的时间写一份报告。你不得不休病假？你现在有了更多的时间陪伴正在成长期的女儿。另外的机遇有时很容易被发现，有时则需要苦苦寻找。

刚刚提到的例子都是"小失败"。面对"大失败"，我们同样需要放手，才能寻找另外的机遇，但这更难做到。前景理论的一个重要结论是：由于损失厌恶，人们面对确定的较大损失时，往往难以及时放弃，而是会进行垂死挣扎，投入更多的资源去争取希望渺茫的翻本。卡尼曼指出："这种类型的冒险往往将可控的失败变成灾难。"[30] 这时，领导者需要巨大的勇气做出放手的决策，去寻找另外的机遇。

用"三个镜子"来看失败

我们遭遇失败的时候，可以将上述六种对失败的重新定义列为一个清单，一一对照，这将帮助我们对当前的失败形成新的认识。下面再提供另外一种用"三个镜子"重新看待失败的工具。

用哈哈镜看失败

照哈哈镜是很有趣的经历：第一，镜子里事物的形象不是人们习惯的样子；第二，镜子中的形象令人发笑。因此，用哈哈镜看失败指的是：第一，不把失败看作人们通常认为的坏事；第二，笑看失败，积极、乐观地对待失败。

用哈哈镜看失败，我们可以问这些问题：

- 真的那么糟糕吗？是不是本来可能更糟糕呢？
- 现在发生是不是比将来发生更好呢？

- 如果真的已经很糟糕了，那是不是说只可能越来越好吗？
- 失败是成功之母，这是否说明我离成功越来越近了呢？
- "我"失败，是不是"天将降大任于我"的标志呢？

用后视镜看失败

当开车前进时，后视镜中出现的事物我们已经超过。用后视镜看失败，我们可以问这些问题：

- 这个失败已经过去了吗，还是说正在发展？
- 如果正在发展，那说明我及时发现了失败，这是一件好事。我可以做什么来阻止这件事进一步恶化呢？
- 如果已经过去而无法改变了，我是否应该放下这个失败本身，而着眼于这个失败带来的教训呢？

用望远镜看失败

用望远镜看失败，指的不是用望远镜看失败本身，而是看远方的目标，同时思考已经发生的失败与远方的目标有什么关系。我们可以问以下这些问题：

- 我（我的企业、我的部门）的长远目标是什么？
- 这个失败对长远目标有什么消极影响？我可以做什么来消除这些消极影响？
- 这个失败对长远目标可能有什么积极影响？
- 我怎么做才能让这个失败对长远的目标产生积极影响？
- 我怎样做才能放大这个失败对长远目标的积极影响？
- 这个失败产生了哪些成本？我怎么做才能让这些成本变成投资？

打造从失败中学习的组织

一位美国记者曾经问日本著名企业家稻盛和夫:"为什么你的公司那么成功?"稻盛和夫想了一会儿,回答说:"很可能是因为当一个员工失败的时候,我们从不惩罚他。"[31](见案例6-2)卓有成效的领导者不但自己从失败中学习,而且建立从失败中学习的组织。

稻盛和夫:我们不惩罚失败

如果我们的一个员工是为了公司的利益,在努力应对一个挑战的过程中失败了,即使为公司带来了可观的损失,我们也不该施加任何形式的惩罚。如果应对这个挑战是为了公司和员工的利益,如果这个员工的努力是真诚的、无私的,那便没有什么理由来施加处罚。

有时令一个员工吃惊的是,当他或她在一个项目上失败之后,我们甚至会马上安排另一个项目给这位员工。尽管上一个项目失败了,但这个员工可能已经实实在在学到了足够多的东西,已经有能力开始下一个了。

我们公司的座右铭是"敬天爱人",这要求给每个员工提供机会,做到他或她的最好而不必害怕失败——只要是为了正确的事业,带着一颗真诚的心。

资料来源:Inamori(1995).

建立从失败中学习的组织,并非东方独有的企业哲学。因为合著了管理畅销书《追求卓越》而出名的管理顾问汤姆·彼得斯(Tom Peters)比稻盛和夫走得更远。稻盛和夫只说不惩罚失败，彼得斯则认为组织需要更多的失败，他甚至建议：给失败颁奖。[32]

有些组织的确给失败颁奖，这很难，更难的是系统培育出许多值得颁奖的失败。要做到这些，首先要有能够从失败中学习的领导者，还要建立从失败中学习的组织流程。组织可以依据以下四个原则建立这样的流程：及早发现失败、鼓励报告失败、深入分析失败、主动实验失败。

原则一：及早发现失败

发现失败要早。组织中的大失败，很少有一开始就是大失败的。大失败往往从小失败发展而来。这些小失败因为被忽略，最终才变成大失败。

在案例 2-2 和案例 3-3 中我们谈到在 2011 年爆发的阿里巴巴诚信危机。在长达两年的时间内，阿里巴巴近百名员工和上千名骗子合谋，欺诈阿里巴巴电子商务平台的买家。其中每一次单独的欺诈，都是阿里巴巴的一次小失败。然而，马云没有及早发现这些小失败，最终在两年后变成了大失败。

心理学家加里·克莱因（Gary Klein）总结了很难及早发现失败的一些原因，包括：问题呈现速度缓慢、线索微妙、观察者经验不足、只关注一个原因而忽略其他等等。[33]

以下一些做法有助于及早发现失败：
- CEO 和高层要密切联系群众，要走动式管理；
- 重视顾客反馈，尤其是顾客的抱怨；
- 借鉴"全面质量管理"，让员工及时发现并讨论运营中的问题；
- 完善企业数据库，监测日常数据，与同行业企业数据及本企业历史数据比较，发现异常波动；
- 抓住"新"问题，重视那些不同寻常的"小"问题。

原则二：鼓励报告失败

在阿里巴巴诚信危机案例中，我们可以看到：没有人主动向马云报告这件事。危机的责任，主要在于上级，而非不报告的下级——这是上级"CEO 病"的表现。鼓励报告失败，是领导者的责任。

根据管理学者艾米·埃德蒙森（Amy Edmonson）的研究，团队成员要感觉到"心理安全"，才会敢于报告失败。[34] 她在两家医院研究了 8 个团队，发现工作表现（护理质量、效率等等）好的团队，报告的工作失误竟然更多。更深入的研究发现：工作表现差的团队实际上出错更多，但是团队成员因为担心遭到惩罚而不敢报告。[35] 领导力学者科特认为"'枪杀'带来坏消息的人是一个几乎普遍存在的人类倾向"。[36] 因此，领导者需要打造一个让员工敢于报告失败的组织氛围，案例 6-3 就是这样一个例子。

患者安全警报

2002 年，刚刚就任位于西雅图的弗吉尼亚梅森医疗中心 CEO 的加里·卡普兰（Gary Kaplan）和几位高管访问日本，参观了丰田公司。卡普兰发现，丰田有一套不同寻常的生产流程：生产线上的任何人如果遇到问题或是发现错误，会拉动一个开关，整个车间的生产工作就会暂停。此时，车间管理人员会迅速到达现场查看问题。如果是员工个人问题，管理人员会提供帮助；如果是流程问题，则会改良整个生产系统。

卡普兰发现了同样适用于医疗系统的原则："如果对待错误的态度是开诚布公的，那么整套系统就能从中学习。"卡普兰开始在医院推行类似的制度。"我们知道，全美有成千上万的患者死于医疗事故，我们决心要改善这种情况。"他设立了一部24小时热线电话和一个在线报告系统，鼓励工作人员在发现可能伤害患者的错误时及时上报，并称之为"患者安全警报"。

一开始，几乎没人上报问题。医院一位高管说："世界范围内医疗界的行业观念一直充满了推卸责任的行为与等级制度，要改变这一点是非常困难的。"

2004年11月，一切发生了改变。在一次手术中，患者被注射了错误的针剂而最终死亡。两种不同药剂被并排放置在两个一模一样的不锈钢容器中，护士取药时搞混了。卡普兰没有推卸责任，而是发表了一份充满诚意的道歉声明。这次事件给了医院5 500名员工当头一棒。

一夜之间，患者安全警报响个不停。报告错误的员工们惊讶地发现，只要不是完全因为鲁莽和粗心造成的事故，他们非但不会被惩罚，反而会受到嘉奖。现在，每个月有大约1 000起患者安全警报在该医院响起。

到2013年，弗吉尼亚梅森医疗中心被公认为全世界最安全的医院之一，并获得杰出临床医院奖和最佳患者体验奖。自从推行新制度以来，医院支付的责任保险费用下降了74%。

资料来源：萨伊德（2017），第48—50页。

根据谷歌公司的一项研究，愿意公开承认失败是让大家觉得"心理安全"的关键因素。[37]为失败颁奖和领导者带头承认自己的失败是公开承认失败的两种主要做法。一些大组织已经开始给失败颁奖，比如精信（Grey）广告公司的"英雄失败奖"、美国国家航空航天局的"向前一步、聪明失败奖"、印度塔塔集团的"勇于尝试奖"（在2013年有240个项目申请参评）。[38]案例6-4讲述了小公司为失败颁奖的两个例子（第二个例子也是领导者带头承认自己失败的例子）。

案例 6-4

为失败颁奖

达科塔系统公司的一个员工由于在一个产品上少装了螺母而导致产品报废,损失450美元。CEO约翰·托马斯从垃圾桶里把报废产品找出来,立在一个铜牌上,命名为"没有螺母奖",在公司的烧烤聚会上发给了那个员工。

托马斯说:"获奖者一开始有些尴尬,后来却为这件事感到骄傲——他的错误为公司省了很多钱。"为什么?因为其他人从他的错误中学到了教训,不会再犯同样的错误。后来,为错误颁奖成为年度活动,所有的奖杯都被陈列在公司会议室,供大家学习。

德拉哈耶集团的创始人、CEO凯蒂·潘恩在该公司设立了"月度错误"奖。她有一次由于睡过了头而误了航班,错过了一个重要的客户会议。在下一个工作例会上,她在桌上放了50美元,说:"如果你犯的错误大于我这个,这钱就是你的。"其他人真的也开始讲述自己的错误了。

此后的每个例会上,他们都留出30分钟,把当月的错误写在白板上,然后投票选举出两种错误:我们从中学到的最多的,以及我们从中学到的最少的。第一类错误的"获奖者"将获得大家都想要的一个停车位的一个月的使用权。而第二类错误的"获奖者"将在下次会议上分享如何不再犯这个错误。"

潘恩说:"一旦一个错误被写上白板,人们就更容易不会再犯。这样做对我们的工作产生了重要影响。'月度错误'也帮助我设置我的领导议程。当错误被写上白板的时候,我会问自己:'我需要担心这个问题吗?'而且,它还是建立关系的仪式。一旦你有错误被写上去,你就好似成为俱乐部的一员。"

> 分享并奖励错误有许多好处，这些作用几乎全被潘恩发现了：
> - 知识分享的作用，让其他员工不会重复犯别人犯过的错误；
> - 及时发现小错误的作用，如果小错误是大错误的前兆，领导者可以及时处理；
> - 建立关系的作用，不仅使员工之间的关系更加紧密，而且当领导者也分享自己的错误时，领导者和员工之间的关系也能够更加紧密。
>
> 资料来源：LaBarre（1998）。

建立"心理安全"的另一个关键是明确标准。[39] 美国空军也是一个鼓励报告失败的组织。如果飞行员出现错误但是在 24 小时之内上报，将不会受到惩罚。如果有错不报而被发现的话，将会受到严厉惩罚。同时，组织应该把报告失败融入日常流程之中。知名的快递公司 UPS 在每个司机的每周时间表上都留出了半个小时，专门用来听取他们的反馈和对问题的回答。这也让司机能够及时报告工作中出现的问题。

原则三：深入分析失败

在发现和报告失败之后，需要深入分析失败。

分析失败时要问的问题

真正的"深入分析"需要从多个角度问问题：
- 不是问：谁干的？而是问：发生了什么？为什么发生？
- 从多个视角分析，问：相关部门的人都参加了吗？
- 邀请外部人士（比如独立咨询顾问）参与分析，问：有完全客观的第三方参加分析吗？

- 不要停留在直接的、表面的原因。而是问：直接的原因是什么？引起这个直接原因的原因是什么？引起这个原因的原因又是什么？2003年，美国哥伦比亚号航天飞机失事，七名宇航员丧生。分析事故的团队不仅找出了直接原因——一片泡沫在发射时击中了航天飞机，还发现了更深层次的原因——美国宇航局的组织文化注重等级秩序、注重时间表，这使得工程师在有疑虑时难以大胆向上提出。
- 不仅仅思考下次怎么更好地实现目标（所谓的"单环学习"），而且质疑目标和目标背后的假设（所谓的"双环学习"）。这件事情是否值得做？目标是否设定错了？设定目标所基于的假设是否错了？
- 如果反复失败，问：这些失败有共同的模式吗？雷富礼在执掌宝洁时组建了一个团队，分析了宝洁在1970—2000年间进行的所有并购，发现只有25%—30%的并购是成功的。该团队深入分析所有的失败并购，从而发现了这些失败背后的模式，并总结出五个根本原因。
- 对于首次出现的失败，问：这是否只是一个大失败的前兆？这是否只是一系列失败中的第一个？
- 分析失败的类别，问：这属于哪一类失败？是应该批评的失败还是应该表扬的失败？是可以避免的失败还是难以避免的失败？
- 分析学到的经验，问：我们学到了什么？我们学到了什么可以马上运用的？我们学到了什么将来可能用得上的？我们学到了什么可以在其他领域运用的？

分析失败的类别

这里具体介绍如何分析失败的类别。本书作者在埃德蒙森的分类[40]基础上，把失败概括为以下七种（参见图6-1）：

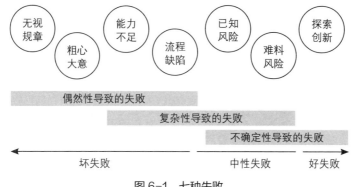

图 6-1　七种失败

- 无视规章：指的是对操作流程有明确的规定，操作者也明明知道正确的程序，却无视正确的流程而造成的失败。心存侥幸闯红灯而造成车祸，就是这类的例子。

- 粗心大意：粗心大意同样是违背了正常操作流程，但"无视规章"是有意违背规章，而"粗心大意"是无意的。以闯红灯为例，无视规章者看见了红灯，明知是红灯，却还要闯红灯；而粗心大意者则是疏忽了、走神了，没有留意信号灯而闯了红灯。

- 能力不足：驾驶员看见红灯了，也想要停车，但是因为驾驶技术的原因，他没有及时地将车停下来。这就是能力不足造成的失败。如果让一个未经训练的工人直接上流水线进行操作，就可能会发生能力不足的失败。

- 流程缺陷：如果红绿灯的设计有问题，比如绿灯亮的时间很短而且没有提示（倒计时或者黄灯）就直接转为红灯，就会发生闯红灯的问题。这属于流程缺陷造成的失败。同样，如果流水线上的工序本身的设计有问题，这个流水线一定会反复出现许多问题。

- 已知风险：失败可能是预料之中的概率已知的风险事件。曾长期在高盛公司任职、后来担任过美国财政部长的罗伯特·鲁宾（Robert Rubin）回顾自己最初的套利生涯，知道自己是冒着6∶1的风险，也就是说，每进行七次交易，就会发生一次可预见到的风险，导致亏损。[41] 但是这一次亏损（失败）是其他六次交易盈利所必须要冒的已知风险。
- 难料风险：一个复杂的系统有其复杂性以及不确定性，即使事前已经作了精心的规划，流程设计已经把各种可能发生的问题都考虑在内，但还是有难以预料的风险，还是可能出现问题。
- 探索创新：开发新产品、进入新市场等探索创新的活动，必然会有失败。就好像爱迪生发明电灯泡一样，在他找到正确的材料之前，经历了无数次的失败，这都是探索创新类的失败。

无视规章和探索创新，可以说是失败的两个极端。从无视规章到流程缺陷，可以说属于"坏"的失败，是本来可以避免的失败。而已知风险和难料风险，则是"正常"的失败，是难以避免的失败。而探索创新则是"好"的失败，是需要主动去寻求的失败。从最左到最右，也可以说分别是偶然性、复杂性和不确定性导致的失败（注意这三种因素是交叉的，可能同时出现）。

这个分类只是一个参考，并非每个类别都对应一个简单的解决方案。比如，一个工人因为粗心大意而违背了操作流程，是否需要对其个人进行批评呢？我们还需要深入分析其粗心大意的原因。如果说他是因为前一天加班太晚，没有得到充分的休息，因此在第二天的工作中走神而出现失误，我们又需要去分析他加班太晚的原因。如果是因为工厂人手不足，那这也许是一个流程缺陷：为什么没有招到足够的工人？如果是因为能力不足需要加班很久，这同样可能是流程缺陷：为什么他没有得到足够的培训就上岗了？

分析学到的经验

在分析学到的经验时，还要注意举一反三：既要注重对今后做同样的事情的启示，更要注重对做其他事情的启示。

3M公司的经典产品"报事贴"（Post-it），就是用一个领域的失败，在另一个领域创造成功的例子。报事贴是这样发明的：3M的一位工程师想用一种材料做胶水，结果发现自己失败了：这种胶水粘不牢。他向其他工程师分享了自己的失败。另一位工程师在想要标记书翻到哪一页时,想到了这个失败的胶水——3M 历史上最成功的产品之一的报事贴就这样被发明了。

这既是"鼓励报告失败"的例子(一个员工的失败,在公开之后可以被别的员工学习),也是"深入分析失败"的例子(一个领域的失败之果,也许是另一个领域的成功的种子)。

原则四:主动实验失败

探索创新是非常特殊的一种失败,是我们要刻意为之的失败。不探索创新很可能是等死,但是如果不按正确的方法探索创新,也很有可能是找死。主动实验失败,不是说明知道要失败也要做,而是说尽管失败的可能性较大,也要去做。主动实验失败有两个要点:一是主动,二是实验。

主动

首先要主动。要主动去探索创新,而非被动等待着在竞争中被淘汰。但是,要做到主动而不盲动,否则在你探索创新的时候很可能已经被淘汰了。

主动,要求保持一定的失败率。如果你的企业在探索创新上的失败率很低,那不一定是一件好事:那可能说明你们过于小心谨慎,没有冒足够的风险。知名的产品和服务设计公司 IDEO 有一个口号是"为及早成功,要多多失败",就是这种精神的体现。美洲银行(Bank of America)曾经发生过这样的事情:高层经理认为银行的失败率不够高! 2000 年,该银行尝试了一些创新服务,考虑到创新被市场接受需要一段时间,因此将失败率定在了 30%。结果高层经理发现,实际的失败率只有 10%。调查发现,原来一线员工的薪酬仍然与销售额挂钩,这使得他们不愿意向顾客推荐创新服务。高层经理于是调整了薪酬制度,希望能够提高失败率。[42]

不盲动,则要求精心计划之后再出击。除了对即将采取的行动要有详细的计划，在行动之前还要努力想清楚这样几个问题：

- 这次行动建立在哪些假设之上？
- 可能出现哪几种结果？最好的情形是什么？最坏的情形是什么？
- 这些结果肯定了哪些假设？否定了哪些假设？
- 失败的概率有多大？如果失败，带来的收益是什么？

实验

主动的同时，还要注重实验。要先试点，成功之后再推广，不要期待一下子全面开花。柯林斯和管理学者墨顿·汉森（Morten Hansen）研究了在动荡环境下依然高速成长的"10倍速"公司。他们总结出"10倍速"公司的特点之一就是：先"开枪"，再"开炮"。"开炮"指的是集中主要资源进行的大动作。"开枪"指的则是用少量的资源进行实验。柯林斯和汉森总结了"开枪"的三个特点：[43]

- 低成本：所谓的"低"是相对于公司规模而言。一个大公司开的"枪"也许相当于一个小公司开的"炮"。
- 低风险：这并不是指高成功率，而是指即使项目失败对公司的整体影响也不大。
- 低分心：这是指对整个公司而言不需要分太多心，但对具体的某个人或某几个人而言，也许需要投入非常高的关注度。

柯林斯和汉森举了苹果公司开零售店的例子。苹果公司先找到一个仓库建了一个样板店，不停修改直到满意，然后再正式推出两家店，取得成功之后才在全世界推广。从苹果公司开零售店的例子，我们可以看到"开枪"——也就是本书作者所说的实验——至少还有另外两个特点：

- 小规模：这使"开枪"比"开炮"更容易进行。
- 快反馈：能够更快看到效果，方便及时调整。

设计试点项目除了上面五点，还需要注意：实验项目是对大规模实战的抽样试点，因此要尽可能模拟真实情形。负责实验项目的经理人往往因为希望实验项目成功，而用理想情形替代真实情形，比如，从事实验项目的都是最优秀的员工，而非典型员工的代表。这就好像开枪的时候都用神枪手，开炮的时候却变成了普通炮手一样，导致最后的开炮往往打不中目标。

从领导者做起

组织从失败中学习，应该遵循上面所说的四个原则：及早发现失败、鼓励报告失败、深入分析失败、主动实验失败。实际上，还可以补充第五个原则：从领导者做起。前面四个原则，都需要从领导者做起。领导者需要做些什么呢？

走动式管理

要及早发现失败，领导者需要进行走动式管理，需要在走动式管理的时候倾听和提问。马云没有进行走动式管理，等到他发现阿里巴巴诚信危机的时候，小失败已经变成需要让两位高管辞职负责的危机。

公开重新定义失败

为了让员工不掩盖失败，甚至让员工主动报告失败，你需要在组织中公开重新定义失败。你要让员工知道，失败是成长不可避免的过程——失败是好事。

本田公司创始人本田宗一郎说："许多人梦想成功。对我来说，成功只能通过不断失败和内省来取得。事实上，成功代表的是你1%的工作，它来自于另外的99%的失败。"

宝丽来（Polaroid）公司创始人、即时摄影技术发明者埃德温·兰德（Edwin Land）的墙上有一块牌子，上面写着："一个错误是它的好处还没有完全被你利用的一次事件。"

IBM 的创始人老沃森说:"成功的最快方式,就是把你的失败率加倍。"

英国政治家温斯顿·丘吉尔(Winston Churchill)说:"成功就是从失败到失败而不丧失热情的能力。"

你需要对你的而员工发表类似的"失败宣言"。

讲述自己的失败故事

你不但要有宣言,而且要有故事。强生公司(Johnson & Johnson)前 CEO 詹姆斯·伯克(James Burke)鼓励员工承担风险,采取的手段之一就是讲述自己当上 CEO 以前的失败故事(见案例 6-5)。

伯克:我的失败故事

我曾经开发了一个新产品,结果失败得很惨,约翰逊将军把我叫去,我肯定他会开除我。他的秘书给我打电话时,我正好迟到了,而他一直都很早上班。

我记得自己走到他的办公室……约翰逊对我说:"我知道你损失了一百多万美元。"我不记得具体的数字。总之在那时是一大笔钱。我说:"是,先生。是那样。"

他站起来,伸出头,说:"我只是想要祝贺你。经营就是做决策,而如果你什么决策都不做,你就不会有任何失败。我要做得最艰难的工作就是让人做决策。如果你再做错同样的决策,我会开除你。但是我希望你再做许多其他决策,也希望你会知道,失败将会比成功多。"

资料来源:Bennis(2003),pp. 88-89.

领导者讲述自己失败的故事，有多重好处：
- 可以增加自己的可信度，密切与群众的关系；
- 可以鼓励员工勇于承担风险，大胆创新，不畏惧犯错；
- 可以让员工感到"心理安全"，更加愿意讲述自己的失败。

提倡"聪明的失败"

我们提倡的不是失败本身，而是失败带来的学习机会。尽管我们可以从几乎一切失败中学习，但是有些失败可以让我们损失很小，学习很多，这是领导者需要提倡的失败。管理学者西蒙·希特金（Sim Sitkin）称其为"聪明的失败（intelligent failure）"，提出了五个标准：[44]

- 来自经过精心计划的行动；
- 行动结果本身有不确定性；
- 规模不大；
- 能够快速反馈；
- 发生在足够熟悉的领域，有学习的基础。

"聪明的失败"往往发生在探索创新之中。这时，答案并不明确，实验成为必须，在精心计划之后，即使失败也能让我们学到很多东西。"聪明的失败"是"趁早"的失败。因为失败发生得早，损失并不大，可以迅速掉头，在学习之后驶向正确的方向。

容忍"愚蠢的失败"

如果员工发生"聪明的失败"，领导者要表彰和奖励他。如果员工发生"愚蠢的失败"呢？通用电气公司前 CEO 韦尔奇曾经炸飞了一间工厂，似乎不是"聪明的失败"。案例 6-5 中伯克搞砸的大项目似乎也不是"聪明的失败"。他们的领导者怎么对待他们的呢？没有惩罚，让他们从中学习，最后还都提拔了他们。怎么对待员工的失败？关键在于他们是否能够从失败中学习。

承担失败的责任

人们往往不愿深入分析失败，障碍之一就是追究责任的问题。克服这个障碍的一个方式是少谈对过去失败的责任，多谈对今后工作的启示。另一个方式就是领导者主动承担责任，让其他人可以卸下一些负担。

因为星巴克公司过去两年经营不善，舒尔茨在2008年1月重新出山担任CEO，他首先做的一件事就是带领领导层对18万名员工承认错误。舒尔茨说："即便那时不是我当CEO，但我仍是董事长，我本应了解到更多情况。我负有责任。我们必须对自己，也对这家公司的所有员工承认，我们'拥有'那些犯下的错误。当我们这么做时，它马上就会变成一个转折点。"[45]

重视代表未来的实验

尽管柯林斯和汉森说实验的特点是低分心，但这是对公司整体而言。就该创新实验而言，如果代表的是公司的未来和机会，那么领导者需要亲自过问实验，而且安排得力人手来负责。管理大师德鲁克的建议是：组织要把最能干的人安排在机会而非问题上。

本章小结

对领导者的人格特征可以说众说纷纭，而本书作者认为他们最重要的人格特征是从失败中学习。也可以这样说，领导者具有成长心智，而非固定心智。首先，领导者不畏惧自己失败，他们从失败中学习；其次，领导者不指责下属的失败，而是引导他们从失败中学习。最后，领导者打造从失败中学习的组织。

本章要点回顾

1. 我们往往对失败学习不足。我们不仅要学习他人的成功，还要学习他人的失败。这样才能发现他人真正的成功要素，避免他们的失败做法，并确定成功及失败的基础比率。
2. 我们由于以下心理因素，往往难以从自己的失败中学习：损失厌恶、自我偏差、固定心智、习得性无助与默认性放弃。
3. 我们由于以下社会因素，往往难以从自己的失败中学习：学校教育的结果、固定心智的组织、近视的组织成员、被动失聪的领导者。
4. 我们由于以下能力因素，往往难以从自己的失败中学习：知识和经验不足、学习太快的"热炉效应"、欠缺方法和流程。
5. 从失败中学习的一个重要方法是重新定义失败。失败可以重新定义为：善意的提醒、成长的过程、有益的发现、上天的眷顾、学习的机会、另外的机遇。
6. 从失败中学习的另一个工具是用哈哈镜、后视镜和望远镜看失败。
7. 打造从失败中学习的组织的四条原则是：及早发现失败、鼓励报告失败、深入分析失败、主动实验失败。
8. 失败可以分为七种：无视规章、粗心大意、能力不足、流程缺陷、已知风险、难料风险、探索创新。
9. 打造从失败中学习的组织，要从领导者做起。领导者需要走动式管理、公开重新定义失败、讲述自己的失败故事、提倡"聪明的失败"……

本章注释

[1] Bennis, W., & Thomas, R. (2007). *Leading for a Lifetime*. Harvard Business School Press.

[2] Denrell, J. (2003). Vicarious Learning, Undersampling of Failure, and the Myths of Management. *Organization Science*, 14(3), 227–243.

[3] Liu, L. (2010). *Conversations on Leadership*. Jossey-Bass, p. 217.

[4] 孔达（2013），《社会认知——洞悉人心的科学》，周治金、朱新秤等译，人民邮电出版社，第47页。

[5] Rowling, J. K. (2008). Text of J. K. Rowling's Speech: https://news.harvard.edu/gazette/story/2008/06/text-of-j-k-rowling-speech/

[6] Dillon, K. (2011)."I Think of My Failures as a Gift". *Harvard Business Review*, April.

[7] 萨伊德（2017），《黑匣子思维》，孙鹏译，江西人民出版社，第247页。

[8] Kahneman, D. (2012). *Thinking, Fast and Slow*. Penguin Books, p. 182.

[9] Ibid, pp. 249-251.

[10] 布朗（2015），《自我》，王伟平、陈浩莺译，人民邮电出版社，第89页。

[11] 同上，第357页。

[12] 同上，第337页。

[13] 阿伦森（2007）《社会性动物》，邢占军译，华东师范大学出版社，第124页。

[14] 同上，第154页。

[15] 同上，第126页。

[16] Dweck, C. S. (2008). *Mindset*: T*he New Psychology of Success*. Ballantine Books., p. 4.

[17] 转引自 Senge, P. M. (2006). *The Fifth Discipline*: *The Art and Practice of Learning Organization*. Doubleday, p. xiii.

[18] 吉仁泽（2015），《风险与好的决策》，王晋译，中信出版社。

[19] 萨伊德（2017），《黑匣子思维》，孙鹏译，江西人民出版社，第13页。

[20] 泰勒（2016），《"错误"的行为》，王晋译，中信出版社，第210—211页。

[21] Rosen, S., & Tesser, A. (1970). On Reluctance to Communicate Undesirable Information: The MUM Effect. *Sociometry*, 33(3), 253-263.

[22] DePaulo, B. M., & Bell, K. L. (1996). Truth and Investment: Lies Are Told to Those Who Care. *Journal of Personality and Social Psychology,* 71(4), 703.

[23] Denrell, J., & March, J. G. (2001). Adaption as Information Restriction: The Hot Stove Effect. *Organization Science*, 12(5), 523-538.

[24] Dillon, K. (2011)."I Think of My Failures as a Gift". *Harvard Business Review*, April.

[25] Bennis, W., & Thomas, R. (2007). *Leading for a Lifetime*. Harvard Business School Press.

[26] 吉仁泽（2015），《风险与好的决策》，王晋译，中信出版社。

[27] 海特（2012），《象与骑象人：幸福的假设（更新版）》，李静瑶译，浙江人民出版社。

[28] McGregor, J., et al. (2006). How Failure Breeds Success. *Business Week*, July 10, p. 42−52.

[29] 坎贝尔、莫耶斯（2013），《神话的力量：在诸神与英雄的世界中发现自我》，朱侃如译，浙江人民出版社。

[30] Kahneman, D. (2012). *Thinking, Fast and Slow*. Penguin Books, p. 319.

[31] Inamori, K. (1995). *A Passion for Success*. McGraw-Hill.

[32] Peters, T. (1988). *Thriving on Chaos*. Harper & Row, p. 317.

[33] 克莱因（2017），《直觉定律：如何正确利用逻辑之外不可忽视的力量》，黄蔚译，中国青年出版社，第129—131页。

[34] Edmondson, A. (1999). Psychological Safety and Learning Behavior in Work Teams. *Administrative Science Quarterly*, 44(2), 350−383.

[35] Edmondson, A. (1996). Learning from Mistakes Is Easier Said than Done: Group and Organizational Influences on the Detection and Correction of Human Error. *The Journal of Applied Behavioral Science*, 32(1), 5−28.

[36] Kotter, J. P. (1995). Leading Change: Why Transformation Efforts Fail. *Harvard Business Review*, March−April.

[37] Eurich, T. (2017). *Insight*. Crown Business, p. 234.

[38] Birkinshaw, J., & Haas, M. (2016). Increase Your Return on Failure. *Harvard Business Review*, May.

[39] Eurich, T. (2017). *Insight*. Crown Business, p. 235.

[40] Edmondson, A. (2011). Strategies for Learning from Failure. *Harvard Business Review*, April.

[41] 鲁宾（2011），《不确定的世界》，李晓岗等译，成都时代出版社，第42页。

[42] Edmondson, A. (2011). Strategies for Learning from Failure. *Harvard Business Review*, April.

[43] Collins, J., & Hansen, M. (2011). *Great by Choice*. HarperCollins.

[44] Sitkin, S. B. (1992). Learning through Failure: The Strategy of Small Losses. *Research in Organizational Behavior*, 14, 231−266.

[45] Ignatius (2010). We Had to Own the Mistakes. *Harvard Business Review*, July−August.

第七章
反思——领导者的学习

领导者不仅要从失败中学习,也要从成功以及其他经验中学习。领导力学者本尼斯说:"反思是领导者从过去学习的一种主要方式。"[1] 实际上,反思不仅可以从过去学习(事后反思),还可以向未来学习(事前反思)。

反思是领导者学习的主要方式。领导者不但要自己反思,还要引导下属反思,而且要打造善于反思的组织。

反思的本质与阻碍

有这样一句格言:如果让一个70岁的老人重活一次,他一定能成为一个伟人。这句话貌似睿智,其实没有太大意义。更有意义的是问:为什么同样是70岁的老人,都具有70年的经验,极少数人不用重活一次就已经成了伟人?

德国文豪歌德说:"经验只是经验的一半。"另一半在哪里?我们可以从英国作家奥尔德斯·赫胥黎(Aldous Huxley)的话里找答案:"经验不是发生在你身上的事情,而是你对发生在你身上的事情做了什么。"遗憾的是,大多数人在大多数时候什么都没做。经验加上反思才可能形成知识,但是人们并不擅长反思。

经验 + 反思 = 知识

管理学者查尔斯·汉迪（Charles Handy）对一群参加培训的管理者说："你们不会把这次培训看成什么难忘的学习机会，除非它能帮助你们反省过去，理解从前的经历。如果能达到这个目的，它就能帮助你们更好地应付将来出现的难题。经验加上反思，是最重要的知识。"[2]本书作者从汉迪的这段话中，提炼出三个公式。

公式一：经验 + 反思 = 知识

经验本身不是知识，只有经过反思才能形成知识。俗话说："吃一堑，长一智。"但是，如果不进行反思，在吃一堑之后便不会长一智。

公式二：经验 + 难题 = 难题

没有经过反思的失败，是吃一堑而没有长一智的经验。没有经过反思的成功，则是"瞎猫碰上死耗子"的经验。带着这样的经验，如果再遇上难题，难题依然是难题。

公式三：知识 + 难题 = 方案

这里所说的知识有两个特点：

- 抽象性：知识从经验中抽象而出，经过了认知上的"去耦操作"（decoupling operation），可以脱离具体的经验，具有更为广泛的抽象性；
- 指导性：它从实践经验中提炼出来，又重新指向实践，可以增强我们的工具性理性。

因此，知识能够用来帮助解决新的难题，这是其区别于经验的关键所在。通过反思，从经验中提炼而出的制度、流程、程序、规则、方法、启示等等，就是知识。

反思的本质

什么是反思？反思（reflection）中的"反"（re-）是"再次""重新"的意思。所谓反思，就是再次思考、重新思考。通常所说的反思指反思过去的行动。我们过去的行动体现的是当时的思考（A），现在我们回过头来，对当时的思考（A）进行再次思考、重新思考，探究是否有其他的可能性（B、C……）。因此，反思的本质就是对"思"之"再思"，是对既有思考方式的替代方案的寻找。

认知的三种心智

前面谈到了心理学家卡尼曼对思考的系统一和系统二的划分（也就是海特所说的自动化系统和控制化系统之分）。卡尼曼其实是引用的心理学家基思·E.斯坦诺维奇（Keith E. Stanovich）等人的说法。

斯坦诺维奇后来把系统一和系统二（容易使大家误认为存在两个不同系统）称为类型一和类型二（指两种不同类型的信息加工过程），并把类型一称为自主心智，把类型二进一步区分为算法心智和反思心智。算法心智是智商测试所测量的那部分智力，但是斯坦诺维奇指出：我们会发现聪明人（智商测试得分高的人）常常做蠢事，那是因为反思心智"构成了支撑个体理性思维的心理机制体系"。[3]

斯坦诺维奇认为反思心智有两个特点：第一，发起对自主心智产生的劣质反应的压制；第二，发起产生优化反应的模拟仿真。[4]尽管他所说的反思心智有其特定的内涵，但是不难看出它同样符合我们提出的反思的本质：对思（类型一的自主思考）之再思。

按时间点划分的三种反思

一旦界定了反思的本质，我们就会自然而然地发现，尽管通常所说的是事后反思，但是反思并不必然在事后进行。只要是对既有思考方式进行思考，并探寻其他的可能性,就是反思。

组织学习领域的学者唐纳德·A.舍恩(Donald A. Shön)提出了"反思的实践者"概念,指出管理者等专业工作者不仅事后反思,即"对行动反思",而且"在行动中反思"。他们在行动的同时也在思考已经想到的行动方案是否是最好的方案,是否有其他更好的可行的方案,这是"一种在行动中维持以多重观点看待情境的能力"。[5] 舍恩也提到这种思考也可以在事前进行。

因此我们可以说,反思可以分为事前反思、即时反思和事后反思三种。

人们难以反思

在上一章我们已经讲过,出于心理、社会和学习能力上的原因,人们难以从失败中学习。管理学者弗朗西斯卡·吉诺(Francesca Gino)和加里·皮萨诺(Gary Pisano)发现,人们也难以从自己的成功中学习。他们总结了三个原因:[6]

- 心理学上常见的归因谬误,即把成功归于自己能力,而非外界原因;
- 成功导致过于自信,不认为需要改变;
- 失败时我们可能会问为什么失败,成功时却很难停下来分析为什么成功。

我们难以反思失败和成功,更难去反思那些相对失败和成功而言更加平淡的经验。在更加一般的层面上,有六个因素导致人们难以在组织中反思,它们分别是:认知吝啬鬼、情感妨碍、行动导向、学校教育、结果导向、学习近视。前三个因素是个体心理因素,后面三个因素是社会(组织)因素。

我们都是"认知吝啬鬼"

卡尼曼指出,我们在思考上也在应用"最省力法则"。[7] 或者用斯坦诺维奇的话说,我们都是"认知吝啬鬼"。在许多情况下,我们不假思索地使用默认信息加工方式(类型一的自主心智)。即使我们使用类型二思考时,大脑中的自主心智也很可能会打败类型二的反思心智。[8]换句话说，我们往往只是"思"而不"反思"；当"思"与"反思"同时出现时，"思"往往会打败"反思"。

情感妨碍反思

上一章已经谈到强烈的负面感情会影响反思。同样，强烈的正面感情同样会影响反思。管理学者悉尼·芬克斯坦（Sydney Finkelstein）与其合作者认为，当大脑储存经验的时候，会把与之相连的情感一起储存。他们将这种现象称为"情感标签"(emotional tagging)。[9]他们认为"情感标签"是许多决策失误的原因，案例7-1就是他们举的例子之一。可以看到，"情感标签"妨碍了王安在行动中反思。

王安公司的失败

美籍华人王安在1951年创立了王实验室，并逐渐成为世界上最成功的计算机公司之一。王实验室有一系列的创新，最成功的产品是其文字处理器。1976年上市的Wang 120 WPS可以储存信息，允许用户编辑文本。这个革命性的产品使电子打字机变得过时，直接打击了IBM的核心业务。

20世纪80年代初，王实验室的销售额为30亿美元，IBM的销售额为470亿美元。王安制定了雄心勃勃的目标：到1990年成为超过IBM的计算机公司。然而结果却是20世纪90年代初，王安的公司宣告破产。

关键的决策失误是王安不愿开发个人电脑。王安说："个人电脑是我听说过的最愚蠢的东西。"与之相反，IBM在1981年推出了个人电脑，在数月后就被《时代》杂志命名为年度"人物"。王安此时改变主意，决定开发个人电脑，但是坚持使用自己的操作系统，而非业界广为采用的IBM兼容系统。尽管王安推出的电脑并没有马上失败，但是随着消费者越来越多地用个人电脑替代文字处理器，王安的公司逐渐衰败了。

熟悉王安的人认为，王安的情感影响了他的判断。首先，他"爱上"了自己公司的文字处理器。他像父亲爱孩子一样爱它。因此，王安难以接受会淘汰文字处理器的新技术。其次，他"憎恨"IBM，不仅因为IBM是竞争对手，还因为他认为自己在职业生涯早期曾在一项技术授权交易中被IBM欺骗和剥削了。因此，他不愿意开发支持IBM率先开发的平台的产品。

资料来源：Finkelstein et al（2009）.

领导力学者科特发现新加入的领导者更容易发动变革。[10] 本书作者认为，这主要是因为新加入的领导者缺少与组织的过去（也就是变革的对象）的情感联系。

行动导向的经理人

行动导向是人的本性之一。一系列的心理学研究发现，相比坐下来花上一小段时间（6—15分钟）进行思考，绝大多数人更愿意干点什么，哪怕干点遭受电击这样的不愉快的事情！[11] 管理学者明茨伯格研究了五位CEO，发现他们从事的一半活动都不超过9分钟，只有不到10%的活动超过了1小时。他还引用了一项对56名工厂领班的研究，研究结果发现他们在8小时内平均进行了583项活动，即平均每48秒中就从事了一项活动。[12]

经理人很可能比普通人更加行动导向。一方面，实际工作中的经理人每天需要应对大量的日常工作——经理人忙于应对，把自己淹没在行动之中。另一方面，行动导向往往被作为经理人的优秀品质——经理人即使没有被动地被行动淹没，他们也会主动地投身行动。心理学家霍华德·加德纳对本书作者说"领导者本质上是行动者"[13]，他们没有反思的时间和习惯。

第七章
反思——领导者的学习

学校教育的结果

在上一章,我们谈到了难以从失败中学习是我们的教育模式对管理模式的危害之一。教育模式带来的另一个危害就是使人们没有反思的习惯。

《培养反思和提供反馈》一书的两位美国作者指出:尤其是在正式教育的早期,学生们花了大量时间被动接受填鸭式教育,努力在头脑中死记硬背知识以通过考试。这带来两个坏处:没有提供值得他们反思的经验;妨碍了培养有利于反思的心智习惯。[14] 中国的教育模式更加强调死记硬背,在这样的体制下成长起来的经理人,更加缺乏反思所需要的心智习惯。

结果导向的组织不鼓励反思

绝大多数组织都是在阻碍而不是鼓励反思,其中的关键阻碍来自绩效考核。组织往往是结果导向的,它们在意的是销售额、利润、市场占有率这些结果,因此它们也考核这些结果。而经理人是否出现"聪明的失败",是否通过反思而从经验中学习,不在绩效考核的范围内。换句话说,它们是固定心智的组织,考察的是绩效指标而非学习指标。

结果导向的组织还会在另一个方面阻碍反思:组织考察的是结果而非决策。好的决策可能导致坏的结果,坏的决策可能得到好的结果。心理学研究发现:当出现坏的结果时,人们更倾向于认为决策有误;当出现好的结果时,人们却不再质疑决策。

学习近视的组织不擅长反思

反思是一项学习技能,但是对多数人来说,其本身也需要通过学习才能熟练掌握。大多数组织尽管不考核学习,但是它们也在学习,只不过患有"学习近视症":只注重能够迅速提高完成任务水平的学习(比如为了达成销售而"学习"产品知识或者某个潜在客户的资料),而忽视了更深层次的学习(比如改善组织的学习流程,改变组织的目标甚至使命)。

反思的主要步骤

儒家经典《大学》中有这样一段话:"知止而后有定,定而后能静,静而后能安,安而后能虑,虑而后能得。"国学学者南怀瑾据此把"知、止、定、静、安、虑、得"称之为"七证"——七个修正的层次。[15] 南怀瑾对以圣吉为首的一群积极参与学习型组织运动的学者产生了影响。C. 奥托·夏莫(C. Otto Schamer)就是其中之一,在南怀瑾的影响下,他提出了"U 形理论"——通过 U 形过程发展领导力的七项能力和步骤:觉醒、观察、感知、自然流现、结晶、建立原型、执行。[16]

本书作者认为,知、止、定、静、安、虑、得,主要讲的是从经验到知识的反思的七个步骤。

第一步:知

反思的第一步是"知"——意识到有值得反思的经验的发生。这些经验可能是:

- 一个项目的结束,或者取得阶段性成果;
- 一次新的尝试;
- 一次失败、挫折、失误;
- 一次冲突;
- 一个意料之外的情形;
- 一个棘手的情形;
- 一次突然的心情变化;
- 一个人事变动;
- 一次重要的会议、谈话

"知"的一个技巧是预设标准。一旦达到标准，警报自动响起，开始反思经验。比如，销售额超过或者低于预期20%、被上司或者同事批评、连续加班三天等等，这些都可以作为标准，一旦发生，就开始反思。管理大师德鲁克建议：每次你做关键决定或者采取关键行动的时候，写下来你预期得到的结果。在9个或12个月后，把实际结果和你的预期比较。[17] 德鲁克的建议就是预设了一个时间标准。

第二步：止

反思的第二步是"止"——停止行动，走入反思的空间。行动导向的经理人在意识到有值得反思的经验发生之后，就应该停止行动，抽身而出进行反思。

"止"的形式可以多种多样。心理学家霍华德·加德纳把领导者的反思称之为"走上山顶"[18]：《圣经》记载，领导者摩西在西奈山顶独自待了40天。大多数时候，"走上山顶"只是一个比喻，就好像领导力学者海菲兹所说的"走上看台"[19]一样——关键在于从行动中停下来，抽身而出。找个无人的会议室独自待上一刻钟，在附近的公园散步，在一个安静的咖啡馆坐一坐……这些都可以是走上山顶或者看台。

"止"的一个技巧是模式化，也就是定时反思。比如，政治家查尔斯·戴高乐（Charles de Gaulle）会每天散步，德鲁克会在每年的八月花两个星期来反思自己一年的工作，微软创始人比尔·盖茨（Bill Gates）会每年夏天休假两周。

第三步：定

反思的第三步是"定"——聚焦在需要反思的经验上，尽量在行为的层面还原经验。问：

- 发生了什么？
- 为什么会发生？
- 我是怎么做的？
- 其他人做了什么？
- 结果怎么样？

"定"的一个技巧是写下来。不要担心你的文笔是否优美，想到什么写什么，先在"发生了什么"这样的层面把它写下来。

第四步：静

反思的第四步是"静"——冷静分析行为背后的思想，尽量还原自己和其他人的思考过程。问：

- 我当时是怎么想的？
- 我为什么会这么想？
- 我这么想有些什么假设前提？
- 其他人当时可能是怎么想的？
- 他们为什么会那么想？
- 他们那么想有些什么假设前提？

"静"的一个技巧也是把它写下来。如果你在上一步已经写下了事实，也就是发生的行为，那么在这一步，你可以在行为旁边写下其背后的思考是什么。

第五步：安

反思的第五步是"安"——放下经验所带来的强烈感情。领导力专家马克斯维尔指出："反思式思考使你能够远离那些由特别好或特别糟的经验带来的强烈情感，然后用新鲜的眼光看待这些经验。"[20] 注意这个顺序——先远离旧的情感，然后才可能有新鲜的眼光。

放下情感首先需要认识情感及其对思考的影响，问：

- 我对这件事感受如何？为什么？
- 这样的感受如果会影响我的判断，将怎样影响？
- 如果没有这些感受，我对这件事的判断会有何不同？
- 我还可以怎样感受？如果我换成这些感受，我对这件事的判断会有何不同？

17世纪的哲学家巴鲁赫·斯宾诺莎（Benedict de Spinoza）说："一旦我们对此形成一个清晰而明确的想法，作为激情的情感就不再是激情，而变得更加可控，思想也不再那么被动。"[21] 心理学研究发现，单是用语言把情感表达出来就能阻止大脑做出冲动的反应。[22]

"安"的一个技巧也是写下来。你现在也许发现了，你可以把一张纸分为三栏，分别用于"定、静、安"这三个步骤：一栏写事实和行为，另一栏写对应的思考，再一栏写对应的感受。

"安"的另一个技巧是做出下面两个区分。

把行动跟人区分开来

比如，你的同事跟你发生争执，你可以把争执这个行为跟同事这个人区分开来——这只是因为她一时冲动而产生的行动，而不是因为她是这样的人。又比如，你的一个项目失败了，这只是这件事情没有做好，而非你这个人失败了。

把角色跟自我区分开来

这是领导力学者海菲兹建议的策略之一。[23] 还是以你的同事跟你发生争执为例，你可以这么想：这是因为你们俩在工作中扮演不同的角色，她针对的是你的角色（比如说人力资源经理），而非你的自我。

从"定"到"静"再到"安",是一个从外到内、层层深入的过程,其间并没有明显的分界线。这三步——回忆事实、理清思想、放下情感——都是在为下一步做准备。

第六步:虑

反思的第六步是"虑"——换一个角度思考,这是反思的核心环节。反思的本质是对思之再思。"思"就是已有的角度,"再思"就是用新的角度进行思考。

在这一步,过去的事实已经清楚,当时的思考已经明晰,旧有的感情已经放下——如果没有,你需要再重复"定、静、安"这三步——可以开始问这些问题了:

- 还可以从另外哪些角度来看?
- 有什么知识得到了验证?
- 有什么假设被证实或者证伪?
- 这件事跟另外哪些事可以联系起来?
- 有什么反复出现的模式吗?

换人思考

"虑"的一个很重要的技巧是"换人思考",把自己代入另一个人的思维模式,问另一个人会怎么看这个问题。这里主要指的不是"换位思考"(即把自己代入别人的位置进行思考),而是把第三方代入自己的位置进行思考,问:如果当时是别人处于我的位置,他/她会怎么做?问:

- 如果是我的上级/同事处于我的位置,他会怎么做?
- 如果是我的导师/好友处于我的位置,他会怎么做?
- 如果是德鲁克/本尼斯处于我的位置,他会怎么做?

- 如果是盖茨／李嘉诚／马云处于我的位置，他会怎么做？

换人思考是跳出自己的窠臼、实现换一个角度思考的非常有效的方式。

寻找模式

寻找模式是"虑"的另一个重要技巧。俄罗斯棋王加里·卡斯帕罗夫（Garry Kasparov）就建议人们在每天结束时进行反思，问自己："我们看到了什么？学到了什么？是否观察或体验了应该记录下来的新鲜事物？我们是否识别出了这种情况、机会或模式？它会再次发生或出现吗？"他把这种反思称为"识别生命中的模式"。[24]

识别模式也属于换一个角度思考——之前用的是个别观察的角度，现在的角度是跟其他事物联系起来分析，以寻找共同模式。

第七步：得

反思的第七步是"得"——得出具体的行动指南。这时需要回答的问题是：

- 我学到了什么？
- 将来遇到类似的情形，我可以怎么做？
- 以前的做法中哪些需要保留？哪些需要抛弃或者改进？需要尝试哪些新的做法？
- 我学到的东西，还可以用到哪些新的情形之中？
- 我学到的东西，哪些是已经确定的？哪些是需要继续验证的？
- 我暴露了什么坏习惯？需要怎么做才可以改掉？
- 我体现了自己哪些擅长之处？还可以怎么加以应用？

"得"的一个技巧是做行动计划。把学到的东西，转化为可以行动的要点，具体安排到未来的日常活动之中。

实际生活中的反思，有可能在下意识的状态下快速发生，反思者本人都不一定意识到自己经历了一个反思的过程。但是，如果希望有意识地练习反思技巧，我们不妨按照上面所说的七个步骤，尽量一步一步地加以练习。

反思的关键——转换角度

转换角度（虑）是反思的七个步骤的关键。反思的本质是对思之再思。转换角度就是从旧的角度（思）向新的角度（再思）进行转换。因为转换角度是反思的关键，这里在上面介绍的两个技巧（换人思考与寻找模式）之外，再提供一些主要的转换角度的方式。

在结果上转换角度

转换对结果的思考角度是一个重点。

从损失角度转为收益角度（或者相反）

我们已经谈到过人类厌恶损失的心理倾向。大量的研究发现：同样的选项，只是换用不同的表达方式（最主要的是从损失角度换为收益角度，或者相反），人们很可能会有不同的选择。比如问一群病人：你愿意做手术吗？这个手术一年后的存活率是68%。再问另一群病人：你愿意做这个手术吗？这个手术一年后的死亡率是32%。这两个表述说的是同样的事实，只不过前者以收益角度表述，后者以损失角度表示。研究发现：以收益角度表述时，75%的人选择做手术；以损失角度表述时，只有58%的人选择做手术。[25]

反思我们的行动时，可以这样思考：如果看结果的角度从损失转为收益（或者反过来），我们的决策是否会不同？

从花费角度转为投资角度

这可以说是从损失角度转为收益角度的一种特殊形式,是我们在看待失败时可以经常采用的。据说,IBM 的创始人老沃森找一个刚刚搞砸了一个大项目的下属谈话。下属问是不是要开除自己。沃森说:"怎么可能?我刚刚花掉了 1000 万美元培训你!"[26] 这个故事与案例 6-5 类似。沃森把已经发生的失败不看作花费,而是看作用来教育下属的投资。

从对事角度转为对人角度

管理可以简单地划分为解决人的问题和解决事的问题,不过这两种问题常常是交织在一起的。许多管理者容易犯这样一个错误:只注重了事的因素,却忽略了人的因素(还有些管理者容易犯相反方向的错误)。我们可以这样转换角度:我之前只是从事的角度看问题,如果转为从人的角度看呢?上文中老沃森的故事也是从对事角度转为对人角度的一个例子。

在目标上转换角度

目标是想要实现的结果,因此在目标方面转换角度与在结果方面转换角度是相关的,也非常重要。

从绩效目标角度转为学习目标角度

我们容易对绩效目标过度关注,而忽略关注学习目标,这是固定心智强于成长心智的表现。我们可以这样转换角度:我们一直在谈论绩效目标,那么这件事情的学习目标是什么?可以是什么?上一章谈到的主动实验失败主要追求的就是学习目标。如果没有从绩效目标到学习目标的角度转换,主动实验失败很难实现。

从小反思转为中反思或者大反思

我们容易被表面的行动吸引注意力,而忽略了行动背后的目标。我们可以这样转换角度:我需要改变的是行动,还是行动背后的目标?甚至是要改变目标背后的假设和价值观?

组织学习领域的著名学者克里斯·阿吉里斯(Chris Argyris)提出了"双环学习(double loop learning)"模型。[27] 之后,有许多学者提出了"三环学习"模型,不过学界对于三环的内容并没有达成一致。[28] 本书作者提出如图 7-1 所示的三环学习模型。

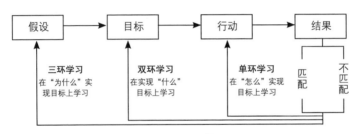

图 7-1 三环学习

资料来源:本书作者改编自阿吉里斯(2004),第 89 页。

单环学习是针对"怎么"(how)做的学习,改进的是行动。这样的反思可以称为小反思。双环学习是针对做"什么"(what)的学习,改进的是目标。这样的反思可以称为中反思。三环学习是针对"为什么"(why)做的学习,改进的是决定目标的价值观和深层次的假设。这样的反思可以称为大反思。现在,我们把反思按其不同的层次(或者说深度)分为三种。

英特尔公司本来是生产存储器的,然而,20 世纪 80 年代,日本企业渐渐在存储器领域占据了领先地位。从 1984 年开始,英特尔的存储器业务遭受巨额损失。时任英特尔总裁的格鲁夫等高层领导想尽办法,也无济于事。案例 7-2 是格鲁夫自己的回忆,讲述了自己如何做出了停止生产存储器的决策。在案例 7-2 中,格鲁夫之前进行的是小反思:我们怎么能够更好地生产存储器?他终于转换了角度,从小反思上升到中反思,问出了正确的问题:我们该不该继续生产存储器?

格鲁夫的反思

然而,1984年秋天,一切都变了。业务衰退了……我们急切地需要一种不同的存储器战略,来止住"伤口的大出血"。

我们不断地开会、争论,却没有达成任何协议。有人建议采用"力争"策略:"我们建一个巨型工厂,专门生产存储器,把日本企业打败。"还有些人认为,应该采取前卫技术,运用才智,在技术方面而不是生产方面"力争",拿出点日本企业拿不出来的东西。还有人仍然坚持生产特殊用途存储器。而事实上,在存储器成为全球统一的产品之后,生产特殊存储器的可能性已经微乎其微了。争论越是继续,我们的经济损失就越大。这是形势严峻、令人大失所望的一年。我们奋发工作,却不知事态会不会好转。我们迷失了方向,在死亡的幽谷中徘徊。

我还记得1985年的一天,那时我们已经在漫无目的的徘徊中度过了一年。这一天,我正在办公室里,意气消沉地与英特尔公司的董事长兼首席执行官戈登·摩尔谈论我们的困境。我朝窗外望去,远处,大美利坚游乐园的"费里斯摩天轮"正在旋转。我回过头问戈登:"如果我们下了台,另选一名新总裁,你认为他会采取什么行动?"戈登犹豫了一下,答道:"他会放弃存储器的生意。"我目不转睛地望着他,说:"你我为什么不走出这扇门,然后回来自己动手?"

资料来源:格鲁夫(2002),第92—94页。

在主体上转换角度

人们倾向于从自己的角度推测他人,心理学家称之为自我锚定[29],或者自我中心思维[30]。在行为主体上从自我角度转为他人角度,也是转换角度的重点。

从自我角度转为他人角度:换位思考

换位思考就是问自己:其他人是怎么想、怎么感受的?他们行动背后的理由是什么?他们的目标和利益是什么?

从自我角度转为他人角度:换人思考

换位思考是站在事件中其他当事人(第二者)的角度看问题,而换人思考则是问:如果是第三者做这个决策,他会怎么做?案例7-2中,格鲁夫正是使用了这个技巧,才从小反思转换成了大反思。据格鲁夫回忆,当时"在我们所有人的心目中,英特尔就等于存储器"[31],而换人思考的方法帮助格鲁夫放下了对存储器的情感(这非常类似于案例7-1中王安对文字处理器的情感)。

在时间上转换角度

我们的思考还有一个特点:特别执着于现在——时间上的眼前。就转换角度而言,我们需要思考对"现在"的重视是否影响了我们的思考。

从过去角度转为现在角度

这个角度转换也可以称为从"过去影响的现在"角度转为"不考虑过去的现在"角度。我们的决策常常受到沉没成本效应的影响。在案例7-2中,格鲁夫之所以一开始没有想到放弃存储器,也有这个效应的因素——我们割舍不下已有的投入。这时候,我们是在从过去的角度看现在的问题。如果我们可以重新开始呢?

德鲁克建议企业领导者问自己这个问题：如果你当初没有进入这个行业，你现在还会进入吗？这个问题影响了韦尔奇。[32] 韦尔奇担任通用电气 CEO 之后不久，就在这个问题的影响下，开展了"数一数二"运动，就是把凡是没有排在市场第一或者第二的业务都砍掉。我们需要这样转换角度：如果没有买这张健身卡，我还会来这个健身房吗？如果过去没有雇用这个人，我现在还会雇用他吗？

从现在角度转为将来角度

我们常常过于看重现在，而忽视了从更加长期的角度看问题。我们需要这样转换角度：如果 10 年后看这个问题，我会怎么想？这相当于从地面的近距离角度转换为从空中俯瞰。

其他在时间框架上的角度转换

在时间框架上转换角度，还包括从静态角度转为动态角度和从短期角度转为长期角度。

在范围上转换角度

我们的思考还有一个特点：特别执着于空间上的眼前。我们同样需要在思考的空间范围上转换角度。

从个体角度转为集体角度

我们常常只见树木，不见森林。我们需要这样转换角度：现在，我是从个体（局部）的角度看这个问题的，如果从集体（整体）的角度看呢？在前面谈到的"换人思考"中，如果你换为你的上级或者公司 CEO 来思考，也是从个体角度转为集体角度。

从个别角度转为一般角度

我们常常一事一议,而忽略了太阳底下无新事,同样的事情可能已经多次发生,并且可能还会多次发生。我们可以这样转换角度:这是不是一个反复发生的一般事件?如果这件事在未来会反复发生,我的决策是否会不同?这就是前面谈到的寻找模式,也可以说是从孤立的角度转为联系的角度。

反思的要素与方式

上面列出的七个步骤,只是一个练习反思的指南。关键不在于机械地遵循这七个步骤,而在于抓住其中体现出的反思的要素,并将它们运用在多种多样的反思方式之中。

反思的四个要素

反思的七个步骤其实是四个要素的体现:

- 抽身而出:从经验中抽身而出,以便分析经验(知、止);
- 放下情感:客观看待经验,放下主观情感(定、静、安);
- 转换角度:换一个角度看待经验,包括寻找模式等(虑);
- 指导实践:得出经验教训,指导今后的实践(得)。

本尼斯说:"反思也许是我们学习的关键方式。想想这些反思的方式:向后看、回想、做梦、写日记、说清楚、看上周的比赛、征求意见、度假——甚至讲笑话。笑话是让过去的事情变得可以理解和接受的方式。"[33] 本尼斯只说对了一半:这些都可以是反思的方式,但并不必然是。

以讲笑话为例,你在饭桌上讲一个当前流行的段子,这不是反思。但如果你把自己的失败经历作为笑话讲出来,就有可能是反思。为什么呢?一种行为是否是反思，要看它是否符合反思的核心特征：抽身而出、放下情感、转换角度、指导实践。过去的失败能够被自己提炼为笑话，说明我们已经从中抽身而出，而且放下了它带来的负面情感；我们还至少转换了一个角度来看待它：不再看作耻辱，而是可以用来谈笑的人生经历。

反思的多种方式

下面是经理人可以多加利用的一些反思方式：
- 写日记；
- 读书；
- 参加培训；
- 跟别人对话；
- 自己跟自己对话。

这些方式也并不必然是反思。是否真正做到了反思，要看你的行动在多大程度上符合了反思的核心特征。

写日记

停下来写日记，你首先做到了抽身而出。你在回顾今天发生的事情的时候，也许还在一定程度上放下了情感。要让写日记成为反思，你需要注意的很可能是转换角度和指导实践：如何换个角度来看今天的经验？今后遇到类似的事情应该怎么做？

领导力专家塔鲁拉·卡特莱特（Talula Cartwright）建议使用没有格子和线条的白纸本来记日记。这样，你不仅可以写，还可以画。她认为画出来有两个好处：画画使用的是与写字所不同的思维方式，是视觉型的、直觉型的思维；画画可以迫使你慢下来，迫使你更加注意观察。因此，画画帮助我们从另外一个角度——不仅是视觉的角度，而且是更全面的角度——来看待事物。[34]

读书

通过读书来反思自己，很自然地符合了反思的核心特征中的三个：

- 抽身而出——读书时，你从自己的经验当中抽身而出；
- 放下情感——你读到的是别人的经验，在情感上有一定距离；
- 转换角度——书中往往提供了来自作者的新的角度。

但是，这还不是反思，因为它还欠缺反思的另一个特征——指导实践。而要做到这一点，还需要做到反思七步骤的第一步"知"和最后一步"得"。

- 知：我的哪些经历，跟书中的主人公是类似的？我的哪些经历，特别适合用作者所谈到的观点来进行重新审视？
- 得：运用书中的观点重新审视我过去的经验，得出了什么启示？我在今后的生活和工作中可以怎么运用？

参加培训

与读书类似，培训也自然而然满足了反思的两个主要特征：

- 抽身而出：培训会营造一个相对封闭而又舒适的空间，使你能够远离日常工作；
- 转换角度：老师和其他学员作为反思的伙伴，培训内容作为反思的工具。

在情感方面，不同的培训做法不同。有些培训不涉及情感，或者帮助学员通过释放情感来放下情感。有些培训则诉诸情感，有意唤起学员强烈的情感，并让这种情感贯穿整个培训过程。后一种培训并不一定利于反思。

与读书类似，想要让培训成为反思，学员一定要"知"——要意识到自己的经验，而且把自己的经验带入培训过程中，只有这样才能通过反思形成知识。这也是汉迪所说的要点：想要让培训成为难忘的学习经历，需要联系自己，反省自己的过去，理解自己的经历。

跟别人对话

跟别人谈论自己的经验也可以是有效的反思方式。其他人可能会提供另外的思考角度,而且他(她)还可以帮助我们抽身而出、放下情感。据说,哲学家拉尔夫·瓦尔多·爱默生(Ralph Waldo Emerson)见到久未谋面的朋友,总喜欢问这样一个问题:"自从我们上次见面,你又搞清楚了什么?"[35]如果拥有爱默生这样的朋友,你想要不反思都难。

但是,通过跟别人对话来反思,关键仍然在自己。我们来看一个乔布斯的例子。乔布斯被逐出苹果公司之后,又接到陷入困境的苹果公司的邀请,让他去帮助苹果公司招聘CEO。乔布斯回忆说:[36]

> 我跟一些我尊重的人进行讨论,最后在一个周六的早晨给安迪·格鲁夫打电话——实在太早了。我给他列举好处和坏处,说到一半他打断我说:"史蒂夫,我才不在乎苹果会怎么样。"我愣住了。就是在那个时刻,我认识到我是在乎苹果的——我创建了它,它的存在对世界是件好事。就是在那个时候,我决定暂时回去帮他们招聘CEO。

格鲁夫没有想要引导乔布斯反思,也并非有意提供另外一个角度。但是他客观上为乔布斯提供了另外一个角度,帮助乔布斯实现了反思。在一瞬间,乔布斯就完成了从"知"到"得"的反思过程。这个过程的关键不在于格鲁夫,而在于乔布斯。

自己跟自己对话

最重要的反思方式是自己跟自己对话,或者说自己向自己提问。当自己向自己提问的时候,自己一分为二,其中"提问的自己"抽身而出,从一个新的角度来质问"回答的自己",实现了反思。

之所以说这是最重要的反思方式,是因为在其他一切反思方式中,都必须自己跟自己对话。因为反思是对思之再思,必须要让"再思之自己"跟"思之自己"

进行对话。要让参加培训、跟别人对话、读书等活动成为反思，你必须要自己跟自己对话。自己跟自己对话，是反思的核心形式。这也是最方便进行的反思方式。你可以在任何时候、任何地方进行。

本尼斯说："对经验进行反思是跟自己展开苏格拉底式的对话的一种方式，在正确的时间问正确的问题，以发现关于自己和生活的真相。"[37] 西方哲人苏格拉底以提问而著称，本尼斯说的跟自己展开"苏格拉底式的对话"就是自己向自己提问。我们也可以说是跟自己展开"曾子式的对话"。苏格拉底以向别人提问著称，而孔子的学生曾子是以向自己提问而为人称道。在《论语》中，曾子说自己每天多次问自己三个问题："为人谋而不忠乎？与朋友交而不信乎？传不习乎？"

既然最重要的反思是自己跟自己对话，也就是自己向自己提问，那么，你的一个重要任务就是提出自己的反思问题。你的反思问题是什么？

三个层次的宏观反思问题

之前在讨论转换角度时，我们提供了一些问题，帮助我们实现角度转换，这些问题可以称为微观的反思问题，是针对某一特定经验进行的反思。我们现在所说的反思问题，可以称为宏观的反思问题，是对自己某一时间段（一天、一周、一年……）内的所有经验的反思。

前面已经谈到，微观的反思问题有小反思、中反思、大反思三个层次。宏观的反思问题同样可以分为这三个层次。

小反思

许多经理人每天会问自己这些问题：我今天完成了该做的工作吗？哪些工作没有做好？怎么做可以做得更好？这些都属于小反思。这些问题可以归结为一个问题：我有没有在正确地做事？这种反思很重要，但是经理人只进行这样的反思还不够。

中反思

小反思关注的是怎么更好地实现既定的目标，它没有对目标本身进行质疑。中反思则质疑目标，反思的是：我有没有在做正确的事？我今天做的这些事是否重要或者必要？我设定的目标是否是正确的目标？

大反思

小反思关注的是如何正确地做事（行动），中反思关注的是是否在做正确的事（目标），大反思关注的则是目标背后的假设：我想要成为什么样的人？我现在做的事能不能帮助我成为那样的人？为了成为那样的人，我应该做什么事？我应该停止做哪些事？

乔布斯在斯坦福大学 2005 年毕业典礼上的演讲中[38]，披露了自己每天进行的反思：

> 当我 17 岁的时候，我读到了一句话："如果你把每一天都当作生命中最后一天去生活的话，那么有一天你会发现自己是正确的。"这句话给我留下了深刻的印象。从那时开始，过了 33 年，我在每天早晨都会对着镜子问自己："如果今天是我生命中的最后一天，你会不会完成你今天想做的事情呢？"当答案连续很多次为"不是"的时候，我知道自己需要改变某些事情了。

乔布斯的反思问题，就是一个大反思问题。苏格拉底说："未经反省的人生不值得过。"苏格拉底指的显然也是大反思。案例 7-3 是企业家稻盛和夫和管理大师德鲁克在不同层面进行反思的例子。要想成为卓有成就的领导者，我们需要在各个层面进行反思。

案例 7-3

稻盛和夫和德鲁克的反思

日本企业家稻盛和夫和美国管理大师德鲁克都既进行小反思，又进行大反思。

稻盛和夫的反思

稻盛和夫说："凡事我总会不断问自己：'这样就可以了吗？没有更好的处理方式了吗？'会养成这个习惯，大概跟我是技术人员出身脱不了关系。从这个角度来看，就算是无关紧要的杂事，也有无数的改善空间。"

这里谈到的寻求"更好的处理方式"和"改善空间"，就是小反思。但是稻盛和夫也会进行大反思。他为经理人提出"六项精进"的建议，其中一项是"要每天反省"：

> 抑制自己的邪恶之心，让良心占领思想阵地，这个作业过程就是"反省"。所谓良心指的是"真我"，也就是利他之心，怜爱他人，同情他人，愿他人过得好。与此相反的是"自我"，指的是利己心，只要自己好，不管别人。无耻的贪婪之心就属于"自我"。

> 回顾今天一天，想想冒出了多少"自我"，抑制这种"自我"，让"真我"，也就是利他心活跃，这样的作业就是"反省"。

稻盛和夫所说的反省，就是大反思。

德鲁克的反思

管理大师德鲁克说，自己会在每年八月花两个星期来反思自己过去一年的顾问工作。他的反思问题是："首先，在哪些方面我发挥了作用？哪些方面客户需要我——不是希望而是需要？然后，在哪些方面我浪费了他们和自己的时间？在下一年里我应该关注哪些方面以便不仅为客户提供最好的服务,而且自己也能获得最大的收获?"

这是德鲁克的小反思和中反思:怎样改进自己的顾问工作?要追求和改变哪些目标?但是德鲁克的反思不仅停留在这里,他还一直在进行大反思:

> 我13岁时,遇到一位善于鼓舞人的神学老师。有一天,他直接走到班上的男生面前,问每一个人"你希望被人记住的是什么?"当然,我们当时没有一个人能答得上来,因此,他笑着说:"我并不指望你们现在能回答这个问题,但若你们50岁时还无法回答,那么就是在虚度光阴了。"
>
> ……我一直问自己这个问题:你希望被人记住的是什么?这个问题能促使你不断超越自己,因为它促使你把自己看作一个与众不同的人——一个你能成为的人。

你希望被人记住的是什么?德鲁克的这个问题是一个终极的大反思问题。

资料来源:稻盛和夫(2009),第57页;稻盛和夫(2011),第23页;德鲁克(2009d),第146页,第153—154页。

在组织层面反思

领导者不仅要自己反思,还要带领其他人反思(可以参照反思的七个步骤,以对话的方式引领他人反思),而且要打造一个擅于反思的组织。在组织层面更常使用的是事前反思和事后反思两种方式。

事前反思

有两种工具可以帮助组织进行事前反思:情景规划和预演失败。前者更加适用于对公司的宏观战略规划，后者更加适用于对某个具体项目的规划。

情境规划

情景规划（scenario planning）是20世纪70年代初在荷兰皇家壳牌石油公司率先采用的方法。情景规划是预想未来的确定和不确定因素在一定条件下会如何组合在一起，形成几种主要的情景，并制定相应的应对措施。"简而言之，情景规划试图囊括生动多样的可能性，推动决策者考虑他们本来可能忽视的变化。同时，它把这些可能性组织成故事，比起海量数据更容易理解和使用。但是，总的说来，这些情景的目的是挑战主流的思维模式。"[39]因此，情景规划是对主流的思之再思，属于反思。

情景规划可以参照以下步骤进行：[40]

- 确定范围：确定分析的时间框架和业务范围（产品、市场、区域等）。
- 界定利益相关者（stakeholders）：一般说来，利益相关者包括消费者、供应商、竞争对手、员工、股东、政府部门等等。界定他们的角色、立场、利益，以及可能如何变化。
- 界定基本趋势：哪些政治、经济、社会、产业、技术趋势确定会发生并会产生影响？
- 界定不确定性：哪些不确定发生的政治、经济、社会、产业、技术上的事件和趋势会产生影响？
- 组建初始情景：以基本趋势和不确定事件为要素来组建情景。最简单的方法是以现有战略为参照点，组建两个极端情景：最积极的与最消极的。还可以考虑删除最不可能发生的两种不确定性。
- 检验情景的一致性：检验构建的初始情景是否具有内在的一致性——趋势是否与时间框架一致？情景中同时包含的不确定性是否可能同时发生？主要利益相关者的立场是否合理？
- 建立学习情景：通过前面两步，一些具有战略相关性的情景主题将会涌现出来。把可能发生的结果和趋势围绕这些情景主题组织起来。
- 界定研究需求：在前一步建立的学习情景可能让你发现需要做一些进一步的研究。
- 建立定量模型：如果可能，建立定量模型。荷兰皇家壳牌公司就建立了把油价、通货膨胀、经济增长、税收、石油储备、利率等因素包括在内的模型。
- 演化为决策情景：重复前面的步骤，直到你能说服自己，建立最终的决策情景。最终的决策情景应该直指问题，能够自圆其说，每个情景有代表性和稳定性。

预演失败

预演失败由心理学家克莱因提出。他称之为 Pre-Mortem，是"事前尸检"的意思。克莱因认为，我们不能等着病人（项目）死亡了才尸检，因为尸检对他人可能有帮助，对死者却没有帮助。

克莱因介绍了预演失败的六个步骤：[41]

- 准备工作：给团队成员发一叠纸。如果他们不熟悉计划内容，向他们做个介绍。
- 想象计划完全失败：想象我们通过一个"水晶球"发现计划在未来完全失败了。但是"水晶球"没有告诉我们原因。
- 分析失败原因：团队成员用三分钟写下他们所认为的失败的原因。
- 完善原因列表：主持人请每人轮流说出一个原因，并写在白板上，直到所有人的原因都写完。
- 重新审阅计划：团队成员重点探讨两三个原因。之后再安排一次会议，探讨如何解决其他问题。
- 定期回顾列表：项目领导者可以每过一段时间回顾原因列表，警惕是否犯下了错误而不自知。

克莱因提出："这种练习背后的逻辑，就是让参与者切断与自己方案之间的情感连接，勇敢地接受挑战，展现出自身的创造力和能力，寻找可能导致计划失败的根源。"[42] 克莱因指出这个练习的两个目的：一是放下情感，二是在放下情感之后转换角度。

预演失败其实可以看作情景规划中的一个特例：对最消极的那种情景进行设想。与情景规划相比，预演失败更简便易行。心理学家卡尼曼记载了这样一段趣事：他参加达沃斯世界经济论坛时，简单介绍了这个方法。一家跨国公司CEO说："光是听到这个，达沃斯就来值了！"[43]

事后反思

进行事前反思的组织很少。尽管情景规划法已经有数十年历史，但采用的公司依然很少。[44] 采用事后反思的组织更多一些。皮克斯公司、联想集团和美国陆军，都是把事后反思制度化的组织案例（见案例7-4）。

把组织反思制度化

进行反思的组织并不一定是反思型组织。比如，宝洁公司研究过自己所有的并购案例，康宁（Corning）公司则研究过自己一百年历史上所有成功和失败的创新案例。但是，这两家公司并没有真正建立反思的制度，而是在某个时间点上，在当时的领导者的"灵机一动"之下对过去进行了一次反思。皮克斯（Pixar）公司、联想公司和美国陆军，是不多的把组织反思制度化的例子。

皮克斯公司的例子

电脑动画制作公司皮克斯取得了巨大的成功。其共同创始人埃德·凯特穆尔（Ed Catmull）分享了该公司如何培养创意型组织的经验，其中之一就是对每个项目都进行反思。凯特穆尔发现，在组织层面进行反思很难：

> 我注意到的一件事就是，尽管人们从事后反思中学到东西，但他们不愿意进行反思。领导者很自然地想用这个场合表扬团队成员。一般来说，人们更愿意谈论做对了什么而非做错了什么。而且在一部电影上花了好几年时间之后，每个人都想干点别的。如果让他们自行其是的话，他们会对制度耍些花招，避免直面那不愉快的一面。

皮克斯公司采取了以下办法来克服困难：

- 尽量改变反思的形式。这样不仅让人们有新鲜感，而且如果总是重复一种形式，有可能最后得出的结论也会相似。
- 让每个团队列出他们将来会重复做的五件事，以及他们不会再做的五件事。这样在"好事"和"坏事"之间取得平衡，让团队更有安全感。
- 使用大量数据。在皮克斯公司这样的创意型组织中，许多人会认为大量工作无法量化分析。而实际上，大量工作是可以量化的。使用数据来帮助分析，显得更加客观。

联想集团的例子

在柳传志的领导下，联想集团非常注重反思，他们使用了围棋术语来称呼它——"复盘"。从2001年开始，联想集团在遇到重大事件之后都会复盘，有四个目的：

- 为了知其然也知其所以然
- 为了不再犯同样的错误
- 为了传承经验与提升能力
- 为了总结规律与固化流程

联想集团为复盘建立了流程。首先，在整个公司中成立了一个复盘的项目小组，根据公司的项目前后梳理；复盘一开始，就有详细的文档，小组会根据所有项目的历史情况、现在的结果以及小组对事情的反思和总结，写出复盘报告。其步骤主要分为四步：一是回顾目标；二是评估结果；三是分析原因；四是总结规律。到2011年，联想已经总结出复盘文档240多个。

联想集团后来成立了投资公司，也取得了很好的业绩。据说原因之一就在于联想集团的复盘文档。因为联想集团本身就做过许多项目，其投资公司投资的项目大多可以在其中找到"前车之鉴"，从而使投资的项目有较高的成功率。

美国陆军的例子

据鲍威尔将军介绍，美军位于加利福尼亚州厄温基地的全国培训中心首先成功使用了"事后总结"（After-Action Review，简称AAR）制度，然后在全军加以推广。

全国培训中心拥有60万英亩起伏不平的沙漠，适合机械化演习和全真实战演习。许多部队开赴厄温基地进行实战演习，驻扎在该基地的部队扮演敌军。作战双方均佩戴无线追踪设备，因此所有的行动均可以在中央控制中心的电脑上得到展示。

实战演习并不新鲜，鲍威尔说，新鲜的是在全国培训中心进行的每一次战役后都会进行详尽的"事后总结"。这个复习具有以下特点：

- 实况回放：交战双方的指挥官、观察员和评估员都会坐在控制室里，像看电影一样看战斗的实况回放。士兵和车辆的每一个移动、每一次开火都有记录，都可以用多种方式回放。
- 与计划对比：可以在回放时对比作战方案和战斗的实际进行。
- 详尽分析：所有这些都被详尽地分析。指挥官、观察员和评估员都会发表意见：战斗是怎样进行的？为什么这样决策？

- 层层总结：指挥官回到部队，会把"事后总结"结果跟下属分享，每位士兵都会得到分享。每个下属部队都会进行自己的"事后总结"。
- 学习，而非打分："事后总结"是为了学习和改善，而不是为了打分和责备；是培训过程，而非评估过程。鲍威尔说，这是这个制度之所以起作用的关键。

资料来源：Catmull（2008），张小平（2011），Power & Koltz（2012）。

与个人的事后反思相比，组织的事后反思有两个优点：更可靠，因为多个人同时回忆会让经验更加可靠；更有价值，因为不同人可以从不同角度提供思考。同时也存在两个缺点：更难以组织，因为忙于创造业绩的组织往往难以抽出时间反思；更难以达成一致，因为涉及不同回忆的冲突、不同意见的等级秩序、对功过归属的分歧、对集体情感的管理等复杂问题。

根据皮克斯、联想和美国陆军等组织的实践，我们可以总结一个通用的组织反思的五步流程：回顾、分析、探索、提炼、分享。

第一步：回顾

在回顾步骤中，主要问这几个问题：

- 目标是什么？
- 行动是什么？
- 结果是什么？

这一步是回顾事实，主要问"是什么"的问题。

第二步：分析

在分析步骤中，主要问这几个问题：

- 为什么制定这些目标？

- 为什么采取这些行动？
- 为什么取得这些结果？

这一步是分析原因，主要问"为什么"的问题，寻找事情背后的原因和假设。

第三步：探索

在探索这一步，主要问这几个问题：

- 本来还可以制定哪些目标？
- 本来还可以采取哪些行动？
- 本来还可以取得哪些结果？

这一步是探索其他可能性，主要问"本来还可以怎么样"或者说"如果……会怎样"的问题。如果没有对其他可能性的假想，就缺少了反思中的"转换角度"这个要点，并没有真正实现反思。[45] 在这一步的问题可以参考前面在转换角度部分提出的问题清单。

第四步：提炼

在提炼步骤中，主要问这几个问题：

- 我们做对或想对了有哪些正确的做法或想法、今后应该坚持？
- 我们有哪些错误的做法或想法、今后应该改掉？
- 我们有哪些不确定的做法和想法、还需要继续观察？
- 我们可以总结出怎样的规律，更好地指导将来类似的项目？
- 我们这次形成的结论，适用（类似项目）范围有多大？

这一步是要形成指导将来行动的心得。

第五步：分享

在组织反思中形成的结论，需要设置分享渠道。要问这样一些问题：

- 这次形成的结论，我们需要对哪些人分享？

- 在什么时间、以什么形式分享?
- 我们要形成哪些文档?

这一步是在个人反思层面所没有的。组织反思得来的成果,除了形成文档可供查阅之外,还应该有针对性地主动分享,形成组织层面的学习。

本章小结

反思是领导者学习的主要方式,其本质是对思之再思。尽管大多数反思是在事后进行,但人们同样可以在行动前和行动中反思。反思的关键是转换角度,最核心的方式是自己跟自己对话。领导者不但要进行小反思,还要进行中反思和大反思。领导者不但要自己反思,还要带领下属反思,并且打造善于反思的组织。

本章要点回顾

1. 反思的本质是对思之再思。
2. 反思有三种:最常见的是事后反思,但是也可以事前反思和在行动中反思。
3. 人们难于反思的六个原因是:认知吝啬鬼、行动导向、情感妨碍、学校教育、结果导向、学习近视。
4. 反思的七个主要步骤是知、止、定、静、安、虑、得。
5. 反思的关键是转换角度,换人思考、寻找模式是转换角度的两个主要技巧。
6. 反思的四个要素是抽身而出、放下情感、转换角度、指导实践。
7. 反思最核心的方式是自己跟自己对话。
8. 反思还可以分为大反思、中反思、小反思,对应于三环学习。
9. 组织反思的一般流程为回顾、分析、探索、提炼、分享。

本章注释

[1] Bennis, W. (2003). *On Becoming a Leader*. Basic Books, p. 106.

[2] 汉迪（2006），《思想者：查尔斯·汉迪自传》，间佳译，中国人民大学出版社，第 48—49 页。

[3] 斯坦诺维奇（2015），《超越智商：为什么聪明人也会做蠢事》，张斌译，机械工业出版社，第 33 页。

[4] 同上，第 39 页。

[5] 舍恩（2007），《反映的实践者：专业工作者如何在行动中思考》，夏林清译，教育科学出版社，第 225 页。

[6] Gino, F., & Pisano, G. P. (2011). Why Leaders Don't Learn From Success. *Harvard Business Review*, April.

[7] Kahneman, D. (2012). *Thinking, Fast and Slow*. Penguin Books, p. 35.

[8] 斯坦诺维奇（2015），《超越智商：为什么聪明人也会做蠢事》，张斌译，机械工业出版社，第 116—117 页。

[9] Finkelstein, S., Whitehead, J., & Campbell, A. (2009). *Think Again: Why Good Leaders Make Bad Decisions and How to Keep it From Happening to You*. Harvard Business Press.

[10] Kotter, J. P. (1995). Leading Change: Why Transformation Efforts Fail. *Harvard Business Review*, March–April.

[11] Wilson, T. D., et al. (2014). Just Think: The Challenges of The Disengaged Mind. *Science*, 345(6192), 75–77.

[12] Mintzberg H. (1990). The Manager's Job: Folklore and Fact. *Harvard Business Review*, March–April.

[13] Liu, L. (2010). *Conversations on Leadership*. Jossey–Bass., p.135.

[14] Westberg, J., & Jason, H. (2001). *Fostering Reflection and Providing Feedback*. Springer Publishing Company.

[15] 南怀瑾（2003），《原本大学微言》，复旦大学出版社，第 46 页。

[16] 夏莫（2013），《U 型理论：感知正在生成的未来（全新升级版）》，邱昭良等译，浙江人民出版社，中文版序第 17 页。

[17] Drucker, P. F. (1999). Manage Oneself. *Harvard Business Review*, January.

[18] Gardner, J. W. (1990). *On Leadership*. The Free Press.

[19] Heifetz (1994).

[20] Eckert, R. (2001). Where Leadership Starts. *Harvard Business Review*, November. pp. 177–178.

[21] 转引自 Eurich, T. (2017). *Insight*. Crown Business, p. 111.

[22] Eurich, T. (2017). *Insight*. Crown Business, p. 112.

[23] Heifetz, R. A., & Linsky, M. (2002). *Leadership on the Line: Staying Alive through the Dangers of Living*. Harvard Business School Press, p. 187.

[24] 卡斯帕罗夫（2007），《棋与人生》，谢军、梁自明译，中信出版社（2007）

[25] 普劳斯（2004），《决策与判断》，施俊琦、王星译，人民邮电出版社，第 64 页。

[26] 希斯（奇普·）、希斯（丹·）（2010），《瞬变：如何让你的世界变好一些》，焦建译，中信出版社，第 196 页。

[27] Argyris, C. (1977). Double Loop Learning in Organizations. *Harvard Business Review*, September–October.

[28] Tosey, P., Visser, M., & Saunders, M. N. (2012). The Origins and Conceptualizations of "Triple-loop" Learning: A Critical Review. *Management Learning*, 43(3), 291–307.

[29] 海斯蒂、道斯（2013），《不确定世界的理性选择——判断与决策心理学（第 2 版）》，谢晓非、李纾等译，人民邮电出版社，第 84 页。

[30] 阿伦森（2007）《社会性动物》，邢占军译，华东师范大学出版社，第 124 页。

[31] 格鲁夫（2002），《只有偏执狂才能生存》，安然译，中信出版社，第 94 页。

[32] Cohen, W. A. (2008). *A Class with Drucker: The Lost Lessons of the World's Greatest Management Teacher*. Amacom, p. 53.

[33] Bennis, W. (2003). *On Becoming a Leader*. Basic Books, p. 107.

[34] Cartwright, T. (2004). *Developing Your Intuition: A Guide to Reflective Practice*. Center for Creative Leadership, p. 10.

[35] Bennis, W. (2003). *On Becoming a Leader*. Basic Books, p. xiv.

[36] Isaacson. W. (2011). *Steve Jobs*. Simon & Schuster, p. 315.

[37] Bennis, W. (2003). *On Becoming a Leader*. Basic Books, p. 54.

[38] 下面引用的一段为本书作者翻译。该演讲的原文或者视频可以在互联网上搜到。《乔布斯传》的作者说："不管是在文集里寻找还是在 YouTube 上搜索，你都找不到一

个更好的毕业典礼演讲了。"（Isaacson. W. (2011). *Steve Jobs*. Simon & Schuster. , 2011, p. 457）

[39] Schoemaker, P. J. (1995). Scenario Planning: A Tool for Strategic Thinking. Sloan Management Review, 36(2), 25–40.

[40] Ibid.

[41] 克莱因（2017），《直觉定律：如何正确利用逻辑之外不可忽视的力量》，黄蔚译，中国青年出版社，第126—127页。

[42] 克莱因（2016），《如何作出正确决策》，黄蔚译，中国青年出版社，第100页。

[43] Kahneman, D. (2012). *Thinking, Fast and Slow*. Penguin Books, p. 204.

[44] Schoemaker, P. J. (1995). Scenario Planning: A Tool for Strategic Thinking. *Sloan management review,* 36(2), 25–40.

[45] 在《复盘》一书中，作者陈中认为，是否进行了对其他可能性的推演是区分"复盘"和普通的"总结"的关键。

Chapter 8

第八章
深思——领导者的心智

领导力专家马克斯维尔花费多年时间，寻找这样一个问题的答案：成功人士的共同点是什么？最后得出的答案是：卓越的思考。他总结说：糟糕的思考会产生负面结果；普通的思考无法产生结果；好的思考会产生一些结果；卓越的思考会产生卓越的结果。[1]

如果我们区分领导者和管理者的话，卓越的思考能力对领导者更加重要。管理者解决技术性问题，答案基本是已知的，因此管理者更需要知道怎么做。领导者解决挑战性难题，答案往往是未知的，因此领导者必须知道怎么想。领导者具有能够进行深层次思考的成熟心智。

领导者的心智工具箱中应该包括以下四种深思工具：决策思考、系统思考、整合思考、隐喻思考。

决策思考

你每天需要做很多决策吗？如果你回答"是"，那么你很可能回答错了。你决定今天几点起床，穿什么衣服，什么时候给某个客户打一个电话，要不要就项目进展给上级写一份书面报告……这些都是决定，但是绝大部分决定不是决策。

决策思考首先需要懂得区分决策与决定的不同，拥有做决策而非做决定的心态。尽管中文的决策和决定在英文中都对应同一个词——decision，却是两种大相径庭的思考方式。

区分决定与决策

决定是针对个别事件的个别解，决策是针对所有类似事情的一般解。做一个决定只针对一件事，想要一次解决一个问题（实际上往往解决不了）；做一个决策则针对所有类似的事，旨在一次解决重复的问题，或者预防类似问题的发生。决定的影响是暂时的、个别的，决策的影响是长期的、全局的。因此，领导者的重点是做决策而非决定。因为每个决策都会产生长期、全局的影响，因此领导者并不会做很多决策。表 8-1 概括了决定和决策的区别。

表 8-1　决定和决策的区别

决定	决策
针对具体的、个别的事件的个别解	针对重复性、一般性问题的一般解
一次解决一个问题（实际上往往解决不了）	一次解决重复问题，或者预防类似问题的发生
暂时的、个别的影响	长期的、全局的影响
以孤立的眼光看待问题	以联系的眼光看待问题
普通人常常把时间花在很多的决定上	领导者应该把时间花在很少的决策上

领导者面对的决策情境主要有两种：一是面对当下的问题，解决当前出现的偏差和失误，可以称之为纠正错误；二是面对未来的选择，比如采取什么样的战略，可以称之为风险选择。格鲁夫分别称之为：亡羊补牢型和未雨绸缪型

决策。[2] 在这两种情境中区分决定与决策都非常重要。

纠正错误

专注于研究错误的管理学者悉尼·德克尔（Sidney Dekker）指出，关于人们犯错有两种观点：一种是旧观点，也可以叫作坏苹果理论，认为系统基本没有问题，是人为错误导致失败；另一种是新观点，认为人为错误不是失败的根源，而是更深层次的系统问题的结果或症状，因此人为错误不应该是调查的结论，而应该是起点。[3] 坏苹果理论其实跟心理学研究发现的基本归因错误[4]有关，指人类有一种把他人的行动归因于其本性而忽略环境因素的倾向。

面对暴露出来的人为错误，领导者需要决策而非决定有以下三方面的原因：

- 如果是偶然的人为错误，错误的原因可能多种多样，很难对症下药，做出正确的决定；
- 即使努力找到了对症下药的方法，也只能解决这一个问题，做决定缺乏效率；
- 正如德克尔指出的，问题的真正根源往往是系统性原因，这要求我们做决策。

案例 8-1 告诉我们，"一个员工迟到了"这样貌似简单的问题，也很可能有着更深层次的原因。

一个员工迟到了

让我们来看一个假想的例子。比如说，你是公司的 CEO，你正好碰到一个骨干员工迟到了。你该怎么做？你可以马上批评他："你是公司骨干，更应该带头遵守公司制度。罚款 100 元！"——这是一个决定。它是只针对这次迟到、这个员工的解决方案，实际上，它很可能不解决任何问题——

除了种下这个员工对你的不满。

如果你是一个决策思考者，你首先会想：他为什么会迟到？他经常迟到吗？许多员工经常迟到吗？假设人力资源部给了你四个不同的答案，于是出现了四种不同的决策情景。

决策情境一

人力资源部告诉你，最近因为地铁施工停运一个月，许多乘地铁上班的员工（包括这位员工）改乘公交车。地面交通比地下交通更拥堵，因此除非他们比以前提早出门一小时，否则就容易迟到。

于是，你决定在地铁施工期间，公司安排临时班车，接送以前乘地铁上下班的员工。这就是一个决策，不仅让这个员工今后不再迟到（对他是长期的影响），而且让其他有类似问题的员工今后也不再迟到（这是长期的、全局的影响）。

决策情景二

人力资源部告诉你，公司所在地的公共交通线路不多，许多员工需要转好几次车，因此不容易控制时间，迟到现象比较多。而员工住得比较分散，公司难以安排班车。

于是你决定公司采取"弹性工作时间"，除少数岗位外，员工只要在8点到10点之间赶到公司都可以，在工作满8小时之后可以下班。这也是一个决策，同样有长期的、全局的影响。

决策情景三

人力资源部告诉你，公司其他员工基本不迟到，但是这个员工最近一个月出现了三次迟到，尽管他住得离公司很近。你的直觉告诉你有什么事情不对头。你去找这个员工的主管经理谈话，才知道：这个员工不久前出色完成了一个项目，之后提了加薪的要求，但是经理告诉他，根据公司制度，只在年底才会统一考虑调整工资。因此，他最近可能有些情绪，在工作态度上出

第八章
深思——领导者的心智

现懈怠。

你现在面临一个决定：是否满足他的加薪要求？这其实是个决策，对他本人有长期的影响；对他和主管经理的关系以及你和他主管经理的关系会有长期的影响；而且，如果你同意给他加薪，就改变了公司的薪酬制度，对整个公司产生全局和长期的影响。

决策情景四

人力资源部告诉你，公司其他员工基本不迟到，这个员工以前也不迟到，这是他一年来第一次迟到。你的直觉告诉你有什么事情不对头。于是你约了这个员工谈话，终于发现他迟到的原因：他参与的一个大客户的项目，出现了很严重的问题，他昨天在客户那里加班处理，很晚才回家，因此早上起晚了。而负责该项目的部门经理并不想让公司知道项目出了大问题，试图悄悄解决。

你现在需要做的不再是针对迟到的决定，而是针对大客户项目为什么会出问题以及部门经理为什么要隐瞒的决策。

管理学者圣吉认为领导者应该在三个层次界定现实：
- 事件的层次——看到的是谁对谁做了什么。
- 行为模式的层次——发现长期趋势。
- 系统结构的层次——找到行为背后的根源。

只有在第三个层次才能真正改变行为模式。圣吉把三个层次的反应分别称为：被动反应（reactive）、主动响应（responsive）、积极创造（generative）。[5] 这也可以说是从决定到决策的三个层次。

风险选择

决策是针对所有类似问题做决定，如何界定"类似"是决策思考的一个关键。下面这个例子中，心理学家卡尼曼发现了当事人没有发现的类似。

| 领导力 ▶ 解决挑战性难题
| LEADERSHIP

著名经济学家保罗·萨缪尔森（Paul Samuelson）问一个朋友是否愿意赌一次扔硬币，可以赢 200 美元或者输 100 美元。他的朋友回答说："我不会赌，因为我对输 100 美元的感受比赢 200 美元更大。但是，如果你答应让我赌 100 次，我就愿意。"卡尼曼认为萨缪尔森的朋友的思考是错误的：你是马上要死吗？这是你人生中的最后一次赌博吗？尽管你的人生中很难再有一模一样的扔硬币赌博，但是会有许多类似（即成功与失败都有可能，但是期望值为正）的选择。因此，你可以认为这是 100 次赌博中的一次。如果你愿意赌 100 次，你就应该愿意赌这一次。卡尼曼称之为"宽框架（broad framing）"思考。[6]

针对未来的选择涉及风险和不确定性。卡尼曼指出，窄框架思考者针对每个风险决策构建一个偏好，宽框架思考者则制定一种风险政策，只要相关的问题出现，就应用这个政策。[7] 显然，窄框架思考者是在做决定，宽框架思考者是在做决策。领导者为企业制定核心价值观，并以其指导在各种不同情境中的决策，同样是一种宽框架思考。

如何进行决策思考

德鲁克关于有效决策的第一个建议就基于对决策和决定的区分。

决策的第一要素

决策思考者首先不是问：这个问题怎么解决？而是问：这是什么性质的问题？我如何让自己不是做决定，而是做决策？我应该怎么做决策，可以解决所有的类似问题，并且使类似的问题不再发生？

德鲁克认为这是有效决策的第一要素。他指出："有效的决策者首先需要辨明问题的性质：是一再发生的经常性问题，还是偶然的例外？"[8] 也就是说，问题可以分为两类：一般的情形和例外。前者需要做决策，制定规章和原则，一次性解决一般性问题。后者需要做决定，按照其具体、个别的情形来加以解决。

三类一般性问题

德鲁克把一般性的问题分为三类：[9]

- 第一类：真正的一般性问题，个别发生的事件只是其表象；
- 第二类：对该组织来说是看似独特的事件，但实际上是一般性问题；
- 第三类：一个新的一般性问题的首次发生。

组织中的大多数问题，都是第一类。一个员工迟到，一个顾客投诉，一个流水线上的操作失误，这些都只是一般性问题的表象（至于是什么一般性问题还需要深入分析）。前面谈到的萨缪尔森的朋友的例子，貌似是个独特的事件，但在卡尼曼看来是个一般性问题。

德鲁克举的第二类问题的例子是其他公司要求收购该公司，如果该公司同意被收购，这个事件就不会再发生了，这貌似是个特殊的事件。但就整个企业界而言，并购其实是经常发生的一般情形，也需要遵循一定的规则。这个规则可以参照他人的经验来制定。结婚、职业选择等在个人身上发生次数不多的问题也是第二类问题。这些问题对当事人来说也许是独特的，但是可以参照其他人的经验制定规则。

第三类问题容易被当作一个特殊事件，或者一个旧的一般性问题的表象。让我们再次分析案例 2-2 "阿里巴巴诚信危机背后的挑战性难题"。之所以最后发展成危机，很可能是阿里巴巴在一开始发现某些新招销售员与骗子合谋进行诈骗时，把它当作了一个"旧"的一般性问题（骗子骗过公司员工，利用阿里巴巴的网络平台诈骗）的表象，而忽视了这是一个"新"的一般性问题（员工不是受骗者，而是与骗子合谋进行诈骗）的初次发生。

哪些是真正例外的情形？德鲁克举了两个例子。一个是美国东北部地区在 1965 年 11 月发生的大停电，另一个是 20 世纪 60 年代早期因为孕妇服用"沙立度胺"而产下畸形婴儿的悲剧。当时认为这些事件发生的可能性是千万分之一甚至亿万分之一，发生了一次就不会再发生第二次。但是，真正例外的情形是很少的。德鲁克指出，上面两个例子后来也被发现是一般性问题的首次发生。

决策思考者的三个特点

既然真正例外的情形很少,决策思考者应该总是假设遇到的是一般性问题。正如德鲁克所说:"一位有效的决策者碰到问题,总是先假定该问题为'经常性的'。他总是先假定该问题为一种表面现象,另有根本性的问题存在。"[10] 他们相信学者兼作家钱钟书在小说《围城》中所写的:"天下就没有偶然,那不过是化了妆、戴了面具的必然。"他们要问的只是:这是哪一种必然?我应该怎么做决策?

总的来说,决策思考者有这样三大特点:

- 总是假设遇到的是一般性问题,需要做出决策;
- 总是尽可能在更宽的框架、更高的层次上界定问题,一次性解决类似问题;
- 总是考察是否是新问题的首次发生,避免用旧规则来解决新问题,并制订新规则预防问题重复发生。

案例 8-2 是体现了决策思考者以上特点的一个典型案例。

女招待的得分低于万豪标准

万豪集团前 CEO 小马里奥特巡视旗下一家加盟酒店,注意到顾客对餐厅女招待的服务评分低于万豪标准。他问酒店经理问题出在哪里,经理说拿不准。但是,小马里奥特注意到了经理不安的身体语言,觉得有问题。他接着问女招待的工资是多少,发现女招待的时薪比市场待遇低 2 美元。经理解释说:加薪要总部批准,而他不愿去申请。

对话不过 30 秒,但是小马里奥特发现了三个严重的问题:第一,总部管得太多。第二,高层重视利润胜过顾客满意度。第三,经理不敢提加薪要求,说明他的上级是糟糕的倾听者。

如果小马里奥特是个决定思考者,就会局限在这个事例上得出个别解。比如,他可以解雇服务不周的女招待,也可以处罚管理不善的经理。这些都是决定,最多只在这个餐厅的范围之内产生影响,而且很可能没有触及根本问题。

不过,小马里奥特是个决策思考者。决策思考者总是假定自己看到的只是表面现象,只是一个甚至多个一般性问题的症状,在它下面有更根本的问题存在。决策思考者不满足于只是为表面现象提供解决方案。他们努力去解决表面现象背后的一般性问题,因为这样才能从根本上解决问题,而且一次就可以解决一批问题。

小马里奥特通过提问,发现了"顾客对餐厅女招待的服务评分低于万豪标准"这个表面现象背后的三个一般性问题:总部过于集权;企业文化出现问题,重视利润胜过服务;公司高层不善于倾听,也不愿意倾听。前两个问题在系统结构层面,第三个问题在行为模式层面。

小马里奥特至少需要做三个决策去解决这三个问题。这三个问题解决了,小马里奥特就不仅解决了表面上的一家餐厅的服务不好的问题,而且解决了这三个问题带来的其他众多问题。

这个案例很好地体现了决策思考者的三个特点:

- 小马里奥特不满足于女招待得分不高这个表面问题,努力去发现背后的一般性问题。
- 小马里奥特并没有在女招待的层面上,也没有在这个餐厅的层面上界定一般性问题。作为公司 CEO,他思考的是怎么在全公司的层面上界定一般性问题。而且他把餐厅服务不好这个现象放在一个更宽的框架中去观察,与其他许多现象联系起来思考,同时解决类似的问题。

- 女招待服务不好,也可能是"旧"的一般性问题——比如,培训体系不健全、经理管理水平低等——的体现。但小马里奥特敏锐地发现了,这是新问题——而且是三个新问题——的症状初显。

资料来源:本书作者根据 Marriott & Brown(1997)编写。

系统思考

系统思考就是把事物看作系统的一部分,放在与其他事物的相互联系中来思考,从整体的、全局的角度来看问题。系统思考强调只有把局部放到整体中来看,才能真正看清局部。要从整体的角度来看问题,就要看清楚事物之间的相互联系,找出其中的运行模式。系统思考帮助我们理解复杂性背后的规律,找到问题的根本所在,发现真正的一般解,即根本解。决策思考以联系的观点看待事物,其实是广义的系统思考的一部分。

圣吉在《第五项修炼》一书中提出了学习型组织的五项修炼:自我超越;改善心智模式;建立共享愿景;团队学习;系统思考。圣吉认为最重要的是第五项修炼——系统思考,它强化并整合其他四项修炼。本书对系统思考的介绍,基于圣吉的《第五项修炼》一书。

改变对因果关系的看法

要看清事物的相互联系,就要改变我们对因果关系的通常看法,要从直线式思考变为圆环式思考。对因果关系的直线式思考认为因果关系是单向的,像一条直线:A 为因,B 为果,A 导致 B。而圆环式思考则认为 A 和 B 都是一个系统的一部分,在这个系统中,A 和 B 都既为因,又为果。

第八章
深思——领导者的心智

系统思考离不开画图。因为语言更适合用于直线式思考（这也是导致直线式思考更为流行的一个原因），而图形更适合用于圆环式思考。

图 8-1 是直线式思考的图示，图中只考虑了 A 对 B 的作用。

A ⟶ B

图 8-1　直线式思考

图 8-2 是圆环式思考的图示。以系统思考的观点来看，A 对 B 的影响，一定会反过来（有可能通过 C 甚至再通过 D 等）对 A 产生影响。

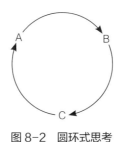

图 8-2　圆环式思考

我们来看一个具体的例子，这也是圣吉曾举过的一个例子：倒满一杯水。直线式思考是这样的：我打开水龙头，水满了（如图 8-3 所示）。

我打开水龙头 ⟶ 水满了

图 8-3　直线式思考的例子：倒水

然而，以系统思考的观点，完整的过程应该是这样的：倒水是一个目标导向的活动，有一个外在的目标，即想要的水位。我感知到杯中现在水位与想要的水位之间的差距，于是调整水龙头（第一次调整是打开水龙头），引起水流变化，水流变化引起杯中水位变化，杯中水位变化引起我感知的差距的变化，于是我根据这个变化再次调整水龙头，又引起水流变化……最后，当感知到的差距为零时，我关掉水龙头，倒水这个过程停止了。上述过程如图8-4所示。

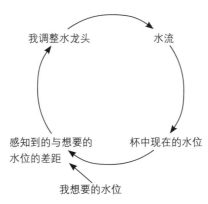

图 8-4　圆环式思考的例子：倒水

资料来源：圣吉（1998），第 82 页。

我们也许没有必要以这种方式来思考倒水这件事，但有必要学会这种思考方式。这样的圆环式思考，至少有三点重要意义。

让我们看清因果关系的相互性

我们看到，因果关系并非"A（我调整水龙头）引起 B（水流变化）"或者"A 是因，B 是果"那么简单。实际上，A、B 都既是因，又是果。

对经理人来说，理解这一点具有重要的意义。圆环式思考告诉我们：我们的任何行动，最后都将反作用于我们——这种反作用，在系统思考中叫作反馈。所以，经理人在采取重要行动之前，要预估这一行动将引起怎样的连锁反应，形成怎样的因果关系的结构，并将如何反作用于其自身，然后引起新的连锁反应……

让我们看清人类活动的局限性

人类倾向于把自己看作活动的中心——是"我"倒满了一杯水，而不是水自己倒满的。这样看当然有道理，但只是道理的一半。圣吉说："然而系统观点却指出，人所扮演的任何角色都是反馈环路的一部分，而非独立存在于反馈环路之外。这代表了根本观念的一种重大转换。"[11] 目前我们面临的环境危机，正以触目惊心的方式提醒着我们：人类塑造环境，但是人类同样被环境塑造。

对经理人的一个启示是要意识到市场等环境对自己行动的束缚。尽管自己的行动（比如定价）将改变市场环境，但是环境反过来也会限制着我们的行动。

让我们看清追究责任的复杂性

我们习惯于把责任分配给某一个明确的主体。"这件事是他做的。因此，出了问题应该他负责。"圆环式思考告诉我们，问题出现在一个系统之中，系统中的每个部分都对这个问题负有责任。尽管这个责任不能平均分配，但是显然不能全部归咎于某一个个体。这也是前面谈到的德克尔所说的对待错误的两种不同观点。

对于经理人来说，不仅要知道让某人独自承担失败的责任——或者独享成功的光荣——并不公平，更要知道在出了问题之后，努力看清导致失败的整个系统流程，从而避免下一次失败。如果单纯地把失败归咎于某个人或者某件事，就无法真正从失败中学习。

系统思考三要素

系统思考的基本圆环有两种：一种叫增强环路，一种叫调节环路。增强环路也叫增长环路或者放大环路。调节环路也叫平衡环路、稳定环路或者控制环路。增强环路、调节环路以及滞延（也叫延迟），是系统思考的三要素。

增强环路

在增强环路中,系统的每个部分都在系统中得到强化。系统中的一个小变化将被系统像滚雪球一样放大。我们常说的良性循环或者恶性循环,都是增强环路。任何一个正在持续变好或者恶化的情形,都是一个增强环路。

创新常常会变成增强环路(如图 8-5 所示)。企业投入资源进行创新,研发出新产品上市,新产品上市带来更多的收入和利润,企业因此可以投入更多的资源进行创新……进入一个良性循环。在增强环路中,每个行动所引起的反作用最终都会加强这个行动,也就是说其得到的反馈都是正向的,因此增强环路又叫正反馈过程。

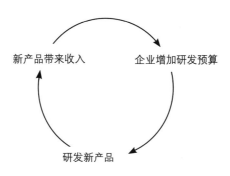

图 8-5　创新的良性循环

调节环路

在调节环路中,系统中每个部分都会在系统中得到平衡,因此该系统最终会稳定下来。所有目标导向的活动都应该是调节环路,会围绕该目标而稳定下来。之前讲的倒水的例子就是一个平衡环路。倒满水之后,该环路就中止了,这也是一种平衡。

调节环路比增强环路更难发现,因为它们通常看起来什么事都没有发生。比如我们很难关注到,我们的身体内就有无数的调节环路在不停工作,以维持我们的健康状态。调节、维持、控制、纠正、平衡……有这些词语的地方,就有调节环路。

我们来看工作中一个比较常见的例子（如图8-6所示）。下属工作方法不当，你就增加对下属的指导。在你对下属进行指导后，下属工作方法不当的情况就会减少，你就减少对下属的指导——这个环路最终会平衡在你对下属工作的某个期望值上。

图8-6 纠正下属工作方法

我们可以在环路的箭头上加上表示正负的符号。"+"号表示正向作用，即上一个因素增加，会引起下一个因素增加；"-"号表示负向作用，即上一个因素增加，会引起下一个因素减少。可以通过环路中的"-"号数量，来判断这是一个增强环路还是调节环路。如果"-"号数量是双数，则该环路为增强环路；如果"-"号数量是单数，则该环路为调节环路。

领导者要注意发现调节环路。圣吉指出，想要发动变革的领导者常常会遭遇一个隐形的系统目标的抵抗。"只要有'难以改变'的情况，就可能有一个或更多隐藏的调节环路存在。"[12]领导者需要找出那个隐形的系统目标，否则变革努力将会失败。

滞延

滞延（delay）指的是行动与效果产生的时间差。这在生活中无所不在。在淋浴时我们调整水温，往往会有几秒钟的滞延。农夫在春天播种，但要等到秋天才能收获。医药公司开发一种新药品,往往需要十年甚至更长的时间才能成功上市。

滞延会带来许多问题:因为热水到来的滞延,在淋浴时调整水温可能被烫着;因为锻炼身体产生效果的滞延,我们忽视锻炼;因为吸烟产生恶果的滞延,许多人吸烟;因为招聘的滞延,人力资源部应其他部门的需求新招进来的大批员工,却马上面临被裁员……

在系统思考中,滞延更广泛地指上一个因素影响下一个因素的时间差。滞延是系统思考的第三个要素。它和增强环路以及调节环路一起,组成系统思考的模型。系统思考首先要求我们用全局的眼光看问题。引入滞延这个要素后,系统思考又要求我们用长期的眼光看问题。

系统思考的两个模型

系统思考可以用于发现复杂现象背后的基本模式。这里介绍两个常用的系统思考的模型:成长上限和舍本逐末。

成长上限

一个增强型环路——比如图 8-5 描述的"创新的良性循环"——突然不能持续了,这是个常见的问题。一直持续的增长突然不再增长,怎么办?人们如果用局部的眼光"近视"地看问题,给出的答案就容易是继续推动这个增强环路。以图 8-5 为例,就是继续增加在创新上的资源投入。以前把公司营业额的 5% 作为研发投入?那现在增加到 8% 或者 10%!

实际上,一个增强型环路不再持续增长,其原因往往不在于这个增强环路本身,而在于这个增强型环路早就启动了一个(甚至多个)平衡型环路。平衡型环路一开始因为滞延的存在而没有起作用,但在增长持续一段时间后终于起作用了,因此增长不再持续。因此,遇到增长不能持续的问题,不能在增强型

第八章
深思——领导者的心智

环路中寻找根本解。根本解要在更大的系统去找,在于消除那个平衡型环路的限制因素。

成长上限模型由一个增强型环路和一个平衡型环路共同组成。图 8-7 是圣吉举的一个成长上限模型的例子,分析了创新不能持续的一种情形。公司增加研发投入,研发出更多的新产品上市,带来更多的收入,又可以投入更多经费到研发上,这是一个增强型环路。但是这个增强型环路同时启动了一个平衡型环路:研发投入增加,引起工程师团队规模扩大,引起管理复杂性增加,引起高级工程师的管理负担增加,当这个负担超出高级工程师的管理能力极限(这是一个短期内难以改变的限制性因素)时,研发新产品的周期将延长,新产品上市会放缓……

注意,这个平衡型环路没有在这里结束,而是这样继续:新产品上市会放缓,因此新产品带来的收入会减少,因此研发投入会减少,因此工程师团队的规模不再扩大,因此管理复杂性不再增加……这个平衡型环路由此得到一定的平衡。

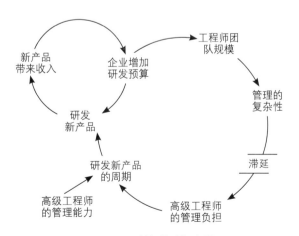

图 8-7 创新的成长上限

资料来源:圣吉(1998),第 105 页。

要解决创新不再持续的问题,要从高级工程师的管理能力这个限制因素着手去求得根本解。根本解是相对于那些更表面的解决方案而言。增长会遇到各种各样的限制因素,没有任何单一的根本解是一劳永逸的。解决了这个限制因素,过一段时间又会出现其他新的限制因素。

舍本逐末

舍本逐末——用症状解替代根本解的现象——在我们的工作和生活中随处可见。我们来看一个常见的例子:组织中缺少足够的管理人才(如图 8-8 所示)。

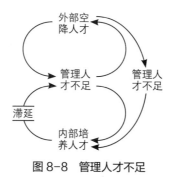

图 8-8　管理人才不足

解决这个问题的根本解很可能是从组织内部发掘大批有潜力的员工,进行有针对性的培养。但是,内部培养人才需要投入很大的精力,产生效果需要较长的时间,也就是滞延,因此,许多组织积极采用症状解——用高薪从外部聘请管理人才。这样做,不但没有解决问题,而且可能让情况变得更糟,因为症状解很可能产生以下副作用:

- 组织现有的管理人才的薪酬相对空降兵低,现有人才就会倾向于跳槽,去成为其他组织高薪聘请的管理人才;
- 组织内部有潜力的员工,因为得不到培养,又发现空降兵堵塞了自己的上升空间,也会纷纷离职,去其他组织寻求发展机会;

- 那些有意愿、有能力从内部培养人才的管理人才也纷纷离职……

这些副作用不但直接使管理人才不足的症状恶化，而且还使根本解更难被采用——既因为可供培养的人才都流失了，又因为人才流失现象使最高管理层更认为不值得进行内部培养，还因为能够培养人的那些人才也离开了。具有讽刺意义的结果发生了：组织越是试图从外部空降人才来解决管理人才不足的问题，管理人才不足的问题就会越严重，进入一个恶性循环。

舍本逐末模型由两个调节环路和一个增强环路构成。上面的调节环路是症状解，下面的调节环路是根本解。因为根本解产生效果有滞延，人们往往舍根本解而取症状解。症状解往往会产生副作用，导致问题进一步恶化或者根本解更加难以被采用，引发一个恶性循环的增强环路。

三种滞延

本节内容主要依据圣吉的《第五项修炼》一书，本书作者对其模型作了一个小改进。该书的舍本逐末模型将滞延都画在了从问题症状到根本解的箭头之上[13]（可以称之为第一种滞延），而本书把滞延画在从根本解到问题症状的箭头之上（可以称之为第二种滞延）（如图8-8所示）。

本书作者认为，如果只看到第一种滞延，则没有抓住关键。第一种滞延往往也存在，因为人们往往很难下定决心、达成共识去采用根本解。但是第二种滞延更加重要。通常正是因为根本解需要较长时间才能发挥作用，人们才迟迟不去采取根本解，也就是说，第二种滞延是第一种滞延的根源。[14]

实际上，在这个模型中还有同样非常重要的第三种滞延：症状解产生副作用往往也有滞延——这也是人们热衷于症状解的原因。第三种滞延使人们忽视了那个最终将使问题变得更糟的增强环路。但随着时间的流逝，这个恶性循环终将显现出来。

整合思考

整合思考是这样一种思考方式：在面对相互冲突的利益或意见时，承认它们都有合理之处，尽可能提出一个包容了各种利益或意见的解决方案。这可以说是整合思考的"弱定义"。

管理学者罗杰·马丁（Roger Martin）认为整合思考是："能够建设性地面对截然相反的主张之间的紧张关系，能够做到不是以牺牲一个为代价来选择另一个，而是提出一个新的主张，产生一个创造性的解决困局的方案，既包含之前的每个对立主张的要素，又比它们每一个都更优越。"[15] 这可以看作整合思考的"强定义"。

弱定义指的是寻找一个尽可能包含相互冲突的 A 和 B 的解决方案；强定义则要求找到的解决方案一定要完整地包含相互冲突的 A 和 B。

成年人的心智

心理学家霍华德·加德纳认为整合思考是最成熟的心智，但是许多人都不具备。加德纳在《领导心智》一书中介绍了四种不同层次的心智：二元对立、力求公平、相对主义、个人整合。他将之分别称为五岁儿童、十岁儿童、十五岁少年和成年人的心智。加德纳指出：大多数成年人的心智会一直停留在少年甚至儿童的水平。

二元对立

五岁儿童用"二元对立"来理解世界：世界由善、恶两种敌对的力量组成，而善最终会战胜恶。即使是一个复杂的有着三方或者四方力量的故事，在儿童的转述中，往往只会剩下善与恶的争斗。一个人要么是好人，要么是坏人；一

第八章
深思——领导者的心智

件事要么是好事,要么是坏事。

五岁儿童所形成的世界观往往是自我教育所能达成的最高境界,因此世界各地的正式学校教育,一般都在五岁左右开始。但是,五岁儿童的世界观有着顽强的生命力,即使经过严格的正规教育也难以根除。

力求公平

五岁儿童的思考方式可能是最普遍的心智。但是也有些人会产生出十岁儿童的思考方式,可以称之为"力求公平"。五岁儿童看待世界是黑白分明,十岁儿童则会认为黑中也有白点,白中也有黑斑。五岁儿童眼中只有好人、坏人,十岁儿童则会认为每一方都包含有善和恶的因素。十岁儿童不仅仅考虑行动的后果,还看到行动后面的意图。

相对主义

十五岁的青春期少年能够充分懂得利益和观点的多面性,他们即使强烈主张某种立场,内心也仍然存有疑虑。在他们眼中,上帝有缺点,魔鬼有美德,友谊是动态变幻的关系。每个人都会形成五岁儿童的"二元对立"的思考方式,但并不是每个人都会到达思想上的青春期——"相对主义"。加德纳指出:有些人在心智上一直是五岁,还有些人一直是十岁。而且尽管很多十五岁少年偏爱"相对主义",但是他们会在几年之后会回归到更早期的、更定型的"二元对立"或者"力求公平"思维方式。

个人整合

还有少数人培养出了一种更成熟的成年人的思考方式,加德纳称之为"个人整合"。这些成熟的个人能够综合两种明显对立的情感:一方面,他们清楚各种价值观是相对的;另一方面,在一个特定情形下,又需要选择一种更为适合的立场(这是对整合思考的弱定义)。

整合思考者的核心信念

整合思考者具有以下四条核心信念。

真理的相对性

他们相信互相冲突的主张有可能都是对的。他们不一定听说过丹麦物理学家、诺贝尔奖获得者尼尔斯·玻尔（Niels Bohr），但一定会同意他说的这句话："事实的反面是谬误。但是一个深刻的真理的反面很可能是另一个深刻的真理。"

冲突的建设性

他们相信冲突是世界的常态，而且不一定是坏事。冲突的本质其实是差异，而世界正是由差异组成的。如果我们能够创造性地利用差异，冲突很可能变成好事。最早系统阐述整合思考的管理思想家福莱特说，冲突就像物体之间的摩擦。尽管在许多时候，我们尽力消除摩擦，但是我们的许多创造，同样要归功于摩擦：因为摩擦，人类才发明了火；因为摩擦，小提琴才能产生音乐；因为摩擦，火车才能运行……[16]

行动的适宜性

尽管相互冲突的主张各有道理，但在特定的情境下，有时必须选择其中之一来行动。这也就是美国小说家斯科特·菲茨杰拉德（Scott Fitzgerald）所说的："对一流智力来说，需要考验这样一种能力：脑子中同时持有两种截然相反的主张，但仍然具有行动的能力。例如，一个人既应该看到事情是没有希望的，又决心采取行动来加以改变。"这与整合思考的弱定义一致。

双赢的优先性

最佳的解决方案，不是选择对立双方的其中之一来行动——尽管有时必须这么做——而是创造一个双赢的方案，把看似对立的双方都整合在其中。这与整合思考的强定义一致。尽管并非任何情况下都能实现，但是整合思考者将其作为优先选项。

解决冲突的五种方式

福莱特在20世纪20年代提出了整合思考的思想。当时她常常应邀参与协调企业与工会的谈判，她发现，用整合思考来解决冲突，冲突有可能变成好事，产生皆大欢喜的结果。她因此称之为"建设性冲突"。[17]

福莱特把冲突的解决方式分为三种：征服、妥协和整合。[18] 管理学者肯尼思·托马斯（Kenneth Thomas）在其他学者的影响下，于20世纪70年代提出了冲突解决的五模式模型（如图8-9所示）。

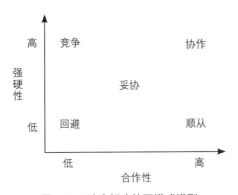

图8-9　冲突解决的五模式模型

资料来源：Thomas（1992）.

这个模型以强硬性（assertiveness，试图满足自己的利益）和合作性（cooperativeness，试图满足他人的利益）为两个维度，区分了冲突解决的五种模式：

- 回避：A 面对与 B 的冲突，回避了。如果双方都回避了，则事情悬而未决，双方都没有得到自己想要的，造成一种双输的结果。
- 竞争：A 面对与 B 的冲突，强行要求 B 接受 A 的主张。这是福莱特所说的征服，即 A 征服 B。
- 妥协：A 面对与 B 的冲突，寻求在双方的主张中寻找一个妥协点，双方都进行一定的让步，都实现了自己的部分主张。
- 顺从：A 面对与 B 的冲突，在 B 的竞争战略下，让步了，接受了 B 的主张。这也是福莱特所说的征服，不过是 B 征服 A。
- 协作：A 面对与 B 的冲突，寻求找到一个双方都可以接受的双赢的主张，该主张同时包容了 A 与 B 的旧的主张。协作就是福莱特所说的整合。

实现整合的四个步骤

如何达成双赢的整合解呢？本书作者基于福莱特的思想将其概括为四个步骤。

第一步，重新看待冲突

冲突常常被比喻为打仗、打架或者比赛。如果这样理解冲突，则很难达成整合解。你听说过有哪次战争或者球赛的对阵双方都是赢家的吗？首先妨碍整合思考的是我们大脑中对冲突的隐喻。

我们需要对冲突有新的比喻。你可以像福莱特那样，把冲突比喻为物理学中的摩擦。或者我们可以把冲突比喻为乐队演出。冲突各方就像演奏不同乐器的音乐家。如果他们各行其是，按照不同的节奏演奏，甚至演奏不同的乐曲，那将产生噪声；但是如果他们听从指挥，按照同样的节奏演奏，就有可能产生美妙的音乐。你的工作就是找到那个指挥——整合解。

第八章
深思——领导者的心智

冲突往往是一个建设性的机会，把并不完美的现实以一种具体生动的方式呈现到我们面前。如果我们抓住这个机会，运用整合思考，就可能推动组织和社会的变革和创新。

第二步，公开双方主张

有人建议这样一种谈判技巧：不要（先）告诉对方自己真正想要什么。这样的建议也是把谈判理解为打仗或者比赛，目的在于战胜对方，寻求的不是整合而是征服。为了征服对方，没有人会愿意暴露自己的作战（比赛）策略。

也许有些谈判以征服对手为目的，但是绝大多数谈判应该以寻求整合的解决方案为目的。在这样的谈判中，应该把双方的主张坦诚公开。要创造整合解，首先得知道要整合的是什么，而且冲突双方可以把对方的主张作为一面镜子，重新评估自己的主张，从而提出更准确、更实际的主张。有时候，双方的主张在重新评估之后就可以达成一致。

第三步，发现真正欲望

冲突双方提出的主张是不同的，甚至是对立的。但是，这真的就是他们想要的吗？还是说这只是一个表象，他们真正想要的其实是另外一个东西？

我们的所有主张都是更根本的人性欲望的反映。因此，整合思考者假设所听到的主张背后有更深层次的欲望。问对方，也问自己："你为什么想要这个？""你为什么想要 A？""是因为 C。""那你又为什么想要 C？"不停地问，找出双方表面主张背后的真正欲望。

比如下属要求加薪，这可能与公司制度冲突——公司规定年底才能够考虑加薪。你问对方："你为什么想要加薪？"当然你不一定直接这样问话，但是你要努力找出他的更深层次的真正欲望——因为加薪不是人类的根本欲望。你也许最后发现他想要的是认可——加薪只是他想到的认可形式。注意，"公司规定年底才能够考虑加薪"也只是一个表面主张，你同样可以深究其背后的真正欲望是什么。

福莱特指出，在对表面主张进行深一步探询时，首先需要把其各个组成部分拆分来看，但有时又需要相反的做法，把看似碎片的主张组合成一个整体进行表达。[19]

第三步是达成整合解的关键。因为尽管表面主张可能是截然对立的，但是真正的欲望往往不是。我们再来看一个福莱特亲身经历的例子。[20]

福莱特和一些人在哈佛大学图书馆的一个小房间里开会。有人想要开窗，而她希望窗户关着。看起来，开窗和关窗是截然对立的主张，只能满足一项。但是，开窗和关窗只是表面主张，需要找出其背后真正的欲望。在这个例子中，经过简单询问就能发现：要求开窗者希望能有些新鲜空气，而福莱特则不希望窗外的北风直接吹到她身上——双方的真正欲望并不必然对立！

第四步，创造解决方案

在福莱特这个例子中，他们找到的整合解是——打开隔壁房间的窗户。这是整合，而非妥协，因为双方都完全得到了自己想要的。在前面所举的下属要求加薪的例子中，你应该可以找到用加薪之外的方式来进行认可的整合解。并非所有冲突都有强定义下的整合解，但是大多数冲突都都可以求得弱定义下的整合解。

第四步有时需要一定的创造力和想象力，但是如果有了第三步，第四步往往变成自然而然的事情。比如，管理学中的"竞合"概念的提出，看起来需要一定的创造力和想象力。但是如果我们搞清楚了竞争背后的真正欲望，提出这个概念就变成顺理成章的事情了。因为竞争背后的真正欲望，不是打败竞争对手，而是自己的生存和发展——打败竞争对手是为了自己的生存和发展。如果与竞争对手合作更有利于自己的生存和发展，那又何乐而不为呢？

冲突往往是一个建设性的机会，把并不完美的现实以一种具体生动的方式呈现到我们面前。如果我们抓住这个机会，运用整合思考，就可能推动组织和社会的变革和创新。

第八章
深思——领导者的心智

我们可以通过四个问题来概括这四个步骤：怎样把冲突变成好事？双方各自想要什么？双方真正想要什么？怎样做才能双方都成功？

寻求四个方向的整合解

要找到使双方都成功的整合解决方案并非易事。本书作者在学者迪恩·G.普鲁特（Dean G. Pruitt）和金盛熙（Sung Hee Kim）的分类[21]基础上，把整合解分成以下四类：增加资源、补偿损失、各取所爱、创造双赢。在实际工作中，人们可以从这四个方向去寻求整合解。

举个例子：一对夫妻要决定去哪里休两周假。丈夫想去山上，妻子想去海边。他们已经考虑过去山上和海边各一周的妥协方案。[22]有没有可能找到令双方都满意的整合解呢？

增加资源

一些冲突完全源于资源短缺，如果能增加可用资源就可以找到整合解。假设休假时间是这对夫妇的资源限制，如果他们可以说服雇主额外再给他们两周假期，就可以找到这样的整合解——先在山上度假两周，再在海边度假两周。

增加资源适合的情形是：冲突一方本来可以接受对方的提议，但是由于机会成本才选择拒绝。比如，丈夫本来可以去海边，但是这样他就没有时间去山上，所以才拒绝。但如果丈夫本来就痛恨去海边，那么就只能寻求其他的整合解了。

寻求增加资源的整合解需要问：冲突是否源于资源的短缺？如何才能增加重要的资源？

补偿损失

这种解决方案指的是仅一方得偿所愿，但是另一方得到了补偿。补偿有两种形式，一种是货币或者其他并非针对另一方特定损失或者代价的补偿（非特定补偿）。比如，丈夫给妻子买了一辆新车，妻子同意去山上休假，尽管她觉得山上很无聊。另一种则是针对另一方的特定损失或者代价的补偿（特定补偿）。比如，丈夫之所以不喜欢到海边休假，是不喜欢拥挤不堪的氛围。如果妻子给他租一个有安静内院的套房，他就可以在那里读书了，而妻子则可以去海边逍遥。

寻求补偿损失的整合解需要问：另一方如果退让会遭受多大的伤害？是否可以精确地消除或者减轻这种特定伤害？如果不能，另一方还会看重哪些我方可以提供的价值？

各取所爱

在这种解决方案中，冲突双方能在那些对自己优先级较低（只是"喜欢"的部分）、对对方优先级较高的问题上进行退让，使双方都获得了各自主张中最重要的部分（真正"爱"的部分）。比如，除了休假地点有分歧，妻子还想住五星级酒店，丈夫只想住农家乐。对妻子而言，住宿条件最重要，而对丈夫而言，休假地点最重要。那么两人可以这样达成整合解：去山上休假，住五星级酒店。

寻求各取所爱的整合解需要问：双方的主张可以分成哪些较小的部分？对于双方来说，这些部分各自的优先级是怎样的？有没有一些部分，对双方来说优先级不一样？

创造双赢

在这种解决方案中，冲突双方都不再坚持最初的主张，而是设计出一个新方案，满足双方最重要的利益点。比如，如果丈夫想去山上是喜欢观察森林中的植物，妻子想去海边是喜欢游泳，那么选择一个山中的滨湖度假区可以是整合解。这样的整合解很难包括双方所有的利益点，但是可以把优先级较高的利益点包括进去。

寻求创造双赢的整合解需要问：双方的根本利益（真正欲望）是什么？这些利益能否被同时满足？如果不能，这些利益中最为优先的是什么？如何能同时实现双方优先级较高的利益？

只有创造双赢和增加资源有可能符合强定义的整合解（最后解决方案 X 优于双方原有主张 A 与 B 的总和），但也并不必然符合。增加资源的最后解决方案提供的利益有可能只是等于双方原有主张的总和，甚至在略微小于后者的情况下，也可以看作是个不错的整合解。创造双赢得出的结果如果只包括了双方主要的利益点，而非大于双方所有的利益点，尽管很可能是在当时情境下的最优解，但也可能不是强定义下的整合解。补偿损失和各取所爱都是弱定义下的整合解。我们应该努力找到在当时的局限条件下的最优的整合解。

整合思考的领导力

卓越的领导者整合思考。马丁在六年内访谈了 50 多位商业领导者，发现如果一定要找出他们的一个共同点，那就是整合思考。[23]

自相矛盾的领导者

卓有成效的领导者因为整合思考，可能会采取看似自相矛盾的行动，会养成看似自相矛盾的性格。领导力学者凯茨·德弗里斯（Kets de Vries）说："领导者既要行动，又要反思；既要内向，又要外向；既要发散思维，又要整合思维；既要智商，又要情商；既要洞察入微，又要眼观大局；既要短期思考，又要长期考虑。只有能够有效平衡这些矛盾的人才能干得出色。"[24] 柯林斯发现带领企业实现从平庸到卓越的飞跃的"第五级领导者"最大的特点是：集个人的谦卑和集体的雄心于一身。[25]

管理学者温迪·K. 史密斯（Wendy K. Smith）与她的合作者把整合思考称为"自相矛盾的心智"。他们提出，要培养"自相矛盾的领导力（paradoxical leadership）"，需要实现三个转变：[26]

- 从有意追求一致到有意追求不一致：追求一致是我们接受教育的结果，是一种普遍的心理倾向（否则会出现心理学家所说的认知失调），但是这对需要处理更为复杂的问题的组织高层管理者来说是一种缺点。
- 从认为资源稀缺到认为资源充足的改变：低层管理者往往面对资源稀缺的局限（而资源之所以稀缺是因为高层管理者设定了限制），导致了零和博弈的思考方式。反之，领导者可以采取做大蛋糕的思维方式，比如与新伙伴进行合作、采用替代技术、改变时间框架等等以更好地利用资源。
- 从追求确定性到追求变化：传统的管理方式受军队影响很大，强调规则。领导者常常强调控制，来减轻追随者面对变化的不安。自相矛盾的领导力要求拥抱变化，勇于实验和从失败中学习。

"和式思考"的组织

卓有成效的领导者不仅自己整合思考，还带领组织采取整合行动。雷富礼上任宝洁公司CEO后，既削减成本，又大力创新。他说："如果是'二选一'的话，我们不会成功。每个人都能做到'二选一'。世界就是那样运行的。你牺牲这个以得到那个，但是那样的话你无法成为行业中的翘楚。"[27] 二选一相对更容易，能够做到的人就比较多。最简单的二选一的例子就是：要么低成本，要么高质量。而既要低成本、又要高质量就很难，只有卓越的企业才能做到。

整合思考又可以称为"和（and）式思考"，与之相对的是"或（or）式"思考。做到低价格"和"高质量才是卓越，做到低价格"或"高质量只是平庸。平庸的组织进行"或式思考"，卓越的组织进行"和式思考"。而那些持续卓越而做到了基业长青的组织，则是把"和式思考"融入了组织基因。

柯林斯和波拉斯合著的《基业长青》一书，研究了18家最为美国公司CEO们推崇的公司的成功秘密。这些公司最年长的是成立于1812年的花旗银行，最年轻的是成立于1945年的沃尔玛。柯林斯和波拉斯发现，它们都进行"和式思

考"，主要有四点内容：[28]

- 它们既有超越利润的目的，又务实地追求利润；
- 它们既有相当固定的核心价值观，又勇猛地变革和行动；
- 它们既有清晰的愿景与方向感，又进行机会主义的摸索与实验；
- 它们既制定胆大包天的目标，又通过渐进式的演变和进步来实现它。

你的独特整合是什么

尽管基业长青的企业有着整合上的共性，但每家企业还需要有自己独特的整合思考。你的组织的独特整合是什么？许多企业的商业模式就是建立在一个独特的整合之上。比如eBay的模式是社区"和"商业；四季酒店的模式是小酒店的亲密感"和"大酒店的设施。乔布斯领导的苹果公司的成功，也主要归功于其独特的整合：科技之精"和"艺术之美。

此外，组织和个人每天都要面对冲突，需要自己整合。在福莱特看来，这些冲突定义了你的组织和你个人的境界。如果一个人每天的内在主要冲突是偷东西还是不偷东西，那么可想而知他是一个怎样的人。对于组织也是如此。看一个组织是怎样的组织，不是看它有没有冲突，而是看它的冲突是什么。[29]

作为组织的商业模式或者个人的定位，你的整合是什么？你和你的组织现在面对的冲突是什么？你打算怎么整合它们？

隐喻思考

组织、管理、领导这些词，不论在汉语还是在其他语言中，都是从隐喻而来。隐喻在语言中无处不在，而语言是思考的载体，所以隐喻在我们的思考中也无处不在。我们以隐喻思考，也以隐喻管理。组织工作者需要发现自己赖以管理和领导的隐喻，并有意识地创造更好的隐喻。

我们赖以思考的隐喻

隐喻简单说就是隐藏的比喻,既是一种修辞方式,更是一种思考方式。"隐喻的本质就是通过另一种事物来理解和体验当前的事物"[30],或者说,"用一种经验照亮另一种"[31]。

"A 是 B"是最典型的隐喻。相对 B 来说,A 往往是陌生、抽象、无序的,所以我们在思考 A 的时候,转向更熟悉、更具象、更有序因而也就更容易理解的 B,用 B 的性质、特征和结构来帮助思考 A。比如,"他走到了人生的终点"这句话隐含着"人生是旅途"这个比喻。相对而言,人生是抽象的、无序的,而旅途是具象的、有序的,因此我们借用旅途的概念来思考人生。又比如,在山头、山腰、山脚这些说法里,隐含着"山是人体"的比喻。我们通过把山思考为人体,来理解山的形状。

根隐喻

"山是人体"不仅是一个隐喻,而且是哲学家史蒂芬·佩珀(Stephen Pepper)所说的根隐喻(root metaphor)[32]。如果 B 提供了一套体系来帮助我们思考 A,那么"A 是 B"就成为一个根隐喻,从这个根上能够长出一系列的隐喻。山头、山腰、山脚这些隐喻都可以追溯到"山是人体"这同一个根上。"人生是旅途"也是一个根隐喻。因为人生是旅途,所以人生会有起点和终点,所以人生可能走错路,所以有些人的人生突然进入了快行道……

人类思考的历史在很大程度上就是隐喻思考的历史。人们遇到新的事物时,往往求助于旧的事物来进行隐喻思考。我们对某个具体事物甚至对整个世界的理解,都可能建立在一个根隐喻上。佩珀在其开创性著作《世界假设》[33]中,概括了四种形而上学的世界观,分别建立在四个不同的根隐喻上。

语言学家乔治·莱考夫(George Lakoff)和哲学家马克·约翰逊(Mark Johnson)合著的《我们赖以生存的隐喻》是研究隐喻思考的里程碑。该书考察了"我们赖以生存"的一些重要的根隐喻,包括对组织活动有极大影响的"时间是金钱"。[34]

以下这些日常用语,看起来并没有使用修辞说法,却都隐含着"时间就是金钱"这个隐喻:

- "你在浪费我的时间。"
- "你的时间是怎么花的?"
- "我在她身上投入了大量时间。"
- "我因病失去了很多时间。"

隐喻指导行动

隐喻思考指导着我们的行动。比如,"不要让孩子输在起跑线上"最初是一句用来推销奶粉的广告语,现在已经成为指导家长投资孩子教育的座右铭。你是否发现影响这些家长行动的其实是一个隐喻呢?这个隐喻是"人生是赛跑"。这是一个根隐喻:因为"人生是赛跑",所以孩子的童年是起跑线,所以人生有赢家和输家……

这个隐喻有一个问题:因为如果"人生是赛跑",那么人生不应该是短跑,而是长跑,更准确的说法是马拉松。而对于马拉松而言,在起跑线上是否领先一点都不重要。对于任何赛跑来说,重要的都是谁先跑过终点线。因此,我们是否应该用"不要让孩子输在终点线上"来替代呢?如果我们这样替代,家长们的思考及行动方式是否会有很大的不同呢?

再进一步:为什么一定要用"人生是赛跑"这个隐喻呢?人生中有竞争,但这只是人生的一小部分。我们可以说,人生更大的意义不在于战胜他人,而在于活出自己的精彩。其实,许多参加马拉松的跑者,也并没有想要战胜谁,他们只是想要挑战自己,证明自己。我们可以反过来说,这些马拉松参与者的理解不是"马拉松是赛跑",而是"马拉松是人生"。

"不要让孩子输在终点线上"也许比"不要让孩子输在起跑线上"更好,但同样使用的是"人生是赛跑"这个过于强调竞争的隐喻。除了赛跑，人生还有许多可能性。

我们赖以管理的隐喻

我们以隐喻来管理和领导。现在通行的管理体系就是建立在这样一些主要的根隐喻之上：时间是金钱；人是资源；企业是（法）人；股东是主人、管理者是管家；商场是战场；组织是机器……

"人是资源"

人力资源管理理论就建立在"人是资源"的隐喻之上。资源的特点是：

- 可以量化；
- 可赋予单位价值；
- 服务于某一目标；
- 在服务目标过程中逐渐耗尽。

所以我们也倾向于这样思考并且对待组织中的员工。尽管"人力资源"这个隐喻对管理实践有一些积极的影响，但是也带来了极大的负面影响。我们忽略了这只是一个隐喻——人并不是资源——因此不把员工当人。

组织对人的隐喻决定了它们如何对待员工：

- 如果认为人力是成本，行动就会是节约；
- 如果认为人力是资源，行动就会是利用；
- 如果认为人力是资本，行动就会是投资。

"组织是机器"

"组织是机器"是比"人是资源"出现更早、影响更为深远的隐喻。英文中"组织"（organization）这个词就起源于希腊语的"工具"（organon）一词。

[35]但是直到工业革命,"组织是机器"的隐喻才广泛流行。在 19 世纪末 20 世纪初出现的第一批管理思想家,包括法国经理人法约尔、美国工程师弗雷德里克·泰勒(Fredrick Taylor)、德国社会学家韦伯,都把他们的组织管理理论建立在"组织是机器"的隐喻之上。[36]机器型组织成为他们眼中最理想的组织形态。

"组织是机器"提供了一个体系来帮助我们思考组织应该如何运作。这个根隐喻可以派生出众多隐喻,系统地指导我们的管理实践。如果"组织是机器",那么"员工是螺丝钉"(也就是"人是资源");如果"员工是螺丝钉",那么也应该在一定程度上爱护员工,因为"爱护员工是给螺丝钉上润滑油";但是,如果"员工是螺丝钉",就没有必要倾听他们的意见,没有必要了解他们的情感……

"组织是机器"这个隐喻使得我们这样建立组织:

- 目标化:机器是为了执行某个任务,组织也是为了实现某个目标;
- 专业分工:组织的各个部门各有专业分工,就像机器的各个零部件有专门功能一样;
- 流程化:生产和服务都可以"流水线"化;
- 标准化:工人也具有像机器部件一样的可替换性;
- 精确性、可预测性……

"组织是机器"这个根隐喻带来了巨大的成就——从早期的以福特汽车为代表的大规模流水线生产,到后来的以麦当劳为代表的服务业的机器化革命——并推动了管理的进步。但是组织不是机器,或者说组织不完全是机器。机器这个隐喻只能帮助我们理解组织的一部分,但同时也会产生误导。在案例 8-3 中,我们可以看到机器隐喻在富士康公司带来的问题,及其与另一个隐喻的冲突。

案例 8-3 富士康：两个隐喻的冲突

曾经因为员工频频跳楼自杀引发媒体关注的富士康，一直在使用两个根隐喻。

"富士康是机器"

第一个根隐喻是"富士康是机器"。富士康是典型的机器型组织。请看新闻报道对富士康的描写：

> 放眼望去，机器与一排排工人相得益彰。工人们垂首而立，手中活计各不相同。用左手还是右手，先拿哪种工具，都有固定顺序，前后机台完成各自工序的速度，要配合得恰到好处。车间一端悬挂着液晶屏，上面跳跃着两排红色数字：第一排是当天要完成的目标产量，第二排是目前工作进度。辅以看板管理。

> 生产线最基层的管理者是线长，他的职责之一是控制人力成本，每当投产一种新产品时，线长会和工程科学部门一起评估：产品需要哪些岗位，每个岗位多少人，每个人的动作时间如何搭配，测量动作会细化到以秒为单位，然后，根据这个标准，看看哪些工段能够组合，能放一个人的地方绝不放两个。

在机器型组织中，员工往往被视为机器的一部分，是一个齿轮或者螺丝钉而已。螺丝钉不需要说话。香港理工大学教授潘毅的研究团队，就接触过一个在富士康整整一个月没有说过一句话的女工。

螺丝钉之间也不需要相互交流。一个记者在富士康"2010年度励志大会"上看到："大会的高潮是，只要谁能说出全部室友的姓名、电话，就立刻奖励1 000元，台下当时坐着至少几千人，一时间跃跃欲试、交头接耳、四下打听，但最终，仅有三人跑上台。"

机器型组织只重视从上到下的传播。富士康直接把来自集团的命令叫作"军令",而"军令"需在24小时内传达给最底层员工。"军令"这个词背后的隐喻是"富士康是军队"。军队是典型的机器型组织。"富士康是军队"只是"富士康是机器"的一个变形。

富士康的组织传播还有至少两个特点:第一,注重培训。这也是大型的机器型组织的特点,需要教会大家流程化的操作。第二,"骂"文化。以工人身份进入富士康实地考察的一位研究生记得自己"每天不知要挨多少次"线长的骂:"你怎么这么蠢啊!这个放在后面你不知道吗?你是故意跟我过不去吗?我现在就让你给我写检查!先写检讨明天这个时候就要交给我!你再出错就给我滚啊!你这种猪不要在这里做你知道吗?"

这种"骂"文化,既与机器型组织有关,还与富士康的另一个根隐喻有关。

"富士康是帝国"

第二个根隐喻是"富士康是帝国"。在这个"帝国"中,郭台铭是"帝王"。郭台铭习惯自称"总裁我",有时一篇讲话中要出现十多次。高管们同乘一台车,郭台铭会指定每一个人的座位。高管的财务授权,不以职位来定,而以郭台铭对该人的主观判断来定。

帝国的隐喻类似于中国传统的"大家庭"的隐喻,郭台铭是"家长"。家长也关爱家庭成员,但是一切以家长意志为准,我说我是关爱你就是关爱你。富士康的"骂"文化,很可能起源于郭台铭对其直接下属的痛骂。

"机器"和"帝国"这两个根隐喻,会分别带来问题。但是更难解决的问题,则是"机器"和"帝国"这两个隐喻的冲突。"机器"要求干部官僚化,"帝国"要求干部太监化。"机器"的隐喻要求组织精准、模式化、流程化,"帝国"的隐喻则要求看帝王心情和主观好恶,难以预测。

资料来源:本书作者根据相关新闻报道编写。

领导力 ▶ 解决挑战性难题
LEADERSHIP

以隐喻发挥领导力

组织领导者可以使用以下三种策略,以隐喻发挥领导力。

发现

就像那些相信"不要让孩子输在起跑线上"的家长一样,许多经理人并没有意识到自己正在进行隐喻思考。我们需要发现自己正在使用的隐喻,才能进而去发现这个隐喻的适用条件及其局限性。对于富士康的高管来说,首先需要发现"机器"和"帝国"这两个根隐喻,才有可能发起有意义的变革。

你的组织在使用哪些隐喻?你自己在使用哪些隐喻?你也许要很用心才能发现。

探索

在发现日常使用的隐喻之后,我们还要有意识地运用新隐喻来探索新的可能性。

美国南加州大学商学院院长史蒂芬·桑普尔(Stephen Sample)也是一位工程师。他曾经试图改进洗碗机的设计,改变当时流行的时钟电机计时器。他躺在地板上,强迫自己想象,如果用以下这些事物来控制洗碗机将会怎样:干草、大象、行星、瓢虫、沙发、微生物、报纸、水坝、圆号、电子、树。他先依次想象,再把这些事物以不同方式组合起来想。最后,桑普尔想出了一个解决方案,获得了专利,在全世界数亿台家电中得到了使用。[37]

有意思的是,桑普尔想出的方案与他使用的所有隐喻并没有直接关系。但是,这个隐喻思考的过程——如果用大象控制洗碗机该怎么做?大象为什么不可以控制洗碗机?大象和报纸结合可以如何控制洗碗机?——带来了对洗碗机的控制过程的更深的认识,而最终的发明就产生在这个新认识之上。

假设你是一个企业的CEO,你正在思考组织的未来。让你的想象稍微大胆一点，想象成动物园怎么样？如果说"你的企业是动物园"（见案例8-4），这对你会有哪些启示？动物园本身也是组织，因此这个隐喻其实还不够大胆。社会学家摩根曾经使用植物吊兰来启发经理人思考：你的组织在哪些方面是吊兰？如果你的组织是吊兰，应该怎么做？[38]

案例 8-4

如果你的企业是动物园

如果说"你的企业是动物园"，对你有什么思想上的启发？有什么行动上的指南？也许，这个新隐喻能推动你在以下方面的思考，并促使你考虑采取相应的行动。

动物园吸引人之处是展示的动物及其"表演"，而非园长和管理员。因此，企业的中心应该是员工和他们的才能，而非经理人。经理人的角色是服务。

动物园需要各种各样的动物，而且每种动物的习性和需求不同。因此，领导者的角色是引入各种各样的人才，而且要照顾到他们的不同特点和需求。

动物园的动物除了待在笼子里供观众欣赏之外，还有自己独处的"密屋"。这是不是说我们该给员工提供独处的空间呢？

动物园都是同种动物待在一起，这大概对应企业的部门分工。但是，动物园也会创造"水上动物区"或者"非洲动物区"这样的"跨部门区域"。我们应该怎样推动跨部门合作？哪些跨部门合作是为了迎合"观众"？哪些跨部门合作是为了推动"动物"的交流？

动物园有时会从其他动物园引进或者租用动物。我们现在需要引进或者租用动物吗？

> 动物园的票价会有淡季价格和旺季价格，会有通票和单独景点的售票，会有月票和年票，这些定价策略能给我们什么启发？
>
> 如果员工是动物，那么经理人是饲养员。饲养员和动物的关系可以给经理人和员工的关系什么启发？……
>
> 资料来源：本书作者根据 Monson（1967）编写。

整合

任何隐喻都只是部分匹配。因此，对于复杂的现象——组织现象就是如此——我们可以同时使用不同的隐喻，以达到更为全面的理解。

组织不仅可以比喻为没有生命的机器，还可以比喻为有机体，或者说生命。有机体的隐喻还派生出其他的隐喻，可以丰富我们看待企业的角度。把组织看作一个系统，是从有机体的隐喻派生出来的一个角度。把组织看作追求长寿的人，比如柯林斯和波拉斯所研究的"基业长青"的组织，或者管理思想家德赫斯（Arie de Geus）所研究的"长寿公司"，都是从有机体的隐喻派生出来的另一个角度。

摩根是研究管理中的隐喻思考的权威学者，他建议可以同时用以下八个根隐喻来看待组织：机器、有机体、大脑、文化、政治制度、心灵的监狱、变迁和转换、统治的工具。[39] 管理学者鲍曼和迪尔则建议同时使用四个根隐喻来思考组织：工厂、家庭、丛林、寺庙。[40]

上面这些根隐喻，是适用于思考一切组织的一般性角度。你可以在这些隐喻的基础上选择，并整合形成自己组织的根隐喻。比如，"家庭"和"寺庙"可以结合在一起，成为"有信仰的家庭"；"工厂"和"大脑"可以结合在一起，变成"思考型工厂"。

本章小结

领导力是动员群众解决难题，面对难题领导者需要培养擅于深思的心智。领导者要进行决策思考，寻求一般解；进行系统思考，寻求根本解；进行整合思考，寻求双赢的整合解。领导者还要有意识地进行隐喻思考，发现、探索和整合对自己组织的根隐喻。

本章要点回顾

1. 领导者具有擅于深思的心智。
2. 深思至少有以下四种模式：决策思考、系统思考、整合思考、隐喻思考。
3. 区分决定和决策。决定是针对具体的、个别的事件的个别解，决策是针对重复性、一般性问题的一般解。领导者做很少的决策。
4. 系统思考的三个要素是增强环路、控制环路、滞延。成长上限和舍本逐末是两个重要的系统思考模型。
5. 四种不同成熟层次的心智分别为：二元对立、力求公平、相对主义、个人整合。许多成年人仍然停留在五岁儿童的心智——二元对立。
6. 解决冲突的五种模式分别为：回避、竞争、妥协、顺从、协作。
7. 整合解有强弱两种定义，有五种类型，可以通过四个步骤达成。
8. 基业长青的组织在四个方面整合思考。
9. 我们通过隐喻来管理和领导。"组织是机器"、"人是资源"等包括在我们赖以管理的最重要的几个隐喻之中。领导者需要发现、探索并整合自己对组织的根隐喻。

本章注释

[1] Eckert, R. (2001). Where Leadership Starts. *Harvard Business Review*, November, p. 7.

[2] 格鲁夫（2007），《格鲁夫给经理人的第一课》，巫宗融译，中信出版社，第42页。

[3] Dekker, S. (2006). *The Field Guide to Understanding Human Error*. Ashgate Publishing Limited, p. 1, p. 15.

[4] 阿伦森（2007）《社会性动物》，邢占军译，华东师范大学出版社，第 120 页。

[5] Senge, P. M. (1990). The Leader's New Work: Building Learning Organizations. *MIT Sloan Management Review*, 32(1).

[6] Kahneman D. (2012). *Thinking, Fast and Slow. Penguin Books*, pp. 336–339.

[7] Ibid, p. 340.

[8] 德鲁克（2009c），《卓有成效的管理者（珍藏版）》，许是祥译，机械工业出版社，第 119 页。

[9] 同上，第 119—121 页。

[10] 同上，第 124 页。

[11] 圣吉（1998），《第五项修炼——学习型组织的艺术与实务》，郭进隆译，上海三联书店，第 85 页。

[12] 同上，第 96 页。

[13] Senge, P. M. (2006). *The Fifth Discipline: The Art and Practice of Learning Organization*. Doubleday, pp. 105–111.

[14] 本书作者在 2013 年与圣吉就此问题通过电子邮件进行了沟通。圣吉表示：在多数情形下，两种滞延都有，因此为了模型完整，都应该画上去。如果为了简便只画一个滞延的话，他同意我的看法——第二种滞延更重要。

[15] Martin, R. (2007). How Successful Leaders Think. *Harvard Business Review*, June.

[16] Graham, P. (1995). *Mary Parker Follet—Prophet of Management: A Celebration of Writings from the 1920s*. Harvard Business School Press, pp. 67–68.

[17] Ibid. 或参见福莱特（2013）。

[18] Ibid. p.68.

[19] Ibid. p. 79.

[20] Ibid. p. 69.

[21] 普鲁特、金盛熙（2013），《社会冲突》，王凡妹译，人民邮电出版社。

[22] 该例子和下面的分析参考了普鲁特、金盛熙（2003）。

[23] Martin, R. (2007). How Successful Leaders Think. *Harvard Business Review*, June.

[24] Liu, L. (2010). *Conversations on Leadership*. Jossey-Bass., p. 201.

[25] Collins, J. (2001). *Good to Great*. HarperCollins.

[26] Smith, W. K., Lewis, M. W., & Tushman, M. L. (2016). "Both/And" Leadership. *Harvard Business Review*, May.

[27] Martin, R. (2007). How Successful Leaders Think. *Harvard Business Review*, June.

[28] Collins, J., & Porras, J. I. (1994). *Built to Last: Successful Habits of Visionary Companies*. HaperCollins.

[29] Graham, P. (1995). *Mary Parker Follet—Prophet of Management: A Celebration of Writings from the 1920s*. Harvard Business School Press, p. 72.

[30] 莱考夫、约翰逊（2015），第 3 页。

[31] Pepper, S. C. (1942). *World Hypotheses: A Study in Evidence*. University of California Press.

[32] Ibid.

[33] Ibid.

[34] 莱考夫、约翰逊（2015），第 4—5 页。

[35] Morgan, G. (1997). *Images of Organization*. Sage Publications.

[36] 米勒（2000），《组织传播（第 2 版）》，袁军等译，华夏出版社。

[37] Sample, S. (2002). *The Contrarian's Guide to Leadership*. Jossey-Bass.

[38] Morgan, G. (1997). *Images of Organization*. Sage Publications.

[39] Ibid.

[40] 鲍曼、迪尔（2005），《组织重构——艺术、选择及领导（第三版）》，桑强、高杰英译，高等教育出版社。

后 记
POSTSCRIPT

管理大师德鲁克说:"最好的学习方式是教。"(参见本书第六章)本书的完成就是这句话的体现。

过去两年,我教学活动的主要内容是在北京大学汇丰商学院教授领导力课程。我主要在三个项目中教学。

一是EDP(高管培训)项目的短期领导力课程,授课对象和内容与我以前(以及现在还在做)的培训课程没有太大区别。

二是MBA项目,除了少数全日制学生外,大多数学生是企业内的中层管理者。这群授课对象也是我所熟悉的,不过以前是为他们做短期的培训,现在可以花更长的时间进行更系统的探讨。我以自己几年前出版的《领导力十律》一书为主要教材,系统讲授了"领导力"和"领导行为学"两门课程。

三是全英文教学的学术型硕士项目。我为这个项目开设了两次英文"领导力"课程,学生中有一半左右是海外留学生和交换学生,来自超过十个国家和地区。这门课程没有单一的教材,主要的阅读资料是我的英文著作 *Conversations on Leadership* 和相关主题的论文。

后面两个项目的教学工作对我提出了新的要求,从而深化了我对领导力的理解。此外,我还主讲了"管理者心智"和"管理学"两门课程(以我的《管理十律》一书为主要教材)。这对我思考领导力(尤其是领导和管理的不同)同样有很大的帮助。

后 记
POSTSCRIPT

这本书就是我这两年学习的主要成果。它保留了《领导力十律》的主体框架，但是对各章节的框架和大部分内容都进行了更新。

因此，我首先要感谢这两年来我教过的所有学生，尤其是北京大学汇丰商学院的部分学生，他们选修了我在 MBA 项目开设的所有三门课程——他们逼着我学习新的东西来教给他们。

我还要感谢本书提到的领导力研究者马奇、本尼斯、圣吉、科特、海菲兹、(霍华德·)加德纳、库泽斯、蒂奇、柯林斯、波拉斯、德弗里斯、巴达拉克、斯努克、乔治、诺瑞亚、米尔斯、许倬云。他们都接受过我的访谈，我的领导力思想直接受教于他们。我特别要感谢马奇教授——自从 2008 年相识以来，他不止一次地当面指教我，而且一直通过电子邮件与我交流。我对管理和领导力能够有一些粗浅的理解，离不开马奇教授的指导。

我要感谢北京大学出版社的编辑张燕女士。她对我最初提交的样章提出了非常认真和中肯的意见，对形成全书最终的写作定位有着重要影响。

最后我要感谢我的家人。我的妻子陈中竺对我工作和写作的支持，是本书得以完成的前提。大儿子刘巴乔协助我查找了部分文献，直接为本书做出了贡献。小儿子刘安迪愿意从他繁忙的日程中抽出时间跟我讨论一些双方共同感兴趣的话题，从进化心理学到信息学奥赛，对我不仅有思考上的推动，更有情感上的激励——他的贡献尽管是间接的，但对我来说非常珍贵。

参考文献
REFERENCE

[1] 阿吉里斯（2004），《组织学习（第二版）》，张莉、李萍译，中国人民大学出版社。

[2] 阿里巴巴集团（2010），《马云内部讲话》，红旗出版社。

[3] 阿伦森（2007）《社会性动物》，邢占军译，华东师范大学出版社。

[4] 埃德莎姆（2008），《德鲁克的最后忠告》，吴振阳、倪建明等译，机械工业出版社。

[5] 奥格威（1991），《一个广告人的自白》，林桦译，中国友谊出版公司。

[6] 白金汉（2008），《最后，告诉你三条一定之规》，方晓光译，中国社会科学出版社。

[7] 鲍曼、迪尔（2005），《组织重构——艺术、选择及领导（第三版）》，桑强、高杰英译，高等教育出版社。

[8] 伯恩斯（2007），《领袖》，常健、孙海云等译，中国人民大学出版社。

[9] 博尔丁（2012），《权力的三张面孔》，张岩译，经济科学出版社。

[10] 布兰佳等（2008），《更高层面的领导》，张静译，东方出版社。

[11] 布朗（2015），《自我》，王伟平、陈浩莺译，人民邮电出版社。

[12] 陈中（2013），《复盘：对过去的事情做思维演练》，机械工业出版社。

[13] 出井伸之（2008），《迷失与决断：我执掌索尼的十年》，程雅琴译，中信出版社。

[14] 稻盛和夫（2009），《活法（修订版）》，林慧如译，东方出版社。

[15] 稻盛和夫（2011），《六项精进》，曹岫云译，中信出版社。

[16] 德鲁克（1999），《现代管理宗师德鲁克文选（英文版）》，机械工业出版社。

[17] 德鲁克（2007），《管理：使命、责任、实务（实务篇）（中英文双语典藏版）》，王永贵译，机械工业出版社。

- [18] 德鲁克（2009a），《创新与企业家精神（珍藏版）》，蔡文燕译，机械工业出版社。
- [19] 德鲁克（2009b），《管理的实践（中英文双语珍藏版）》，齐若兰译，机械工业出版社。
- [20] 德鲁克（2009c），《卓有成效的管理者（珍藏版）》，许是祥译，机械工业出版社。
- [21] 德鲁克（2009d），《非营利组织的管理（珍藏版）》，吴振阳等译，机械工业出版社。
- [22] 邓巴（2016），《人类的演化》，余彬译，上海文艺出版社。
- [23] 蒂奇、卡德韦尔（2004），《领导艺术圈——如何把你的公司建成教学型组织》，席峥嵘译，上海人民出版社。
- [24] 法约尔（2013），《工业管理与一般管理》，迟力耕、张璇译，机械工业出版社。
- [25] 福莱特（2013），《福莱特论管理》，吴晓波等编译，机械工业出版社。
- [26] 戈菲、琼斯（2015），"教授高管成为最好的自己——一个关于自我的社会学视角"，《领导力教学手册：知识、技能和品格》（斯努克、诺瑞亚、库拉纳编），北京大学出版社，第198—212页。
- [27] 格鲁夫（2002），《只有偏执狂才能生存》，安然译，中信出版社。
- [28] 格鲁夫（2007），《格鲁夫给经理人的第一课》，巫宗融译，中信出版社。
- [29] 郭士纳（2003），《谁说大象不能跳舞》，张秀琴、音正权译，中信出版社。
- [30] 哈奇等（2011），《领导者三面观：管理者、艺术家、牧师》，李贺等译，经济管理出版社。
- [31] 海斯蒂、道斯（2013），《不确定世界的理性选择——判断与决策心理学（第2版）》，谢晓非、李纾等译，人民邮电出版社。
- [32] 海特（2012），《象与骑象人：幸福的假设（更新版）》，李静瑶译，浙江人民出版社。
- [33] 汉迪（2006），《思想者：查尔斯·汉迪自传》，闾佳译，中国人民大学出版社。
- [34] 吉仁泽（2015），《风险与好的决策》，王晋译，中信出版社。
- [35] 杰克逊（2005），《系统思考——适于管理者的创造性整体论》，高飞、李萌译，中国人民大学出版社。
- [36] 卡斯帕罗夫（2007），《棋与人生》，谢军、梁自明译，中信出版社。
- [37] 卡尼曼（2012），《思考，快与慢》，胡晓姣等译，中信出版社。
- [38] 凯勒曼（2011），《追随力》，宋强译，中国人民大学出版社。
- [39] 坎贝尔、莫耶斯（2013），《神话的力量：在诸神与英雄的世界中发现自我》，朱侃如译，浙江人民出版社。

[40] 科特（1997），《变革的力量》，方云军、张小强译，华夏出版社。

[41] 科特、科恩（2003），《变革之心》，刘祥亚译，机械工业出版社。

[42] 克莱因（2016），《如何作出正确决策》，黄蔚译，中国青年出版社。

[43] 克莱因（2017），《直觉定律：如何正确利用逻辑之外不可忽视的力量》，黄蔚译，中国青年出版社。

[44] 孔达（2013），《社会认知——洞悉人心的科学》，周治金、朱新秤等译，人民邮电出版社。

[45] 刘澜（2006），《领导者的鸡尾酒》，人民邮电出版社。

[46] 刘澜（2013），《领导力十律》，机械工业出版社。

[47] 刘澜（2016a），《领导力的第一本书：跟大师学领导力》，机械工业出版社。

[48] 刘澜（2016b），《领导力的第二本书：从经典学领导力》，机械工业出版社。

[49] 刘澜（2016c），"诗、马奇与领导力"，《清华管理评论》第 5 期。

[50] 刘澜（2016d），"在你的枕头下放一本《伊利亚特》"，《中欧商业评论》，5 月号。

[51] 鲁宾（2011），《不确定的世界》，李晓岗等译，成都时代出版社。

[52] 罗杰斯（2016），《创新的扩散》，唐兴通等译，电子工业出版社。

[53] 罗素（1998），《权力论：新社会分析》，吴友三译，商务印书馆。

[54] 洛克、莱瑟姆（2010），"目标设定理论：借助归纳法的理论开发"，《管理学中的伟大思想》（史密斯、希特主编，徐飞、路琳译），北京大学出版社，第 106—124 页

[55] 吕峰、金志扬（2007），《像教练一样带团队》，机械工业出版社。

[56] 马丁（2008），《整合思维——成功者与平庸者的分水岭》，胡雍丰、仇明璇译，商务印书馆。

[57] 马奇（2010），《马奇论管理》，丁丹译，东方出版社。

[58] 米勒（2000），《组织传播（第 2 版）》，袁军等译，华夏出版社。

[59] 明茨伯格（2004），《明茨伯格论管理》，中国劳动社会保障出版社。

[60] 南怀瑾（2003），《原本大学微言》，复旦大学出版社。

[61] 帕克（2001），《惠普方略》，蒋印男译，华夏出版社。

[62] 潘东燕（2011），"龙湖物业的故事会说话"，《中欧商业评论》，第 6 期。

[63] 普劳斯（2004），《决策与判断》，施俊琦、王星译，人民邮电出版社。

[64] 普鲁特、金盛熙（2013），《社会冲突》，王凡妹译，人民邮电出版社。

[65] 乔治、西蒙斯（2008），《真北》，广东经济出版社。

[66] 萨斯洛、哈格罗夫（2014），《让人信服：掌控领导力的九大支柱》，吴春雷译，电子工业出版社。

[67] 萨伊德（2017），《黑匣子思维》，孙鹏译，江西人民出版社。

[68] 沙因（2014），《组织文化与领导力（第四版）》，章凯等译，中国人民大学出版社。

[69] 舍恩（2007），《反映的实践者：专业工作者如何在行动中思考》，夏林清译，教育科学出版社。

[70] 圣吉（1998），《第五项修炼——学习型组织的艺术与实务》，郭进隆译，上海三联书店。

[71] 圣吉（2009），"序：为世界的领导力"，《领导力沉思录》（刘澜著），中信出版社。

[72] 舒尔茨、扬（2006），《将心注入》，文敏译，浙江人民出版社。

[73] 斯坦诺维奇（2015），《超越智商：为什么聪明人也会做蠢事》，张斌译，机械工业出版社。

[74] 孙振耀（2007），"建立互信及追求卓越的环境——职业经理人如何进行教导（下）"，《IT经理世界》，Z1期。

[75] 泰勒（2016），《"错误"的行为》，王晋译，中信出版社。

[76] 王树增（2006），《长征》，人民文学出版社。

[77] 韦尔奇（杰克·）、韦尔奇（苏茜·）（2005），《赢》，余江、玉书译，中信出版社。

[78] 温家宝（2010），"再回兴义忆耀邦"，《人民日报》4月15日，第2版。

[79] 沃森、彼得（2005），《小沃森自传》，梁卿译，中信出版社。

[80] 夏莫（2013），《U型理论：感知正在生成的未来（全新升级版）》，邱昭良等译，浙江人民出版社。

[81] 希斯（奇普·）、希斯（丹·）（2010），《瞬变：如何让你的世界变好一些》，焦建译，中信出版社。

[82] 尤克尔（2014），《领导学（全球版·原书第8版）》，朱舟等译，机械工业出版社。

[83] 张小平（2011），《再联想》，机械工业出版社。

[84] 中共中央党史研究室第一研究部（2006），《红军长征史》，中共党史出版社。

[85] Adair, J. (2013). *Confucius on Leadership*. Macmillan.

[86] Argyris, C. (1977). Double Loop Learning in Organizations. *Harvard Business Review*, September−October.

[87] Bandler, J. & Burke, D. (2012). How Hewlett−Packard Lost Its Way. *Fortune*, May 8.

[88] Bennis, W. (2003). *On Becoming a Leader*. Basic Books.

[89] Bennis, W. (2015). *The Essential Bennis*. Jossey−Bass.

[90] Bennis, W. & Thomas, R. (2007). *Leading for a Lifetime*. Harvard Business School Press.

[91] Birkinshaw, J. & Haas, M. (2016). Increase Your Return on Failure. *Harvard Business Review*, May.

[92] Boje, D. (2008). *Storytelling Organizations*. Sage Publications.

[93] Burns, J. M. (1978). *Leadership*. Harper & Row.

[94] Cartwright, T. (2004). *Developing Your Intuition: A Guide to Reflective Practice*. Center for Creative Leadership.

[95] Case, P., et al. (2011). Philosophy of Leadership. In A. Bryman et al. (Eds.), *The Sage Handbook of Leadership*. Sage Publications, pp. 242−254.

[96] Catmull, E. (2008). How Pixar Fosters Collective Creativity. *Harvard Business Review*, September.

[97] Chen, C. C., et al. (2013). Chinese Guanxi: An Integrative Review and New Directions for Future Research. *Management and Organizational Review*, 9 (1), 167−207.

[98] Cohen, W. A. (2008). *A Class with Drucker: The Lost Lessons of the World's Greatest Management Teacher*. Amacom.

[99] Cohen, M. D. & March, J. G. (1974). *Leadership and Ambiguity: The American College Presidents*. McGraw−Hill.

[100] Collins, J. (2001). *Good to Great*. HarperCollins.

[101] Collins, J. & Porras, J. I. (1994). *Built to Last: Successful Habits of Visionary Companies*. HaperCollins.

[102] Collins, J. & Hansen, M. (2011). *Great by Choice*. HarperCollins.

[103] Conger, J. A. & Kanungo, R. N. (1987). Toward a Behavioral Theory of Charismatic

Leadership in Organizational Settings. *Academy of Management Review*, 12 (4), 637−647.

[104] De Pree, M. (2004). *Leadership is An Art*. Doubleday.

[105] Dekker, S. (2006). *The Field Guide to Understanding Human Error*. Ashgate Publishing Limited.

[106] Denning S. (2011). *The Springboard: How Storytelling Ignites Action in Knowledge-Era Organizations*. Routledge.

[107] Denrell, J. (2003). Vicarious Learning, Undersampling of Failure, and the Myths of Management. *Organization Science*, 14 (3), 227−243

[108] Denrell, J. & March, J. G. (2001). Adaption as Information Restriction: The Hot Stove Effect. *Organization Science*, 12 (5), 523−538.

[109] DePaulo, B. M. & Bell, K. L. (1996). Truth and Investment: Lies Are Told to Those Who Care. *Journal of Personality and Social Psychology*, 71 (4), 703.

[110] Dillon, K. (2011). "I Think of My Failures as a Gift". *Harvard Business Review*, April.

[111] Drucker, P. F. (1996). Not Enough Generals Were Killed. In F. Hesselbein, M. Goldsmith & R. Beckhard (Eds.), *The Leader of the Future*, Jossey-Bass, xii−xv.

[112] Drucker, P. F. (1999). Manage Oneself. *Harvard Business Review*, January.

[113] Drucker, P. (2010). *The Drucker Lectures: Essential Lessons on Management, Society, and Economy*. McGraw Hill.

[114] Dweck, C. S. (2008). *Mindset: The New Psychology of Success*. Ballantine Books.

[115] Eckert, R. (2001). Where Leadership Starts. *Harvard Business Review*, November.

[116] Edmondson, A. (1996). Learning from Mistakes Is Easier Said than Done: Group and Organizational Influences on the Detection and Correction of Human Error. *The Journal of Applied Behavioral Science*, 32 (1), 5−28.

[117] Edmondson, A. (1999). Psychological Safety and Learning Behavior in Work Teams. *Administrative Science Quarterly*, 44 (2), 350−383.

[118] Edmondson, A. (2011). Strategies for Learning from Failure. *Harvard Business Review*, April.

[119] Epstein, J. (1981). Introduction. In J. Epstein (Ed). *Masters: Portraits of the Great Teachers*.

Basic Books.

[120] Eurich, T. (2017). *Insight*. Crown Business.

[121] Faust, D. (2016). To Be "A Speaker of Words and a Doer of Deeds" Literature and Leadership. http://www.harvard.edu/president/speech/2016/to-be-speaker-words-and-doer-deeds-literature-and-leadership

[122] Fiedler, F. E. (1972). The Effects of Leadership Training and Experience: A Contingency Model Interpretation. *Administrative Science Quarterly*. 17 (4), 453–470.

[123] Finkelstein, S., Whitehead, J. & Campbell, A. (2009). *Think Again: Why Good Leaders Make Bad Decisions and How to Keep it from Happening to You*. Harvard Business Press.

[124] Fisher, W. R. (1987). *Human Communication as Narration: Toward a Philosophy of Reason, Value, and Action*. University of South Carolina Press.

[125] French, J. R. P. & Raven, B. H. (1959). The Bases of Social Power. In D. Cartwright (Ed), *Studies of Social Power*. Institute for Social Research.

[126] Gardner, H. (1995). *Leading Minds: An Anatomy of Leadership*. Basic Books.

[127] Gardner, J. W. (1990). *On Leadership*. The Free Press.

[128] Gallo, C. (2007). "How Ritz-Carlton Maintains Its Mystique." *Business Week*, February 13.

[129] George, B. (2003). *Authentic Leadership*. Jossey-Bass.

[130] Gino, F. & Pisano, G. P. (2011). Why Leaders Don't Learn from Success. *Harvard Business Review*, April.

[131] Goleman, D., Boyatzis, R. & McKee, A. (2001). Primal Leadership: The Hidden Driver of Great Performance. *Harvard Business Review*, December.

[132] Graen, G. B. & Uhl-Bien, M. (1995). Relationship-Based Approach to Leadership: Development of Leader-Member Exchange (LMX) Theory of Leadership over 25 Years: Applying a Multi-Level Multi-Domain Perspective. *Leadership Quarterly*. 6, 219–247.

[133] Graham, P. (1995). *Mary Parker Follet——Prophet of Management: A Celebration of Writings from the 1920s*. Harvard Business School Press.

[134] Greenleaf. R. K. (1995). Servant Leadership. In J. T. Wren (Ed.), *The Leader's Companion: Insights on Leadership through the Ages*. The Free Press, 18–23.

[135] Grint, K. (2011). A History of Leadership. In A. Bryman et al (Eds.), *The Sage Handbook of Leadership*. Sage Publications, pp. 3–14.

[136] Hatch, M., et al. (2005). *The Three Faces of Leadership*. 2005.

[137] Hambrick, D. C. & Mason, P. A. (1984). Upper Echelons: The Organization as a Reflection of its Top Managers. *Academy of management review*, 9 (2), 193–206.

[138] Heifetz, R. A. (1994). *Leadership Without Easy Answers*. Harvard University Press.

[139] Heifetz, R. A. & Linsky, M. (2002). *Leadership on the Line: Staying Alive Through the Dangers of Living*. Harvard Business School Press.

[140] Hersey, P. & Blanchard, K. H. (1977). *Management of Organizational Behavior: Utilizing Human Resources*. Prentice-Hall.

[141] Hofstede, G., Hofstede, G. J. & Minkov, M. (2010). *Cultures and Organizations: Software of the Mind*. McGraw-Hill.

[142] Hogan, R. & Kaiser, R. B. (2005). What We Know About Leadership. *Review of General Psychology*, 9 (2), 169–180.

[143] Hollander, E. P. & Julian, J. W. (1969). Contemporary Trends in the Analysis of Leadership Processes. *Psychological Bulletin*, 71 (5), 387–397.

[144] Ignatius, A. (2010). We Had to Own the Mistakes. *Harvard Business Review*, July-August.

[145] Isaacson. W. (2011). *Steve Jobs*. Simon & Schuster.

[146] Judge, T. A., et al (2002). Personality and Leadership: A Qualitative and Quantitative Review. *Journal of Applied Psychology*, 87 (4), 765–780.

[147] Inamori, K. (1995). *A Passion for Success*. McGraw-Hill.

[148] Kahneman D. (2012). *Thinking, Fast and Slow*. Penguin Books.

[149] Kantrow, A. M. (2009). Why Read Peter Drucker. *Harvard Business Review*, November.

[150] Katz, R. (1974). Skills of an Effective Administrator. *Harvard Business Review*, September–October.

[151] Kearny, R. (2002). *On Stories*. Routledge.

[152] Kelley, R. E. (1988). In Praise of Followers. *Harvard Business Review*, November–December.

[153] Kelley, R. E. (2008). Rethinking Followership. In R. Riggio, I. Chaleff & J. Lipman-Blumen (Eds.), *The Art of Followership: How Great Followers Create Great leaders and Organizations. Jossey-Bass*, pp. 5-16.

[154] Kotter, J. P. (1990). *A Force for Change: How Leadership Differs From Management.* The Free Press.

[155] Kotter, J. P. (1995). Leading Change: Why Transformation Efforts Fail. *Harvard Business Review*, March-April.

[156] Kotter, J. P. (2001). What Leaders Really Do. *Harvard Business Review*, December.

[157] Kotter, J. & Cohen, D. (2002). *The Heart of Change.* Harvard Business School Press.

[158] Kouzes, J. & Posner, B. (2007). *The Leadership Challenge.* Jossey-Bass.

[159] LaBarre, P. (1998). Screw Up, and Get Smart. *Fast Company*, November.

[160] Lakoff, G. & Johnson, M. (2003). *Metaphors We Live By.* The University of Chicago Press.

[161] Lave, C. A. & March, J. G. (1993). *An Introduction to Models in the Social Sciences.* University Press of America.

[162] Liu. L. (2010). *Coversations on Leadership*, Jossey-Bass.

[163] Lukes, S. (1986). *Power.* New York University Press.

[164] Lukes, S. (2005). *Power: A Radical View.* Macmillan.

[165] Maccoby, M. (2004). Why People Follow the Leader: The Power of Transference. *Harvard Business Review*, September.

[166] March, J. G. & Weil, T. (2005). *On Leadership.* Blackwell Publishing.

[167] Maeda, J. & Bermont, R. J. (2011). *Redesigning Leadership.* The MIT Press.

[168] Marriott, J. Jr. & Brown, K. (1997). *The Spirit to Serve: Marriott's Way.* HarperCollins.

[169] Martin, R. (2007). How Successful Leaders Think. *Harvard Business Review*, June.

[170] Maxwell, J. C. (2003). *Thinking for a Change.* Center Street.

[171] Maxwell, J. C. (2005). *The 360-Degree Leader.* Thomas Nelson Inc.

[172] McAdams, D. P. (2001). The Psychology of Life Stories. *Review of General Psychology*, (5)2, 100-122.

[173] McAdams, D. P., Josselson, R. & Lieblich, A. (2006). *Identity and Story: Creating Self in*

Narrative. American Psychological Association.

[174] McGregor, J., et al. (2006). How Failure Breeds Success. *Business Week*, July 10, 42–52.

[175] Mills, D. Q. (2005). *Principles of Management*, MindEdge Press.

[176] Mintzberg H. (1990). The Manager's Job: Folklore and Fact. *Harvard Business Review*, March–April.

[177] Monson, C. (1967). Metaphors for the University. *The Educational Record*, Vol. 48.

[178] Morgan, G. (1997). *Images of Organization*. Sage Publications.

[179] Nohria, N. & Khurana, R. (2010). Advancing Leadership Theory and Practice. In N. Nohria & R. Khurana (Eds.), *Handbook of Leadership Theory and Practice*, Harvard Business Press, pp. 3–25.

[180] Northouse, P. G. (2007). *Leadership: Theory and Practice*. Sage Publications.

[181] Orr, J. E. (1996). *Talking About Machines: An Ethnography of a Modern Job*. ILR Press.

[182] Parrodo, N. & Rause, V. (2006). *Miracle in the Andes: 72 Days on the Mountain and My Long Trek Home*. Broadway Books.

[183] Pepper, S. C. (1942). *World Hypotheses: A Study in Evidence*. University of California Press.

[184] Peters, T. (1988). *Thriving on Chaos*. Harper & Row.

[185] Pfeffer, J. (1977). The Ambiguity of Leadership. *The Academy of Management Review*, 2 (1): 104–112.

[186] Pierce, J. L. & Newstrom, J. W. (2008). On the Meaning of Leadership. In J. L. Pierce & J. W. Newstrom (Eds.), *Leader & the Leadership Process*. McGraw-Hill, pp. 7–11.

[187] Pittman, T. S., Rosenbach, W. E. & Potter, E. H. (1998). Followers as Partners: Taking the Initiative for Action. In W. E. Rosenbach & R. L. Taylor (Eds.), *Contemporary Issues in Leadership*. Westview Press, pp. 107–120.

[188] Podolny, J. M., Khurana, R. & Besharov, M. L. (2010). Revisting the Meaning of Leadership. In N. Nohria & R. Khurana (Eds.), *Handbook of Leadership Theory and Practice*, Harvard Business Press, pp. 65–105

[189] Powell, C. & Koltz, T. (2012). *It Worked For Me*. HarperCollins.

[190] Raven, B. H. (2008). The Bases of Power and the Power/Interaction Model of Interpersonal

Influence. *Analyses of Social Issues and Public Policy*. 8 (1), 1−22.

[191] Rosen, S. & Tesser, A. (1970). On Reluctance to Communicate Undesirable Information: The MUM Effect. *Sociometry*, 33 (3), 253−263.

[192] Rost, J. (1991). *Leadership for the Twenty-First Century*. Praeger.

[193] Rowling, J. K. (2008). Text of J. K. Rowling's Speech. . https://news.harvard.edu/gazette/story/2008/06/text-of-j-k-rowling-speech/

[194] Sample, S. (2002). *The Contrarian's Guide to Leadership*. Jossey-Bass.

[195] Sarbin, T. R. (1986). The Narrative as a Root Metaphor for Psychology. In T. R. Sarbin (Ed.), *Narrative Psychology: The Storied Nature of Human Conduct*. Praeger Publishers, pp. 3−21.

[196] Schoemaker, P. J. (1995). Scenario Planning: A Tool for Strategic Thinking. *Sloan Management Review*, 36 (2), 25−40.

[197] Senge, P. M. (1990). The Leader's New Work: Building Learning Organizations. *MIT Sloan Management Review*, 32 (1).

[198] Senge, P. M. (2006). *The Fifth Discipline: The Art and Practice of Learning Organization*. Doubleday.

[199] Silverthorne, S. (2006). On Managing with Bobby Knight and "Coach K". https://hbswk.hbs.edu/item/on-managing-with-bobby-knight-and-coach-k

[200] Sitkin, S. B. (1992). Learning Through Failure: The Strategy of Small Losses. *Research in Organizational Behavior*, 14, 231−266.

[201] Smith, W. K., Lewis, M. W. & Tushman, M. L. (2016). "Both/And" Leadership. *Harvard Business Review*, May.

[202] Stogdill, R. M. (1948). Personal Factors Associated with Leadership: A Survey of the Literature. *The Journal of psychology*, 25 (1), 35−71.

[203] Strenger, C. & Burak, J. (2006). The Leonard Effect: Why Entrepreneurs Become Their Own Fathers. *International Journal of Applied Psycho-analytic Studies*, 2, 103−128.

[204] Thomas, K. W. (1992). Conflict and Conflict Management: Reflections and Update. *Journal of Organizational Behavior*, 13 (3), 265−274.

[205] Tichy, N. (2005). *The Leadership Engine*. HaperCollins.

[206] Tosey, P., Visser, M. & Saunders, M. N. (2012). The Origins and Conceptualizations of "Triple-loop" Learning: A Critical Review. *Management Learning*, 43 (3), 291–307.

[207] Uhl-Bien, M. (2006). Relational Leadership Theory: Exploring the Social Processes of Leadership and Organizing. *The Leadership Quarterly*, 17 (6), 654–676.

[208] Uhl-Bien, M., et al. (2014), Followership Theory: A Review and Research Agenda. *Leadership Quarterly*, 25, 83–104.

[209] van Vugt, M., Hogan, R. & Kaiser, R. B. (2008). Leadership, Followership, and Evolution: Some Lessons from the Past. *American Psychologist*, 63 (3), 182–196.

[210] van Vugt, M. & Ahuja, A. (2011). *Naturally Selected*. HarperCollins.

[211] Weick, K. E. (1984). Small Wins: Redefining the Scale of Social Problems. *American Psychologist*, 39 (1), 40–49.

[212] Westberg, J. & Jason, H. (2001). *Fostering Reflection and Providing Feedback*. Springer Publishing Company.

[213] Wilson, T. D., et al. (2014). Just think: The Challenges of The Disengaged Mind. *Science*, 345 (6192), 75–77

[214] Yukl, G. (2010). *Leadership in Organization*. Prentice Hall.

[215] Yunus, M. (2008). *Banker to the Poor: Micro-lending and the Battle against World Poverty*, PublicAffairs.

[216] Zaleznik, A. (1965). The Dynamics of Subordinacy. *Harvard Business Review*, May–June

[217] Zaleznik, A. (1977). Managers and Leaders: Are They Different? *Harvard Business Review*, May–June.